Indem Sie meine Handflächen berühren,
setzen Sie Ihre eigenen geistigen Kräfte frei.

Es gibt keine stärkere Energie als Ihre Geisteskraft!

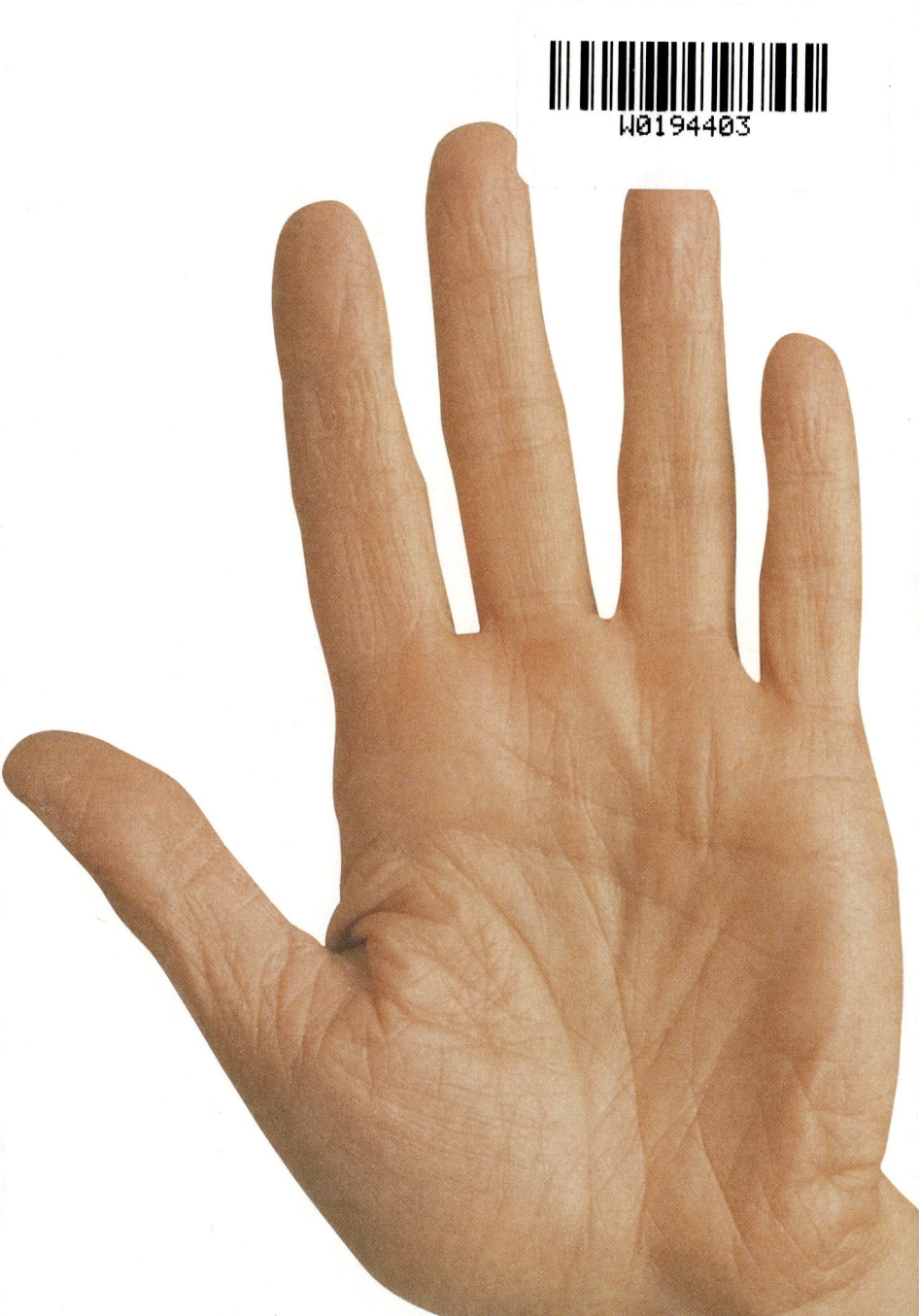

Uri Geller

Die Macht des Geistes

Uri Geller

Die Macht des Geistes

Nutzen Sie meine Geheimnisse für
Wohlstand, Gesundheit und Glück

nymphenburger

www.nymphenburger-verlag.de

1. Auflage Februar 2006
2. Auflage April 2006

© für die deutschsprachige Ausgabe nymphenburger in der
F. A. Herbig Verlagsbuchhandlung GmbH, München 2006
Alle Rechte vorbehalten.
Schutzumschlag: Wolfgang Heinzel
Umschlagfoto: © horn-verlag.de/kvd
Satz: Uhl + Massopust, Aalen
Gesetzt aus 10,5/13,5 pt Optima
Druck und Binden: GGP Media GmbH, Pößneck
Printed in Germany
ISBN 3-485-01076-6

Ich widme dieses Buch meiner Mutter Margaret. Sie wurde in Berlin geboren, doch ihre Familie stammte aus Österreich. Leider starb sie im Juli 2005 im Alter von 92 Jahren. Mutti wird immer einen Platz in meinem Herzen haben. Ich weiß, dass sie jetzt zusammen mit all ihren Lieben im Himmel ist.

Darüber hinaus möchte ich dieses Buch all meinen Freunden und Fans in den deutschsprachigen Ländern widmen. Am Anfang meiner Karriere trugen viele Menschen in Deutschland, Österreich und der Schweiz maßgeblich dazu bei, dass ich eine Berühmtheit erreichte, wie ich sie mir in meinen kühnsten Träumen nicht hätte ausmalen können.

Einige der erstaunlichsten Phänomene ereigneten sich in Ihrem eigenen Wohnzimmer, während Sie mich im Fernsehen sahen. Ich möchte Ihnen dafür danken, dass Sie in den vergangenen drei Jahrzehnten an mich geglaubt und mir so viel Akzeptanz und Wärme entgegengebracht haben. Ohne Sie wäre ich heute nicht da, wo ich bin.

Ganz besonders möchte ich mich auch bei Joachim, Tina und Kevin Busch bedanken, die mir bei der Übersetzung einiger meiner Artikel halfen und deren langjährige Unterstützung und Freundschaft ich sehr zu schätzen weiß.

Ich liebe euch alle.

Uri Geller
Sonning on Thames, England

Inhalt

Geleitwort

Mit Joanne K. Rowlings Bestsellern, die von den Abenteuern des Zauberlehrlings »Harry Potter« berichten, tritt der Leser die Flucht ins Irreale an. Vielleicht ist der kindliche, unerfüllbare Wunsch der riesigen Fan-Gemeinde, mittels Zauberkraft selbst mühelos zu Wohlstand und Wohlergehen zu gelangen, verantwortlich für den Erfolg von »Harry Potter« – das wäre typisch für unsere von Wirtschaftskrisen erschütterte materialistisch geprägte Zeit. Von den meisterhaft geschilderten Erlebnissen jenes Zauberlehrlings fasziniert, übersehen Potter-Leser jedoch nur allzu leicht die ganz realen, wunderbaren Phänomene, die Menschen wie Uri Geller dank ihrer einzigartigen parapsychischen Gaben zustande bringen.

Erst vor wenigen Wochen war es mir vergönnt, mich in Anwesenheit meiner Frau und meines Schwiegersohns Dr. Otto Beyer – er promovierte in theoretischer Physik – von der Einflussnahme des Gellerschen Bewusstseins auf Materie selbst zu überzeugen. Wir trafen uns privat und völlig ungezwungen in einem Hotel in Frankfurt. In der Hoffnung, dass Uri womöglich von selbst auf das Thema Psychokinese und auf ein Biegeexperiment zu sprechen käme, hatte ich von zu Hause einen massiven Esslöffel mit einem extrem steifen Stiel mitgenommen. Es war ein Löffel, mit dem selbst Athleten beim Biegen von Hand ihre Schwierigkeiten gehabt hätten. Als uns Uri nach ein wenig Smalltalk mit nach draußen zu kommen bat, weil er uns etwas Interessantes zeigen wolle, wusste ich sofort, dass eine außergewöhnliche private Demonstration seiner psychokinetischen Fähigkeiten bevorstand. Bereitwillig akzeptierte er den von mir mitgebrachten Esslöffel. Er hielt ihn am Stielende über eine voluminöse Löwenplastik aus Metall, die am Haupteingang des Hotels stand, und ließ den Zeigefinger seiner linken Hand sachte über den Löffelstiel hin und her gleiten. Nur wenige Zentimeter von Uri entfernt waren Finger und Löffel ständig in unserem Blickfeld.

Nach nur etwa 15 Sekunden geschah das Unglaubliche: Die Löffelkelle begann sich nach unten zu neigen. Als mir Uri dann den Löffel aushändigte, setzte sich der Biegevorgang in meiner Hand munter fort. Wir hatten etwas nach den Gesetzen der konventionellen Physik »Unmögliches« mit eigenen Augen verfolgt, einen Vorgang, den Tausende vor uns ebenfalls persönlich erleben durften. Unter ihnen befanden sich nicht nur bekannte Staatsmänner, Künstler sowie Vertreter der Wirtschaft und des Hochadels, sondern auch zahlreiche renommierte Wissenschaftler.

Mehr noch als Gellers psychokinetische und telepathische Höchstleistungen bewundere ich fasziniert sein liebes, ansprechendes Wesen, sein Mitgefühl für andere, unabhängig von Hautfarbe und Konfession. Uri steht für das friedliche Miteinander aller Menschen, für deren Wohlstand und Gesundheit.

Durch freimütiges Offenlegen seiner Erfahrungen und Strategien in vorliegendem Buch möchte er auch andere an seinem Glück und Erfolg teilhaben lassen. Er bietet den Menschen die einmalige Chance, all das zu erreichen, was für ein wahrhaft erfülltes Leben nötig ist.

Der wahre Harry Potter lebt und wirkt in Gestalt von Uri Geller mitten unter uns. Man darf sich wünschen, dass die von ihm bewirkten PSI-Phänomene im Rahmen einer allumfassenden Bewusstseinsphysik, wie sie an der amerikanischen Elite-Universität Princeton von Professor Robert Jahn seit Jahrzehnten erforscht wird, letztlich auch wissenschaftlich anerkannt werden.

Die in diesem ungewöhnlichen Buch vermittelten Erkenntnisse und Empfehlungen sind »Signale« besonderer Art, deren Befolgung uns allen die »Wunder« bescheren wird, von denen alle »Zauberlehrlinge« dieser Welt nur träumen können.

Ernst Meckelburg

Vorwort

»Der Mensch kann jede Position im Leben erreichen, wenn er nur daran glaubt, dass es möglich ist, und er den Mut hat, seinen Wunsch Wirklichkeit werden zu lassen. Er kann in die höchsten Kreise aufsteigen, er kann sich mit fähigen und einflussreichen Menschen umgeben, alles, was er sich an guten Dingen in dieser Welt wünscht, kann er bekommen. All dies ist deshalb möglich, weil der Mensch ein ganz und gar geistiges Wesen ist und weil die Kraft des Geistes unbegrenzt ist… Vergessen wir nicht, dass der Mensch eins mit dem Universalen ist, sein natürlicher Zustand ist eine Existenz in Harmonie mit der gesamten Natur.«

E. H. Anderson, 1901

Dieses Zitat, das aus einem Buch mit dem Titel »Psychical Developments« stammt – einem kleinen Juwel, wurde ein halbes Jahrhundert vor Uri Gellers Geburt niedergeschrieben und beschreibt dennoch Uris Leben und Errungenschaften sowie das Anliegen dieses Buches mit verblüffender Genauigkeit. Ich traf Uri das erste Mal im Frühjahr 1979 in seinem New Yorker Apartment, als ich für eine amerikanische Zeitschrift eine Titelstory über sein Leben schrieb. Damals war er ein stämmiger junger Mann – bereits weltberühmt –, der mit seiner einzigartigen Fähigkeit, Metallobjekte allein durch die Kraft seines Geistes zu verbiegen, »fast mit links« das Denken des wissenschaftlichen Establishments in seinen Grundfesten erschüttert hatte. An diesem Tag, der mein Leben veränderte, demonstrierte Uri diese Fähigkeit anhand eines meiner Schlüssel, der sich auf wundersame Weise vor meinen Augen verbog, als Uri leicht darüber strich.

15

Uri unterschied sich von den meisten anderen medial begabten Menschen durch die Bereitschaft, seine Fähigkeiten in zahlreichen »Denkfabriken« der Welt unter streng kontrollierten Testbedingungen untersuchen zu lassen. Daraus entstand schließlich Charles Panatis bahnbrechendes Buch »The Geller Papers«, eine redigierte Sammlung der vielen damals durchgeführten und kontrollierten wissenschaftlichen Studien.

Zwei Jahre später traf ich Uri zum zweiten Mal anlässlich eines ausführlichen Interviews für die Zeitschrift »MetaScience«, deren Herausgeber ich damals war. Zunächst war ich überrascht über seine starke Gewichtsabnahme, doch ich wurde schnell darüber aufgeklärt, dass Uri völlig gesund war. Er hatte einfach seinen Lebensstil geändert, indem er begonnen hatte, regelmäßig zu joggen und sich vegetarisch zu ernähren. Als ich zu unserem Interview eintraf, kam er gerade von einer Jogging-Runde durch Manhattan zurück.

Im Laufe der Jahre konnte ich verfolgen, wie Uri aus diesem bescheidenen Loft in Manhattan zunächst in ein wunderschönes Haus in Connecticut und später nach England in ein Herrenhaus an der Themse übersiedelte. Innerhalb von zehn Jahren war Uri zum Multimillionär geworden. Gleichzeitig konnte ich beobachten, dass der Reichtum Uris Geist und Charakter im Grunde nicht veränderte. Er blieb ein großzügiger und mitfühlender Freund und in Bezug auf seine Ziele hatte er eine Transformation durchgemacht: Es lag ihm nichts mehr daran, die Öffentlichkeit mit seinen außergewöhnlichen paranormalen Fähigkeiten in Erstaunen zu versetzen. Er wollte nun vermehrt dazu beitragen, die Denkweise und das Bewusstsein der Menschheit zu verändern. Uris Reichtum steckt nicht in seinem Geldbeutel, sondern in seiner Vision.

Uri weiß, dass wir diese Welt nur dann zu einem besseren Ort machen können, wenn jeder von uns ein Leben führen kann, das Ausdruck des inneren Reichtums ist, den wir alle in uns tragen. Das höchste Ziel jedes Mannes und jeder Frau ist die Selbsterkenntnis. Diese einfache Aussage weist auf eine anspruchsvolle Aufgabe, aber auch eine aufregende Reise hin. Denn wir alle tragen in uns die größte Kraft, die es gibt: die Kraft der Gedanken. Eine vertrauensvolle Haltung, ein sonniges Gemüt, ein lohnendes Ziel und der Glaube an sich selbst können uns zu einer erstaunlichen inneren Transformation und großen Erfolgen verhelfen.

Uri ist überzeugt, dass die Menschen zu einem bestimmten Zweck in diese Welt gesandt wurden. Einfach ausgedrückt, besteht dieser Sinn und Zweck darin, ein freudiges und kreatives Leben in Harmonie mit den anderen Menschen zu führen. Wie Uri noch deutlich machen wird, entspringt diese Freude nicht äußeren Dingen, sondern eher einem inneren Erkennen des großen Reichtums, der bereits in uns schlummert, einer Quelle, die ich den »inneren Lehrer« nenne.

Woher wissen wir, dass jeder Mensch tatsächlich ein höheres Selbst hat? Die Antwort auf diese Frage finden wir zumindest teilweise in dem bahnbrechenden Buch »Die Traumdeutung« von Sigmund Freud, zu dem eine Verwandtschaft mit Uris Mutter besteht. Freud wusste, dass nichts, was sich im menschlichen Geist abspielt, Zufall ist. Oberflächlich betrachtet mögen Träume dem begrenzten, bewussten Selbst unsinnig erscheinen, doch nach sorgfältiger Analyse zeigt sich, dass viele Träume Rat und Führung bieten.

Im vorliegenden Buch gibt uns Uri den Rat, auf unsere Träume zu hören – nicht nur weil sie uns helfen können, uns auf den universalen geistigen Strom einzustimmen, durch den wir alle miteinander verbunden sind, sondern auch, weil Träume ein Beweis dafür sind, dass im Inneren eines jeden von uns eine intelligente Kraft existiert, die Hunderttausende, wenn nicht

Millionen von Jahren älter – und weiser – ist als unser Alltagsselbst.

Wie Uri erläutert, kann uns das Führen eines Traumtagebuchs, in dem wir auch andere ungewöhnliche Ereignisse festhalten, helfen, deutlicher zu erkennen, dass wir Teil eines größeren Ganzen sind, eines universalen Musters, in welchem sich eine höhere Intelligenz und ein Sinn offenbaren. So wie eine Eichel den Bauplan der zukünftigen Eiche bereits in sich trägt, beruht das gesamte Universum auf demselben Prinzip. Wir bewegen uns auf ein Ziel zu. Zu unserer Bestimmung gehört einerseits ein kollektives Handeln und Wirken, das die Menschheit zur Einheit zwischen den verschiedenen Völkern führt, und andererseits, auf der individuellen Ebene, die Verwirklichung unseres reichen inneren Potenzials. So wie sich das Universum immer weiter in die Unendlichkeit ausdehnt, erstreckt sich der Geist in einen Raum, der ebenso unbegrenzt und komplex ist. Mit diesem Buch und seinen anderen Werken fügt sich Uri in die Reihe großer Denker und spiritueller Lehrer der Menschheit ein. E. H. Anderson sagt: »Der Mensch ist ganz und gar Geist.« Jeder Erfolg, den wir erringen, beginnt zuerst als Gedanke, und dieser Gedanke steht in Verbindung mit der »universalen Intelligenz«, die uns geschaffen hat. Jeder von uns trägt die »Kräfte und Eigenschaften des Unendlichen« in sich. Das größte Geheimnis und die Quelle jeglichen wahren Reichtums ist es, ein produktives und glückliches Leben zu führen. Dieses Buch zeigt uns den Weg dorthin.

Dr. Marc J. Seifer, MetaScience Foundation

Die PSI-Kraft in jedem von uns

Wenn ich ein Buch schreiben könnte, in dem ich mich selbst als »Trickser« entlarve, würde ich mich sofort dazu bereit erklären, denn ich weiß, dass ein solches Buch ein weiterer Bestseller werden würde. Millionen Menschen in aller Welt würden nur zu gerne erfahren, ob ich das Pentagon oder die Wissenschaftler des *Stanford Research Institute* oder der *University of London* wirklich zum Narren gehalten habe. Doch leider ist es mir nicht möglich, ein solches Buch zu schreiben, da die Dinge, die mir widerfahren sind, und die, die Ihnen nach der Lektüre dieses Buches widerfahren könnten, real sind.

Es war weder Magie noch Illusion im Spiel, als Hunderte verblüffter Fernsehzuschauer beobachteten, wie sich ihre Löffel verbogen und ihre Uhren wieder funktionierten, während mein Gesicht auf den Bildschirmen ihrer Fernsehgeräte zu sehen war. Wie konnte ich das von einem Fernsehstudio aus bewerkstelligen? So gerne ich auch die Lorbeeren für mich beanspruchen würde: Die Wahrheit ist, dass nicht ich es war, der seine Kräfte hinausprojizierte. Sie waren es, die Fernsehzuschauer. Sie machten Gebrauch von Ihren verborgenen Kräften, ohne sich dessen überhaupt bewusst zu sein. Sie »reparierten« Ihre kaputten Uhren. Sie brachten das Familiensilber dazu, sich zu verbiegen und aufzurollen wie Spaghetti. Meine Rolle war nur die eines Katalysators, der Kräfte aktivierte, von deren Existenz Sie noch nicht einmal etwas ahnten.

Das ist es, was ich als PSI-Kraft bezeichne (PSI steht für Parasensual Intelligence, für außersinnliche Wahrnehmung) und diese Kraft wartet nur darauf, von Ihnen für jeden legitimen Zweck eingesetzt zu werden. Ich werde Ihnen demonstrieren, wie Sie diese innere Kraft nutzen können, und Sie in die Geheimnisse meiner eigenen Kräfte einweihen. Warum? Weil ich möchte, dass auch alle anderen Menschen so zufrieden, sicher und glücklich leben können wie ich. Die PSI-Kraft ermöglichte es mir, einflussreiche Freunde zu finden, Prinzen, Präsidenten, Premierministern und Weltstars vorgestellt zu werden, in vier Ländern der Welt Wohnsitze zu haben und Multimillionär zu werden. Und ich glaube, dass sie dasselbe für Sie tun kann.

Wenn merkwürdige Dinge geschehen

Die meisten von uns stellen ungewöhnliche Ereignisse, die sich in ihrem Leben zutragen, nicht in Frage, solange diese Ereignisse keine katastrophalen Auswirkungen haben. Und selbst dann speichern wir vielleicht nur ein bestimmtes Ereignis im Gedächtnis, ohne den Ursachen wirklich auf den Grund zu gehen. Wir werden wahrscheinlich mit Freunden darüber sprechen, eine Bemerkung über seine Eigentümlichkeit machen, alles mit »Zufall« erklären oder den in solchen Fällen oft gehörten Satz sagen: »Mir ist etwas Merkwürdiges passiert.« Wissenschaftler lieben das Wort »Zufall«. Es kann ihnen eine Menge peinlicher Fragen ersparen, auf die sie sonst möglicherweise eine Antwort finden müssten. Fragen, auf die sie eben keine Antworten haben. Hier ein Beispiel: Eine Gruppe von Wissenschaftlern will mich testen. Sie bitten mich, auf einem Stuhl in einem ansonsten leeren Raum Platz zu nehmen. Dann schicken sie nacheinander zehn verschiedene Leute ins Zimmer. Jede Person, die den Raum betritt, wird gebeten, im Geist das Bild eines einfachen Objektes zu »zeichnen«. Man fragt mich, was für ein Objekt das ist, und ich beschreibe jedes Mal korrekt das mentale Bild der betreffenden Person. Die meisten der anwesenden Wissenschaftler sind beeindruckt, doch sie bezeichnen die Vorgänge einfach als »einen erstaunlichen Zufall«. Einer ist jedoch darunter, der nicht so sicher ist, dass es Zufall war. Er ist aufgeschlossener als die anderen und glaubt, dass dieses Ergebnis tiefere Gründe haben muss, über die wir bisher allerdings nur wenig wissen. Er glaubt an die enorme Kraft des Geistes und seine Fähigkeit, Bilder zu projizieren und zu empfangen: Gedankenübertragung oder Telepathie.

Zählen Sie einmal all die »merkwürdigen Dinge« zusammen, die in Ihrem Leben passiert sind – Dinge, für die Sie nie wirklich eine Erklärung gesucht haben. Erinnern Sie sich an jene Gelegenheiten, bei denen Sie an jemanden dachten und diese Person Sie plötzlich anrief. »Das ist ja seltsam, ich habe gerade an dich gedacht.« Haben Sie das nicht schon hundertmal gesagt? Oder sogar noch öfter? Oder Sie dachten vielleicht gerade an einen Freund oder Verwandten und – was für ein Zufall – treffen diesen Menschen ganz unerwartet im Supermarkt oder im Kino. Zufall? Vielleicht haben Sie auch scherzhaft gesagt: »Ich muss wohl medial veranlagt sein.« Nun, ich sage Ihnen – Sie sind es.

Sie haben im Laufe Ihres Lebens immer wieder mit Hilfe von Gedankenübertragung oder Telepathie kommuniziert, ohne dass es Ihnen bewusst war. Manchmal waren Sie der Empfänger, manchmal der Sender. Und je stärker Sie mit dem anderen verbunden waren, desto stärker waren auch die Signale, die Sie voneinander empfingen. Sie müssen nur einmal beobachten, in welch bemerkenswertem Ausmaß nonverbale Kommunikation zwischen eineiigen Zwillingen stattfindet, um zu erkennen, wie effektiv der telepathische Prozess sein kann. Es ist bekannt, dass eineiige Zwillinge den Schmerz und die Freude des jeweils anderen oft selbst dann wahrnehmen, wenn die beiden Hunderte von Kilometern voneinander entfernt sind. Ich möchte Ihnen von einem tragischen Fall erzählen, der sich in Amerika zutrug. Dieser Fall wurde von Parapsychologen beziehungsweise PSI-Forschern beschrieben, also von Wissenschaftlern, zu deren Forschungsgebiet die Untersuchung unerklärlicher (paranormaler) Vorkommnisse gehört. Die Geschichte stellte die Forscher allerdings vor mehr Fragen, als sie beantwortete. Es war einer jener Vorfälle, die ich »wissenschaftliche Angstmacher« nenne, da sie uns in unbekannte Gewässer führen und die Frage aufwerfen, ob der Mensch über bestimmte Eigenschaften verfügt, die mit Zeit und Raum zu tun haben und darauf hinweisen, dass etwas in uns existiert, das nach unserem Tode weiterlebt.

Folgende traurige Geschichte widerfuhr einer Dame in Brooklyn, New York, deren Sohn als Kampfpilot der United States Air Force in Korea im Einsatz war: Eines Tages, als die Frau ihre übliche Hausarbeit verrichtete, läutete es an der Haustür. Sie hatte keine Ahnung, wer es sein könnte, doch das, was geschah, nachdem sie die Tür geöffnet hatte, versetzte ihr einen Schock, von dessen Auswirkungen sie sich bis heute nicht erholt hat, denn draußen vor der Tür stand ihr Sohn, stolz in voller Uniform und konnte es kaum erwarten, seine Mutter zu begrüßen. Trotz ihrer Überraschung, ihn zu sehen – schließlich wähnte sie ihn ja in Korea –, wurde sie von Freude überwältigt und die beiden umarmten sich innig. Doch dann verschwand er plötzlich auf genauso mysteriöse Weise, wie er erschienen war. Durch den Schock dieses Ereignisses fiel seine Mutter genau an der Stelle ohnmächtig zu Boden, wo die beiden sich vorher umarmt hatten. Einem Nachbarn, der erste Hilfe leistete, erzählte sie unmittelbar, nachdem sie wieder zu sich gekommen war, was sich zugetragen hatte. Sowohl der Nachbar als auch die Frau waren völlig verblüfft über die »Erscheinung«, bis die Mutter des Piloten einige Stunden später von der U. S. Air Force darüber informiert wurde, dass ihr Sohn bei einem Manöver in Korea ums Leben gekommen war.

Ich bin davon überzeugt, dass viele von uns ähnliche Erfahrungen gemacht haben, jedoch verständlicherweise zögern, anderen davon zu erzählen. Wie würden Sie sich das Erscheinen des Air-Force-Piloten erklären? Würden Sie es als Zufall oder als Kommunikation mit einem Verstorbenen, Hellsichtigkeit, Gedankenübertragung, Präkognition oder sogar astrale Projektion bezeichnen? Ich habe einen offenen Geist, der viele der oben erwähnten Möglichkeiten akzeptieren könnte. Doch »Zufall« ist für mich in diesem Zusammenhang die unwahrscheinlichste Alternative. Ich glaube nicht, dass es ein Zufall war, da ich die erstaunlichen Kräfte kenne, die unser Geist wachrufen kann. Die Mutter des Piloten war von diesem Tag an überzeugt, dass ihr Sohn aus dem Grab heraus mit ihr kommunizieren wollte. Ich würde eine andere Erklärung vorschlagen: Auf Grund der starken emotionalen Verbindung zwischen Mutter und Sohn empfing sie seine Gedankensignale, als er starb, doch sie wollte diese tragische Wahrheit verdrängen, indem sie sich vorstellte, er sei heil aus Korea zurückgekehrt.

Welche Erklärung wir für diesen Vorfall auch haben oder für welche Sie sich entscheiden – es bleibt die Tatsache, dass eine Kommunikation über Tausende von Kilometern hinweg stattgefunden hat. Denken Sie bitte nie, dass Sie »verrückt« sind, wenn Sie an so etwas glauben. Der großartige Autor und Philosoph Arthur Koestler, ein Mann, mit dem ich bis zu seinem Tod viele Stunden verbrachte, vermachte den größten Teil seines Landbesitzes einer britischen Universität für PSI-Forschung.

23

Ich werde in einigen der folgenden Kapitel noch auf Arthur zu sprechen kommen, doch ich denke, es ist wichtig, an dieser Stelle darauf hinzuweisen, dass ein Mann, der einen internationalen Ruf als Autor, Wissenschaftler und Philosoph genoss, an Kräfte glaubte, die über unsere normalen mentalen Fähigkeiten hinausgehen. Er war fasziniert von Dingen, die er als Phänomene »aus heiterem Himmel« bezeichnete: Levitation, ASW (außersinnliche Wahrnehmung), Telepathie und Präkognition. Kurz vor seinem Tod schrieb er einen Abschiedsbrief, in dem er »einer vagen Hoffnung« Ausdruck verlieh, »dass es ein entpersönlichtes Leben nach dem Tode jenseits der Begrenzungen von Zeit, Raum und Materie und jenseits der Grenzen unseres Verstehens gibt.« Niemand, der diesen großen Denker kannte, würde je auf die Idee kommen, dass er ein Verrückter war! Hätte ich vor vierzig Jahren irgendjemandem von meiner Überzeugung erzählt, dass es möglich sei, telepathisch mit einem Menschen auf dem Mond zu kommunizieren, dann hätte man mich wahrscheinlich aufgefordert, vier Männer in weißen Kitteln in die nächste Heilanstalt zu begleiten. Doch heute nehmen Wissenschaftler solche Behauptungen ernst. Weil es schon geschehen ist! Der sechste Amerikaner auf dem Mond, der Astronaut Dr. Edgar Mitchell, ein angesehener Wissenschaftler, verriet, dass er versucht hatte, telepathische Botschaften vom Mond auf die Erde zu senden. Sein Interesse an PSI veranlasste ihn, sich nach seinem Ausscheiden aus dem Raumfahrtprogramm ganz diesem Forschungszweig zu widmen. Edgar Mitchell hat mich getestet und wie ich ist auch er davon überzeugt, dass jeder von uns von medialen Erfahrungen profitieren kann, wenn diese Kräfte richtig entwickelt und eingesetzt werden. Diese Fähigkeiten sind weder dazu da, als »Krücke« benutzt zu werden, noch sind sie ein Mysterium. Es geht einfach darum, sie zu trainieren, so wie man seine Arme und Beine oder seine Finger trainieren kann. Jeder von uns besitzt diese Fähigkeiten. Doch nur wenige machen Gebrauch davon.

Die PSI-Faktoren

Die meisten Menschen, die an die Existenz Gottes oder einer höheren Macht glauben, bringen ausgezeichnete Voraussetzungen für die Entwicklung von PSI-Kraft mit. Nur ein absoluter Zyniker, der an nichts als sich selbst glaubt, wird die Möglichkeit der Existenz einer höheren Macht oder eines höheren Wesens leugnen. So ein Mensch wird durch seine eigene Ignoranz und Unwissenheit eingeschränkt. Doch glücklicherweise gibt es so abgeschottete Seelen nicht allzu häufig. Nach meinen Beobachtungen sind derart hartnäckige Agnostiker nicht sehr glaubhaft. Ich war auf Schlachtfeldern und hörte solche Ungläubigen um Hilfe flehen:»Gott, falls es dich gibt, bitte hilf mir!« Ein solcher Hilfeschrei ist kein Lippenbekenntnis für eine bestimmte Religion. Doch wenn das Flehen erhört wird, verändert sich das Weltbild des Betreffenden normalerweise radikal. Falls Sie also ein ungläubiger Thomas sind, können Sie mit der Bitte um Hilfe einfach einen Schritt weiter gehen. Wenn Sie wirklich überzeugt sind, dass Ihnen eine höhere Macht in der Not geholfen hat, warum können Sie dann nicht dieselbe Macht anrufen, wenn Sie nicht in Schwierigkeiten sind, um Ihre Lebensqualität zu verbessern und die Möglichkeiten auszuloten, die das Leben Ihnen zu bieten hat? Es gibt unzählige Anlässe und Gelegenheiten. Sie müssen nur daran glauben, dass es möglich ist.

Sie können in Ihrem Alltagsleben permanent von der PSI-Kraft profitieren. Sie kann Ihnen helfen, hervorragende sportliche

Leistungen zu erzielen, Ihren Chef zu überflügeln, Sportwettkämpfe zu gewinnen, Freunde zu finden, anziehend auf das andere Geschlecht zu wirken, ein guter Liebhaber/eine gute Liebhaberin zu sein, Krankheiten und Depressionen zu überwinden, mit dem Tod nahe stehender Menschen oder mit Katastrophen fertig zu werden, finanziell erfolgreich und vor allem glücklich und zufrieden zu sein. Doch Sie müssen lernen, diese Kraft auf positive Weise zu lenken. Denken Sie daran, dass es eine Kraft ist, und überall, wo eine Kraft existiert, muss diese in die richtigen Bahnen gelenkt werden, da ihre Wirkung sonst in die falsche Richtung laufen kann. Ich will damit sagen, dass diese besondere PSI-Kraft konkret kanalisiert werden muss, sodass sie sich zu Ihrem höchsten Wohl und Vorteil entfaltet. Und wie das geht, möchte ich Ihnen in den folgenden Kapiteln dieses Buches vermitteln, wie Sie mit Hilfe dieser dynamischen Kraft in Ihrem Inneren das Beste aus Ihrer besonderen Begabung machen können, die bloß darauf wartet, wachgerufen, verfeinert und zu Ihrem Wohl in die richtigen Bahnen gelenkt zu werden. Und so wie ich Millionen von Fernsehzuschauern bat, mich wissen zu lassen, ob ihre Uhren wieder funktionierten, als sie mir bei dieser »Geist-über-Materie-Übung« Gesellschaft leisteten, so bitte ich Sie, mich zu informieren, wenn Sie dieses Buch durchgearbeitet und positive Ergebnisse erzielt haben. Behalten Sie es nicht für sich, teilen Sie es mit Ihren Freunden. Verbreiten Sie das Glück, wie ich es zu tun versuche. Schicken Sie mir eine kurze E-Mail unter uri@urigeller.com. Ich kann nicht versprechen, dass ich dazu komme, alle E-Mails zu beantworten (obwohl ich das normalerweise tue), denn ich weiß, es werden so viele sein, dass es eine gewaltige Aufgabe sein wird. Doch ich bin fest davon überzeugt, dass sich das Leben all derer, die dieses Buch lesen, völlig verändern wird.

Schauen wir uns die verschiedenen Aspekte von PSI einmal genauer an. Wenn wir anerkennen, dass in unserem Leben unerklärliche Dinge geschehen, dann müssen wir uns nicht über Ideen mokieren, die anfangs »weit hergeholt« erscheinen oder unser Verständnis vollkommen übersteigen. Bitte bleiben Sie geistig aufgeschlossen. Denken Sie einmal daran, dass vieles, was vor dreißig Jahren vielleicht noch als »Science-Fiction« oder metaphysische Vorstellung galt, heute ganz selbstverständlich für uns ist. Da dies ein praxisbezogenes Buch ist, möchte ich mich nicht allzu lange mit der Frage aufhalten, was für manche Menschen Science-Fiction oder metaphysische Vorstellungen sind. Doch es ist sicher nicht verkehrt, eine grundlegende Ahnung davon zu haben, welche wunderbaren Dinge in der Zukunft geschehen und zukünftige Generationen begeistern werden. Stellen Sie sich beispielsweise einmal vor, wie positiv und mit welchem Nutzen für die Menschheit man den menschlichen Geist bei einem internationalen Konflikt einsetzen könnte. Vielleicht klingt das für Sie bereits, als gehöre es in den Bereich von Science-Fiction, doch ich kann Ihnen versichern, dass die Regierungen verschiedener Länder inzwischen mehr als nur ein flüchtiges Interesse an paranormalen Phänomenen gezeigt haben und geheime Untersuchungen in Bezug auf die PSI-Kraft durchführen.
Die führenden Politiker wären nur allzu gerne in der Lage, die Gedanken ihrer Kontrahenten zu lesen und mit Hilfe von PSI-Kraft anstatt mit High-Tech-Anwendungen Einfluss auf die Computerprogramme ihrer Gegner zu nehmen. Ich sage so etwas nicht leichthin, denn ich selbst wurde von hochrangigen Vertretern ausländischer Regierungen genau darum gebeten – besonders nach dem 11. September 2001.
Das Wort »medial« wird heute aus gutem Grund weniger häufig als früher benutzt. Auf Grund falscher Behauptungen von

Scharlatanen, die schamlos Kräfte für sich reklamierten, welche sie gar nicht besaßen, begegneten viele Menschen diesem Wort mit Misstrauen, sodass es allmählich einen negativen »Beigeschmack« bekam. Heute wird dieses Wort wegen der höheren Akzeptanz meistens durch die Begriffe »PSI« oder »paranormal« ersetzt. PSI wird als ein Phänomen definiert, das im Gegensatz zu den bisher bekannten Naturgesetzen zu stehen scheint.

Befindet sich beispielsweise ein Objekt auf einem Tisch an Punkt A und wir wollen, dass es sich an einer anderen Stelle desselben Tisches befindet – an Punkt B –, müssen wir es entweder aufheben, an den gewünschten Punkt schieben oder den Tisch schräg halten, damit das Objekt zu Punkt B rutscht. Dann kann man mit wissenschaftlichen Begriffen erklären, wie das Objekt von Punkt A nach Punkt B gelangt ist. Es wurde von einer physischen Kraft bewegt. Doch was wäre, wenn sich das Objekt durch PSI-Kraft von einem zum anderen Punkt bewegte? Was wäre, wenn jemand das Objekt ohne jegliche physische Krafteinwirkung allein durch seinen Willen in Bewegung versetzte? Dann wäre die einzig mögliche Erklärung, dass es sich hierbei um jenes Phänomen handelt, das wir »Psychokinese« nennen: Der Einfluss des Geistes auf die Materie, welcher im Widerspruch zu den Gesetzen der Naturwissenschaft steht.

Manche Menschen sind sensibler für psychokinetische Kräfte als andere, was denjenigen, die solche Phänomene auslösen, oftmals peinlich ist. Ich hielt mich schon in Räumen auf, in denen Objekte buchstäblich durch die Luft flogen und zu Boden krachten und jeden Anwesenden in Angst und Schrecken versetzten. Dieses Phänomen führt uns auch in den Bereich der so genannten »Poltergeister«, sehr negativer psychischer Kräfte, die gewöhnlich in Erscheinung treten, wenn Kinder anwesend sind, und die nach Belieben Dinge im Raum umherwerfen oder mit ihren Levitationsfähigkeiten angeben. Sie sind auch ein gutes Beispiel für potenziell nützliche psychische Kräfte, die auf Grund mangelnder Kontrolle fehlgeleitet, vergeudet und sogar gefährlich wurden. Doch stellen Sie sich nur einmal vor, Sie wären in der Lage, diese Dinge mit Ihrem Geist zu kontrollieren. Haben Sie schon einmal ein zusammengeknülltes Papier achtlos aus einiger Entfernung in einen Papierkorb geworfen und Ihr Ziel genau getroffen? Waren Sie überrascht? Nun, falls Sie nicht überrascht waren, können Sie einen kleinen Test machen und ausprobieren, wie oft Sie bei zehn Versuchen treffen. Ich glaube, dass dabei psychokinetische Kräfte wirksam werden. Vielleicht können Sie normalerweise nicht besonders gut zielen, doch Ihr Geist hat mit seiner Willenskraft dieses Stück Papier oder das Objekt, das Sie warfen, an sein Ziel befördert. Jetzt verstehen Sie vielleicht, warum Sportreporter oft in den höchsten Tönen von den »magischen« Fähigkeiten bestimmter Ballspieler schwärmen. Was sie in Wirklichkeit beschreiben, ist die hoch entwickelte PSI-Kraft des betreffenden Spielers, die sich mit physischem Können paart. Nahezu täglich wird irgendwo auf der Welt von übermenschlichen Kräften oder unerklärlichen Ereignissen berichtet: Ein Mann fällt aus einem Flugzeug und überlebt, eine Mutter reißt das Maul eines drei Meter langen Killerhais auf und rettet ihre kleine Tochter. Das sind erstaunliche Demonstrationen der menschlichen Willenskraft, die das Unmögliche möglich macht – der PSI-Kraft.

Bei einem Aufenthalt im Dschungel des Amazonasgebiets wurde ich Zeuge der erstaunlichen Fähigkeiten eines der dortigen Ureinwohner. Er war ein alter Mann, dessen Geschicklichkeit bei der Jagd über die Grenzen seines Dorfs hinaus gerühmt wurde. Er war spärlich bekleidet und sein einziger

Schatz war ein Blasrohr aus Bambus, das er mit Giftpfeilen bestückte, um kleine Tiere zu erlegen, die den Menschen dort als Nahrung dienen. Er war sehr religiös. Missionare hatten ihn in christlicher Religion unterrichtet, die sein Stamm dann an die eigene Religion angepasst hatte. Sie nannten Gott »Ibilibin«: »Ich glaube an«. Dieser kleine Mann beeindruckte mich zunächst nicht besonders mit seinen Fähigkeiten. Wie meine Begleiter nahm ich an, dass es sich um eine alltägliche Fertigkeit handele, die er erlernt hatte und auf die sich die Angehörigen seines Stammes verlassen mussten, um zu überleben. Erst als ich erfuhr, dass der Mann blind war, wurde ich mir der Dimension der PSI-Kraft im Menschen bewusst. Haben Sie nicht schon einmal bewundernd einen Blinden beobachtet – wie er eine belebte Straße überquert, sicher eine Treppe hinabsteigt und am Ufer eines Flusses oder am Straßenrand anhält? Manche Menschen würden das vielleicht als »sechsten Sinn« bezeichnen. Doch die Bezeichnung ist unerheblich. Tatsache ist, dass dieser Mensch über eine hoch entwickelte und praktische Form der PSI-Kraft verfügt.

Rutengehen ist eine weitere hoch entwickelte Form der PSI-Kraft. Bei einem Besuch in Australien war ich überrascht, wie viele Menschen dort an die Wirksamkeit dieser Kunst glauben. Der Grund dafür war natürlich die blanke Not, denn in Australien befinden sich einige der trockensten Gebiete der Welt. Die dort lebenden Menschen müssen nach Wasser bohren, um zu überleben. Selbst der bodenständigste »Cocky« (eine Bezeichnung für die Farmer im Outback) würde sich nichts dabei denken, einen »Experten« kommen zu lassen, der mit Hilfe eines Y-förmigen Zweiges nach Wasser sucht. Doch versuchen Sie einmal, einem solchen Farmer zu erklären, dass es sich um eine Manifestation des Paranormalen handelt, und er wird Ihnen zu verstehen geben, dass Sie ihn doch bitte mit Ihrem

Hokuspokus verschonen sollen. Doch wie ich bereits erwähnte, stirbt diese Haltung allmählich aus, und ich selbst erlebte eine außerordentlich profitable Zeit, als ich für eine australische Firma mit der Rute nach Gold suchte. Die besten Hausärzte sind auch begabte Heiler, obwohl sie wahrscheinlich die Letzten sein werden, die das zugeben. Die meisten von ihnen wären bei der Behandlung unterschiedlichster Krankheiten sicher ebenso effektiv, wenn sie ihre medizinischen Examina nicht bestanden oder gar keine Universität besucht hätten. Leider werden eine ganze Reihe von Allgemeinärzten, die dieser Theorie zustimmen, als Spinner oder Exzentriker verunglimpft, sodass sie sogar Angst vor dem Begriff »Geistheilen« haben, der im Grunde nur darauf hinweist, dass beim Stellen der Diagnose und bei der Behandlung von Krankheiten PSI-Kraft zum Einsatz kommt.

Ich weiß von einem Polizisten aus Südwestengland, der zu einem wunderbaren Heiler wurde. Er schied aus dem Polizeidienst aus, da so viele Polizisten mit ihren Krankheiten zu ihm kamen, dass ihm keine Zeit mehr für seine regulären Aufgaben blieb. Er besaß die Fähigkeit, eine Krankheit binnen Sekunden zu diagnostizieren und dann ebenso rasch zu heilen, indem er die Hände über den Kopf des Patienten hielt und dann die Wirbelsäule entlang strich. Obwohl die Heilkraft bei manchen Menschen stärker präsent ist als bei anderen, kann man sie entwickeln und Selbstheilung ist heutzutage eine weit verbreitete und häufig praktizierte Kunst. Eine weitere Form von PSI, die vielen Menschen geholfen hat, sich mit ihrem unvermeidlichen körperlichen Ende auseinander zu setzen, ist die außerkörperliche (oder Nahtod-) Erfahrung und die Möglichkeit der Reinkarnation. Menschen, die dem Tod ins Auge sahen oder mit dem Sterben konfrontiert waren, fanden Trost und inneren Frieden, indem sie von den Erfahrungen jener besonderen Per-

sonen hörten, die für klinisch tot erklärt und später wiederbe-
lebt wurden.

Als die schwer krebskranke englische Schauspielerin Pat Phoe-
nix im Sterben lag, wurde ihr seelisches Leid sehr gelindert, als
sie Geschichten vom Leben nach dem Tode und von den Erfahrungen nahe stehender Menschen hörte, die die jenseitige
Welt betreten hatten, dann jedoch zurückgekehrt waren. Auch
Rock Hudsons letzte Tage wurden auf diese Weise leichter. Es
ist bereits viel auf diesem Gebiet geforscht worden und die
meisten Ergebnisse weisen darauf hin, dass nach dem physischen Tod eine glücklichere Existenz auf uns wartet.

Ich möchte noch betonen, dass außerkörperliche Erfahrungen
nicht auf den oben genannten Personenkreis (Schwerkranke
und Sterbende) beschränkt sind, sondern auch von völlig gesunden Personen gemacht werden können. Es ist eine Art
Astralreise – der psychische oder feinstoffliche Körper verlässt
vorübergehend den physischen Körper. Das ist eine recht unheimliche, aber auch aufregende Erfahrung, auf den eigenen
Körper herabzublicken und zu wissen, dass man sich außerhalb von ihm befindet. Wäre es nicht wunderbar, wenn wir alle
auf diese Weise reisen könnten, um binnen eines Augenblicks
unsere Freunde zu besuchen, die auf der anderen Seite der Erdkugel leben? Es ist auch viel billiger als ein Flugticket! Wie oft
haben Sie schon einen Raum betreten oder sich an einem Ort
aufgehalten und gewusst, dass Sie dort bereits gewesen waren?
Es würde mich sehr überraschen, wenn die Leser dieses Buches noch nie ein Déjà-vu-Erlebnis gehabt hätten, dieses Gefühl »Ich war schon einmal hier, ich kenne das schon«. Eine
mögliche Erklärung für dieses Phänomen wäre, dass Sie über
präkognitive Fähigkeiten verfügen. Sie hatten eine Zukunftsvi-
sion, und wenn Ihr physischer Körper dann real erlebt, was Ihr
telepathisch veranlagter Geist bereits gesehen hat, glauben Sie,

schon einmal an dem betreffenden Ort gewesen zu sein. Ich halte es für möglich, dass unser Geist eine so starke telepathische Energie besitzt, dass er schneller als das Licht reisen kann. Stellen Sie sich vor, Sie könnten diese Energie kontrollieren! Man würde Ihnen an der Wall Street, an den Börsen von Tokio, Frankfurt, London und in jedem Spielkasino der Welt Hausverbot erteilen. Doch stellen Sie sich nur einmal vor, wie viel Spaß Sie bis dahin hätten! Bisher habe ich nur einige Aspekte von PSI gestreift, die Ihnen wahrscheinlich mehr oder weniger geläufig sind. Aber es gibt noch viele andere, mit denen ich Sie in den folgenden Kapiteln bekannt machen werde. Doch für den Augenblick möchte ich einfach, dass Sie erkennen, dass an diesen Kräften »etwas dran« sein muss, auch wenn Sie bisher nicht daran geglaubt haben. Erinnern Sie sich einmal an die vielen Momente in Ihrem Leben, in denen Sie Unwahrscheinliches oder Unerklärliches erlebten. Denn wir wollen versuchen, Sie in die Lage zu versetzen, solche Ereignisse zu reproduzieren, die für Sie erfreulich und wohltuend waren. Wenn Ihnen das gelingt, fangen Sie an, Ihre PSI-Kraft zu kanalisieren. Doch Sie müssen üben und Sie müssen flexibel sein und offen für das, was passiert. Die PSI-Erfahrung ist eine ganzheitliche Erfahrung. Wenn Sie die Möglichkeit eines bestimmten PSI-Ereignisses ausschließen, besteht die Gefahr, dass Sie alle Möglichkeiten ausschließen. Die wichtigste Voraussetzung für das Entwickeln der PSI-Kraft ist ein aufgeschlossener empfänglicher Geist.

Nun möchte ich Sie bitten, folgende Fragen zu beantworten. Denken Sie darüber nach und seien Sie ehrlich zu sich selbst.

Sind Sie PSI-Phänomenen gegenüber aufgeschlossen?

Beantworten Sie diese Fragen entweder mit »Ja«, mit »Weiß nicht« oder mit »Nein«:

1. Glauben Sie daran, dass geistiges Heilen wirklich funktioniert?
2. Ist manchmal wirklich eingetroffen, was Sie geträumt hatten?
3. Glauben Sie an die Existenz Gottes oder einer höheren Macht?
4. Glauben Sie, dass Telepathie zwischen Menschen möglich ist?
5. Lesen Sie manchmal in der Bibel oder einem entsprechenden Werk, um sich inspirieren zu lassen?
6. Glauben Sie an ein Leben nach dem Tod?
7. Waren Sie schon einmal bei einer spirituellen Sitzung?
8. Würden Todesprophezeiungen Sie ängstigen?
9. Glauben Sie, dass wir Besuch von Außerirdischen bekommen könnten?
10. Glauben Sie, dass außersinnliche Wahrnehmung/Telepathie wirklich möglich ist?
11. Glauben Sie, dass Geistererscheinungen jemals wissenschaftlich dokumentiert werden?
12. Haben Sie je einen Hellseher aufgesucht?
13. Lesen Sie manchmal astrologische Vorhersagen?
14. Haben Sie hin und wieder seltsame Dinge erlebt, die mehr als Zufall waren?
15. Meinen Sie, dass Sie medial veranlagt sind?

Auswertung:
Geben Sie sich 2 Punkte für jedes »Ja«, 1 Punkt für jedes »Weiß nicht« und 0 Punkte für jedes »Nein«. Addieren Sie Ihre Ergebnisse.

14 oder mehr Punkte weisen darauf hin, dass Sie daran interessiert sind, die Möglichkeit medialer Phänomene genauer zu untersuchen. Zumindest sind Sie paranormalen Phänomenen gegenüber aufgeschlossen, auch wenn Sie sich bisher nicht direkt damit beschäftigt haben.

Wenn Sie **über 20 Punkte** haben, glauben Sie an diese Phänomene. Sie sind ein Mensch, der die mystische Seite der Dinge erfährt. Ihre Lebenserfahrungen sind nicht nur ganzheitlicher als die des Durchschnittsbürgers, sondern auch intensiver. Wenn Sie sich verlieben, erleben Sie das wie ein »Erdbeben«. Bei Personen, die auf dieser Skala eine hohe Punktzahl erreichen, ist die Wahrscheinlichkeit, eine mediale Begabung zu finden, recht hoch.

Wenn Sie **weniger als 14 Punkte** haben, haben Sie Ihren Geist noch nicht für die Möglichkeit von PSI-Phänomenen geöffnet. Geben Sie nicht auf. Die Tatsache, dass Sie dieses Buch lesen, ist ein gutes Zeichen dafür, dass Sie jetzt bereit sind, der Sache auf den Grund zu gehen und einen Versuch zu wagen.

Hohe oder niedrige Punktzahl – wenn Sie an die Möglichkeit glauben, dann sind Sie mit mir auf dem Weg und ich werde versuchen Ihnen alles zu vermitteln, was ich darüber weiß. Machen wir uns also einfach an die Arbeit und setzen wir unsere vereinten Kräfte ein, um Ihnen ein neues und umfassenderes Verständnis für das Leben zu eröffnen! Wir glauben an dieselben Dinge und verfügen über dieselben Talente. Sie müssen Ihre nur entwickeln!

Schicksal und Bestimmung

Ich glaube, dass jeder Mensch eine Begabung hat, von der er auf positive Weise Gebrauch machen kann. Das Problem ist natürlich, diese besondere Begabung zu erkennen und das Beste daraus zu machen. Die PSI-Kraft kann Ihnen dabei helfen. Wie, das verrate ich Ihnen in einem der folgenden Kapitel.

Zunächst möchte ich Ihnen versichern, dass niemand jemals die Hoffnung verlieren oder entmutigt sein sollte, wenn seine aktuellen Lebensumstände so sind, dass er das Gefühl hat, in einer Falle zu sitzen und nicht weiter zu kommen. Machen Sie sich außerdem frei von dem Gedanken, benachteiligt zu sein.

Ich glaube an Schicksal, doch ich bin auch überzeugt davon, dass Schicksal und Bestimmung miteinander verknüpft sind und dass Sie dazu beitragen können, Ihre Richtung im Leben zu bestimmen.

Nehmen wir ein Beispiel aus der Natur: Warum ist eine Bienenkönigin Ihrer Meinung nach etwas Besonderes? Auf Grund von Vererbung? Nein, alle Larven im Bienenstock gleichen sich zunächst. Die Puppen, die sich zu Königinnen entwickeln sind anders, da sie in besonderen Waben mit einer speziellen Nahrung, genannt »Gelée Royale«, gefüttert werden. Andernfalls würden sie sich überhaupt nicht von den Arbeitsbienen unterscheiden. Natürlich kann nicht jeder von uns als Prinz oder Prinzessin geboren werden, doch wir können, wie die Bienenköniginnen, besondere Qualitäten entwickeln, wenn wir auf die richtige Weise aufgezogen und gefördert werden und die richtigen Dinge vermittelt bekommen, um die in unserem Inneren schlummernden Talente zu entfalten. Nicht jeder kann ein Genie oder »Überflieger« werden, doch bereits kleine Verbesserungen machen einen Unterschied, und diese kleinen Verbesserungen werden eine Veränderung in Ihnen bewirken, die

Ihnen genügend Selbstvertrauen gibt, noch mehr zu erreichen. Und vergessen Sie nicht, dass Menschen anders als Insekten oder anderen Tieren eine zusätzliche Möglichkeit offen steht: Sie können wählen. Wir können unser Schicksal beeinflussen. Wir können wählen, etwas Besonderes zu sein. Falls Sie also nicht in glückliche Umstände oder eine bedeutende Familie hineingeboren wurden, können Sie es zu Ihrer Bestimmung machen, glücklich zu sein und vielleicht sogar in eine privilegierte Lebenssituation aufzusteigen, indem Sie Ihre Talente und Begabungen entwickeln. Letztendlich kann es viel befriedigender sein, zu wissen, dass man es aus eigener Kraft geschafft hat, und nicht, weil man zufällig in eine privilegierte Stellung hineingeboren wurde. Außerdem werden Sie wahrscheinlich sowieso mit den »Königskindern« auf du und du stehen, wenn es Ihnen gelungen ist, Ihr Schicksal in die eigenen Hände zu nehmen. Wer hätte wohl gedacht, dass jemand aus so bescheidenen Verhältnissen wie ich eines Tages an Gesellschaften teilnehmen würde, die für Prinzen gegeben werden. Ich sage das nicht, um damit zu prahlen, sondern nur, um Ihnen an meinem Beispiel deutlich zu machen, dass so etwas wirklich möglich ist. Und dass man nur über dieses zusätzliche Wissen und einen aufgeschlossenen, empfänglichen Geist verfügen muss.

Mit anderen Worten: Betrachten Sie die PSI-Kraft einfach als eine weitere erworbene Fertigkeit. Und wenn Sie dann die Vorteile, die sich durch sie bieten, maximieren, werden Sie anderen, die diese Vorteile nicht nutzen, ein ganzes Stück voraus sein.

Scheuen Sie sich auch nicht, mit anderen Menschen über Ihr Interesse an PSI-Phänomenen und Ihre diesbezüglichen Fähigkeiten zu sprechen. Machen Sie sich keine Sorgen darüber, dass man Sie für ein bisschen seltsam oder verschroben halten könnte. Ich kann Ihnen versichern, dass eines der prominentesten Mitglieder der berühmtesten Dynastie der Welt – des Königshauses der Windsors – zutiefst von der Existenz der PSI-Kraft überzeugt ist. Ich gehe sogar so weit, zu behaupten, dass der nächste König von England seit langem an außersinnlichen Phänomenen interessiert ist, falls er sich nicht bereits aktiv damit beschäftigt – trotz der negativen Berichterstattung über seine unorthodoxe Sichtweise des Lebens. Prinz Charles ist ein sehr spiritueller Mensch mit einem außergewöhnlich aufgeschlossenen und empfänglichen Geist. Er ist bereit, ungeachtet seiner höchst konventionellen Position im öffentlichen Leben ungewöhnliche Wege zu gehen. Die Bereitschaft des Prinzen, sich mit neuen Ideen auseinander zu setzen und kosmische Kräfte anzuerkennen, weist darauf hin, dass er ein sehr guter Kandidat für Dinge wie Telepathie wäre. Prinz Charles ist überzeugt davon, dass man Glück und inneren Frieden finden kann, indem man in seinem eigenen Inneren danach sucht. Als er im Mai 1986 vor kanadischen Holzfällern und Unternehmern sprach, wurden seine Worte in aller Welt zitiert. Im Herzen von British-Columbia sagte er vor Tausenden von Zuhörern:»Ich habe das Gefühl, dass sich tief in der Seele der Menschheit, wie auf der Oberfläche eines Spiegels – wie auf einem spiegelglatten, stillen See –, die Schönheit und Harmonie des Universums widerspiegeln. Aber diese Spiegelung wird nur allzu oft durch eigentümliche Stürme getrübt und aufgewühlt. Ich glaube, dass sehr viel davon abhängt, auf welche Weise jeder von uns mit dieser Spiegelung vertraut gemacht wird, wie sie uns bewusst gemacht wird. Und ich glaube, dass es unsere Pflicht ist, zu versuchen, dieses Bewusstsein in unseren Kindern zu wecken, denn mir scheint, dass nur durch die äußere Manifestation dieser Spiegelung Hoffnung auf jenen weltweiten Frieden besteht, nach dem wir uns sehnen. Wir müssen versuchen, das Leben als solches zu einer

Kunst zu machen, auch wenn es immer ein enormer Kampf bleiben wird.« Es ist bekannt, dass Prinz Charles stark von Sir Laurens van der Post beeinflusst wurde. Den achtzigjährigen Sir Laurens und den jungen Thronfolger verband eine tiefe, fast mystische Freundschaft. Sie war wie eine bereichernde Beziehung zwischen Großvater und Enkel, außerordentlich wichtig für beide – und besonders für Prinz Charles, nachdem sein geliebter Onkel, Lord Louis Mountbatten einem Terroranschlag der IRA zum Opfer gefallen war. Sir Laurens, ein südafrikanischer Schriftsteller und Philosoph, lebte in London. Überall in der Wohnung des alten Mannes hingen Fotos, die Prinz Charles zeigten, und Gemälde, die er angefertigt hatte. Sir Laurens hegte großes Interesse an östlichen Religionen, insbesondere am Buddhismus. Doch auch die Physik und die Psychologie zählten zu ihren gemeinsamen Interessen. Dieser Lehrer sagte einmal über seinen Schüler Prinz Charles, er denke selbstständig und brauche keinen »Meister«, der ihm den Weg zeige. Charles, so Sir Laurens, sah sich gemäß des griechischen Menschenbildes als »ganzen Menschen«. Das Großartige dabei ist, dass der Prinz of Wales ein Sucher ist, dass er nach Antworten sucht, von denen die Menschheit noch weit entfernt ist. Das Interesse des Prinzen gilt jedoch nicht nur dem spirituellen Selbst, sondern auch der alternativen Medizin und der Geistheilung, einem Gebiet, über das er sich ausführlich mit Dr. Mervyn Stockwood, dem früheren Bischof einer Londoner Diözese, unterhielt. Seine Cousine, Prinzessin Alexandra, deren Ehemann, Angus Ogilvy, wegen eines schmerzhaften Rückenleidens oft Geistheiler aufsuchte, hatte ihn mit dem Bischof bekannt gemacht.

Den Prinzen kümmert es nicht, was andere von seinen Ansichten halten. So sagte er:»Die Leute sagen oft nicht, was sie wirklich denken, weil sie fürchten, man könne sie für verrückt halten. Aber wenn jemand in meiner Position sagt, ›Ich glaube, da ist was dran‹, geben viele zu, dass sie genauso empfinden.« Er sagte weiter: »Unsere Gesellschaft wird von der linken Gehirnhälfte beherrscht. Wir konzentrieren uns darauf, die Unterdrückung der intuitiven rechten Gehirnhälfte zu organisieren. Ich finde es sehr interessant, zu sehen, dass primitive Gesellschaften die ganze Zeit über unterbewusst ihre instinktive Beziehung zu Menschen und Dingen ihres Umfeldes wahrnehmen – viel stärker als wir in unserer so genannten zivilisierten Welt. Ich glaube, dass Instinkt oder Sensibilität oder wie Sie es auch nennen wollen, enorm wichtig ist.«

Vielleicht sollten wir uns alle ein Beispiel an ihm nehmen. Prinz Charles war auch derjenige, der die angesehene *British Medical Association* in Verlegenheit brachte, indem er sie herausforderte, alternative Heilweisen zu untersuchen und sie bat, dem Unkonventionellen gegenüber aufgeschlossen zu sein. Bei einer Versammlung dieser ehrwürdigen Herren im Jahre 1982 sagte er: »Einer der weniger angenehmen Züge verschiedener wissenschaftlicher Zweige ist ihr tief sitzendes Misstrauen, ja ihre Feindseligkeit gegenüber allem, was unorthodox ist. Es ist wohl unvermeidlich, dass etwas, das ›anders‹ ist, starke Emotionen bei der Mehrheit jener wachruft, deren konventionelles Wissen in Frage gestellt wird. Ich vermute auch, dass die Natur des Menschen so beschaffen ist, dass sie uns oft daran hindert, zu sehen, dass das, was heute als unorthodox gilt, letzten Endes wahrscheinlich das Konventionelle von morgen ist.«

Ohne Zweifel erfreut sich PSI der königlichen Zustimmung! Es wurde immer wieder darüber berichtet, dass Prinz Charles versucht habe, auf spirituellem Wege Kontakt mit seinem Lieblingsonkel Lord Mountbatten aufzunehmen, der selbst an PSI interessiert war, wie übrigens viele andere Mitglieder des britischen Königshauses. Die Königin suchte mehrmals Geistheiler auf und die Familienchronik berichtet von vielen Begebenheiten, bei denen außersinnliche Phänomene im Spiel waren. Königin Victoria hielt offenbar Séancen ab, um mit Hilfe eines schottischen Mediums namens John Brown Kontakt mit ihrem geliebten verstorbenen Mann Albert aufzunehmen. Die Königinmutter tat es ihr später gleich und kontaktierte ihren verstorbenen Mann, König Georg VI., über das bekannte Medium Lillian Bailey. Oft wurden auch Geistwesen gesehen und es gab viele Fälle von Hellsehen und Telepathie.

Die Königin von England ist ein sehr religiöser Mensch mit einem starken Glauben an eine kosmische Ordnung und Bestimmung. Auf Grund ihres starken Verantwortungsgefühls für die Dynastie ist sie der Ansicht, dass es eher ihre Pflicht ist, Königin zu bleiben, als den Thron für ihren ältesten Sohn frei zu machen. Prinz Charles wird den Königsmantel nicht unbekümmert tragen, doch mit großer Ehrlichkeit und Menschlichkeit. Und das liegt an seiner Beziehung zur Spiritualität. Er ist aufrichtig und fürsorglich und man kann sich gut vorstellen, dass er sich in einem anderen Leben ganz der Erforschung von PSI-Kräften gewidmet hätte oder ein hervorragender Geistheiler geworden wäre. Als ich ihm begegnete, nahm ich eine besondere Aura an ihm wahr, die in hohem Maße entwicklungsfähig ist. Er ist von der Existenz der PSI-Kraft überzeugt und möchte sie zum Wohle des großen Ganzen eingesetzt wissen. Er wünscht sich, dass sich die Menschen selbst helfen können, indem sie an ihre eigenen Kräfte glauben. Deshalb engagiert er sich so stark für Gemeinschaftsprojekte in England und überall auf der Welt. Er glaubt nicht, dass Geld allein die Probleme der Menschen lösen kann, sondern dass sie lernen müssen, ihre eigene innere Kraft zu respektieren und zu ihrem Wohl einzusetzen. Und obwohl er von Geburt an hat, wovon andere vielleicht träumen, ist er daran interessiert, seine PSI-Kraft zu entwickeln, um ein inneres Glück zu finden, nach dem sich jeder von uns sehnt.

Ich glaube auch, dass er mit PSI-Kräften arbeiten wird, wenn er König wird, und dass er deshalb ein äußerst beliebter und populärer Monarch sein wird. Viele seiner Entscheidungen wird er erst treffen, nachdem er sein spirituelles Selbst kontaktiert hat. Er wird versuchen, Präkognition, Telepathie und psychische Projektion einzusetzen, Fähigkeiten, die er noch entwickelt und sein Leben lang weiter entwickeln wird. Charles hat einen erfrischend aufgeschlossenen Geist. Bei einem Interview mit Sir Alistair Burnett von einem englischen Nachrichtensender bemerkte der Prinz vorsichtig: »Ich habe kein Interesse am Okkulten und ich will auch nicht mit schwarzer Magie oder solchen Dingen herumspielen, noch gilt mein Interesse extremen Formen des Mystizismus. Aber ich bin absolut daran interessiert, geistig aufgeschlossen zu sein.« Und das ist er in der Tat. Denn ich weiß von einem geheimen Treffen, zu dem Prinz Charles einen der führenden britischen Wissenschaftler, den inzwischen verstorbenen John Hasted, in den *Kensington Palace* einlud. Fasziniert sprach der Prinz mit Hasted über Metallbiegen und bekam Löffel gezeigt, die von Kindern verbogen worden waren.

Auch junge Royals, wie der Herzog und die Herzogin von York, zeigen großes Interesse an PSI. Vor ihrer Hochzeit wurde ich zu einer Party in London eingeladen, bei der die beiden Ehrengäste waren, und man trug mir zu, dass Prinz Andrew und Sarah Ferguson mich gerne kennen lernen würden. Ohne große Umschweife wurde das königliche Paar in meine Richtung dirigiert und wir wurden einander vorgestellt. Ich spürte sofort, dass Prinz Andrew sehen wollte, wie ich etwas mit meinen

Kräften anstellte, und ich fragte ihn:»Möchten Sie, dass ich für Sie einen Löffel verbiege?«Andrew erwiderte, dass es ihm großes Vergnügen bereiten würde, mich genau dabei zu beobachten, und er zog Sarah an sich, damit sie das Ereignis nicht verpassen würde. Ich wollte jedoch niemandem auf der Party »die Show stehlen« und fragte deshalb, ob wir das Ganze auch in einem separaten Raum machen könnten. Sir David Frost, der den Abend organisiert hatte, führte uns in seine Küche und gab mir einen Löffel des Familiensilbers. Obwohl beide lächelten, konnten weder Andrew noch Sarah ihre Augen von meinen Fingern abwenden, als ich leicht über den Löffel strich und ihn mit meiner Willenskraft verbog. Sie wurden nicht enttäuscht. Als der Löffel erst einmal begonnen hatte, sich zu verbiegen, hörte er nicht mehr auf. Er verbog sich sogar noch, als ich ihn an Sarah weiterreichte. Prinz Andrew nahm ihn dann an sich und führte ihn der versammelten Gesellschaft vor, um allen zu zeigen, was passiert war. Später schickte ich dem Paar als Hochzeitsgeschenk einen Silberlöffel, den mein Sohn Daniel zu seiner Geburt bekommen hatte. Das war also ein sehr spezielles Geschenk. Es hatte jedoch noch eine weitere Bedeutung, denn ich verbog den Löffel just in dem Augenblick, als Andrew den Ehering über Sarahs Finger streifte. Offensichtlich war dieses Geschenk auch für den Herzog und die Herzogin etwas Besonderes, denn ein paar Wochen später erhielt ich einen Brief aus dem *Buckingham Palace* mit dem Datum vom 11. 8. 1986. Sie schrieben:»Lieber Uri, wir waren entzückt, als wir Ihr Hochzeitsgeschenk erhielten, den Löffel, den Sie an unserem Hochzeitstag verbogen haben. Es ist sehr lieb von Ihnen, uns ein so schönes Geschenk zu machen. Wir werden es in Ehren halten und wir freuen uns sehr über Ihre guten Wünsche in diesen glücklichen Tagen. Mit lieben Grüßen, Andrew und Sarah.«

Obwohl die beiden heute getrennt sind, verbindet sie nicht zuletzt wegen ihrer reizenden Töchter eine enge Freundschaft.

Manchmal frage ich mich, ob einige Mitglieder der königlichen Familie auf Grund ihrer Fähigkeit, Flugzeuge zu steuern, einen zusätzlichen »PSI-Schub« bekommen. Es wurden nämlich Experimente durchgeführt, um nachzuweisen, dass bei Kampfpiloten die Fähigkeit zur außersinnlichen Wahrnehmung sehr stark entwickelt ist. Trotz der großen Fortschritte im Bereich der Flugtechnik muss man sich beim Fliegen immer noch auf seine Intuition und sein Gefühl verlassen. Die Sinne werden geschärft und sind wacher als im gewöhnlichen Alltag. Kampfpiloten haben oft erzählt, dass sie die Gegenwart des Feindes wahrgenommen hatten, bevor sie ihn tatsächlich sahen.

Doch es gibt noch einen anderen, bedeutenderen metaphysischen Aspekt, der den Geist durchdringen kann, wenn man in der Dämmerung fliegt. Falls Sie es nicht schon selbst erlebt haben, kann ich Ihnen versichern, dass das eine sehr erhebende Erfahrung ist, die einen gleichzeitig sehr demütig macht. Die Macht des Universums zeigt sich plötzlich in ihrer ganzen Herrlichkeit. Neue Horizonte öffnen sich, und wenn Sie sich von Ihren Gefühlen ergreifen lassen, können Sie sich vorstellen, dass Sie Teil dieses Universums sind und sich auf einer Astralreise befinden. Probieren Sie es aus, wenn Sie das nächste Mal mit einem Flugzeug unterwegs sind. Schauen Sie in der Dämmerung oder in einer sternklaren Nacht aus dem Flugzeugfenster und stellen Sie sich vor, dass Sie weit vom Planeten Erde entfernt sind. Sie werden über Ihre außerordentliche geistige Klarheit erstaunt sein und vielleicht auch darüber, dass Sie Ihre Existenz in diesem erweiterten Universum, zu dem Sie nun gehören, mit ganz anderen Augen betrachten. Probieren Sie dies dann auch einmal aus, wenn Sie wieder zurück auf der

Erde sind. Zum Beispiel, wenn Sie nachts allein auf einem freien Feld stehen und die Sterne betrachten. Auf diese Weise kommen Sie sehr schnell und intensiv in Kontakt mit dem Kosmos. Es ist auch eine wunderbare Art, alle Sinne zu entspannen. Und es wird Ihnen unweigerlich helfen, Ihre gegenwärtige Lebensweise aus einer besseren oder anderen Perspektive zu überblicken.

Ich kann gar nicht genug betonen, welch große Bedeutung PSI für uns hat, und ich hoffe, Sie sind, nachdem Sie das Vorangegangene gelesen haben, mit mir der Meinung, dass sich die Mitglieder einer der bedeutendsten Familien der Welt nicht die Mühe machen würden, sich mit diesen Dingen zu befassen, wenn »nichts dran« wäre. Warum sollten sie? Haben sie nicht alles – Geld, eine besondere Herkunft? Sie stehen an der Spitze der Gesellschaft und pflegen einen Lebensstil, um den sie von Millionen Menschen beneidet werden. Und doch beschäftigen sie sich mit diesem Phänomen, denn es ist eine Gabe, die es zu entwickeln gilt. Und Sie haben denselben Zugang dazu wie die königliche Familie! Schließlich müssen auch diese Menschen Tag für Tag Entscheidungen fällen, sie können dieselben Krankheiten bekommen und genauso unglücklich oder depressiv sein wie jeder normale Sterbliche, ungeachtet ihrer aristokratischen Herkunft. Zweifellos erlebt das Königshaus Skandale, Scheidungen, Katastrophen und Trauer – besonders nach dem tragischen Tod von Prinzessin Diana.

Kürzlich verbog ich im *St. James Palace* einen Löffel für Seine Königliche Hoheit, Prinz Phillip, den Herzog von Edinburgh. Er war völlig verblüfft und einige Tage später erhielt ich einen Brief von Vizeadmiral M. P. Gretton, der mir mitteilte, der Herzog habe nicht mehr aufgehört, über den verbogenen Löffel zu sprechen und habe ihn allen seinen Freunden gezeigt.

Der innere Spiegel

Wenn Sie experimentierfreudig sind, können Sie mit Ihrem Partner oder einem Freund oder einer Freundin ein paar PSI-Tests durchführen. Bitten Sie Ihren Partner oder Freund, an den stärksten Eindruck in Bezug auf Ihre Person zu denken, der ihm in den Sinn kommt. Versuchen Sie dann zu erraten, woran er denkt. Bitten Sie sich gegenseitig, an eine bestimmte Farbe zu denken und schauen Sie, ob Sie die Farbe des anderen benennen können. Im nächsten Kapitel gebe ich Ihnen noch ausführlichere Informationen zu verschiedenen PSI-Tests und Übungen, doch es ist hilfreich, so bald wie möglich mit dem praktischen Teil zu beginnen.

Mit meinen Kindern spiele ich oft Rate-Spiele. Wenn wir beispielsweise auf der Autobahn unterwegs sind, schauen wir, wer die Anzahl roter Autos, die uns innerhalb der nächsten zehn Minuten überholen werden, korrekt vorhersagen kann. Oder wir versuchen, die Fabrikate der Autos vorherzusagen, die wir in einer Zeitspanne von zehn bis fünfzehn Minuten sehen werden. Das sind einfache Spiele, doch sie helfen uns, unseren PSI-Sinn zu schärfen und es macht außerdem Spaß, sie mit jemandem zu spielen, den man mag.

Den folgenden Test nenne ich »Spiegel-Test«. Er ist sehr wichtig, da er am Anfang des Weges steht, der Sie zu Selbstverwirklichung und Erfolg führen kann. Und der erste Schritt auf diesem Weg besteht darin, alles über Ihr inneres Selbst und Ihren PSI-Sinn herauszufinden.

Spiegel-Test

Stellen Sie sich folgende Fragen:

1. Sind Sie im Allgemeinen ein glücklicher Mensch?
2. Wenn nicht – was ist Ihrer Meinung nach der Grund dafür?
3. Gibt es etwas, das Sie dagegen tun könnten?
4. Tun Sie wirklich die Dinge, die Sie gerne tun möchten?
5. Hätten Sie gerne eine andere Arbeitsstelle?
6. Ist es möglich, eine andere Arbeitsstelle zu bekommen?
7. Sind Sie religiös oder haben Sie feste Überzeugungen?
8. Wie stark sind diese Glaubenssätze oder Überzeugungen?
9. Wie ist Ihre Einstellung zu Ihren Familienmitgliedern, Ihren Freunden und Ihrer Arbeit?
10. Sind Sie ehrgeizig?
11. Haben Sie ein befriedigendes Sexualleben?
12. Kommen Sie mit Angehörigen anderer Kulturkreise gut zurecht?
13. Haben Sie ein hohes oder niedriges Selbstwertgefühl?
14. Wie denken Ihrer Meinung nach andere Menschen über Sie?
15. Wie könnten Sie – wenn überhaupt – Ihre Situation verbessern?
16. Sind Sie zufrieden mit Ihrem Erscheinungsbild?
17. Könnten Sie es verbessern?
18. Welche Person wären Sie am liebsten, wenn Sie jemand anders sein könnten?
19. Als was würden Sie gerne noch einmal auf die Welt kommen, wenn Sie an Reinkarnation glaubten?
20. Welches Tier mögen Sie am liebsten?

21. Wer hat Sie in Ihrem Leben Ihrer Meinung nach am stärksten beeinflusst?
22. Hätten Sie sich ein anderes Leben gewünscht, wenn Sie die Wahl gehabt hätten?
23. Glauben Sie, dass Sie es schwer im Leben haben?
24. Glauben Sie, dass Sie Ihre Nachteile oder Handicaps durch positives Denken überwinden könnten?
25. Was betrachten Sie als Ihre Stärken?
26. Was sind Ihre Schwächen?
27. Wie könnten Sie sich in diesen Bereichen verbessern?
28. Welche natürlichen Begabungen besitzen Sie Ihrer Meinung nach?
29. Könnten Sie Ihren Gesundheitszustand auf irgendeine Weise verbessern?
30. Wie würden Sie sich selbst in einem objektiven Bericht beschreiben?

Bestimmen Sie Ihren Persönlichkeitstyp, nachdem Sie über die Fragen nachgedacht haben. Sind Sie ein aufgeschlossener, kontaktfreudiger und im Allgemeinen glücklicher Mensch (extrovertiert) oder sind Sie eher gehemmt und in sich gekehrt (introvertiert)? Gewöhnlich sind extrovertierte Menschen abenteuerlustiger und das schließt auch eine gewisse Offenheit gegenüber PSI-Phänomenen ein. Doch auch als eher introvertierter Typ können Sie die PSI-Kraft erfolgreich einsetzen, vorausgesetzt, Sie haben eine positive Einstellung und einen offenen Geist.

Fitness, Entspannung, Konzentration und Meditation

Die folgenden vier Elemente sind sehr wichtig für die Entwicklung von PSI-Fähigkeiten: körperliches Training, Entspannung, Konzentration und Meditation. Alle vier Faktoren stehen in einer Wechselbeziehung zueinander und Sie müssen versuchen, alle vier in Ihren Tagesablauf zu integrieren, auch wenn Sie sich nur kurz dafür Zeit nehmen können. Haben Sie sich beispielsweise bei Ihrem körperlichen Training angestrengt, wird das angenehme Gefühl der darauf folgenden Entspannung noch durch einen positiven Effekt auf Ihren Geist ergänzt, sodass es Ihnen dann auch leichter fallen wird, sich zu konzentrieren. Wenn Sie anfangen wollen, Ihre Konzentrationsfähigkeit zu verbessern, ist es sehr wichtig, dass Sie vollkommen entspannt sind. Es gibt mehrere Methoden, mit denen Sie einen Entspannungszustand erreichen können:

- Nehmen Sie grundsätzlich die Position ein, die für Sie am bequemsten und entspannendsten ist. Das kann auf einem Kissen am Boden oder auf dem Bett oder in einem bequemen Sessel sein.

- Entspannen Sie Ihren Körper vollständig – Arme, Beine, Füße. Atmen Sie tief ein und aus und entspannen Sie jeden Muskel jedes Körperteils. Entspannen Sie dann den Nacken und den Kopf. Sprechen Sie alle Körperteile von der Schädeldecke bis zu den Zehen einzeln an und atmen Sie dabei tief ein und aus.

- Machen Sie diese Entspannungsübung nie in der Badewanne oder einem Schwimmbecken, denn Sie könnten dabei einschlafen.

Als Nächstes müssen Sie lernen, unnötige Gedanken auszuschalten, die Ihnen Energie und Zeit rauben und den Fluss der

PSI-Energie stören könnten. Das heißt, dass quälende innere Spannungen in Bezug auf unerledigte Dinge oder Sorgen über unbezahlte Rechnungen oder über einen Streit mit Ihrem Partner Ihren Geist daran hindern, sich auf einen bestimmten Aspekt zu konzentrieren oder frei umherzustreifen, um neue Horizonte zu entdecken. Sie müssen sich also ganz bewusst sagen: »Ich schließe innerlich die Tür zu all diesen Problemen. Sie existieren im Augenblick nicht. Ich werde mich morgen darum kümmern. Ich lege sie jetzt in einem Ordner ab und schließe ihn, bis ich so weit bin.« Versuchen Sie es. Diese Strategie wird es Ihnen nicht nur ermöglichen, sich auf den Gebrauch Ihrer PSI-Fähigkeiten zu konzentrieren, sondern auch dafür sorgen, dass Sie nachts besser schlafen. Eine gute, erholsame Nachtruhe kann einen großen Teil der Spannungen und Ängste auflösen, die Sie noch am Abend zuvor quälten. Sie wachen erfrischt auf und haben viel mehr Kraft, um der Welt und ihren Anforderungen zu begegnen. Vielleicht haben Sie auch dadurch, dass Sie sich nicht von den Problemen niederdrücken ließen, Ihren PSI-Kräften den Raum gegeben, in den Vordergrund zu treten und das Problem für Sie zu lösen!

Eine andere Methode, äußere Ängste und Sorgen auszublenden, besteht darin, sich auf ein bestimmtes Objekt zu konzentrieren:

* Suchen Sie sich ein Objekt aus, etwa eine Blume oder ein Medaillon. Was Sie auch wählen, richten Sie Ihre ganze Aufmerksamkeit auf dieses Objekt und verbannen Sie alles andere aus Ihrem Denken.

* Denken Sie nicht angestrengt darüber nach, sondern stellen Sie sich vor, in Ihrem Kopf befände sich ein Fernsehbildschirm. Lassen Sie den Bildschirm ganz leer werden und projizieren Sie das betreffende Objekt darauf.

- Drücken Sie dann die Stopp-Taste und fixieren Sie das geistige Bild. Konzentrieren Sie sich nun einige Minuten lang auf dieses innere Bild, bevor Sie sich entspannen.

Wiederholen Sie diese Übung, bis Sie die Technik beherrschen. Später können Sie zulassen, dass auch andere Bilder vor Ihrem inneren Auge auftauchen, die mit dem Bild in Ihrer Vorstellung in Zusammenhang stehen. Dies bereitet Sie auf außersinnliche Wahrnehmung und Telepathie vor.

Vielen Menschen ist gar nicht bewusst, wie oft sie diese Art der PSI-Konzentration im Alltag anwenden. Einige meiner Freunde brauchen nie einen Wecker, ganz gleich, wann sie morgens aufstehen wollen. Ohne sich dessen bewusst zu sein, benutzen sie ihren »PSI-Wecker«. Und sie tun das auf ganz simple Weise. Bevor sie zu Bett gehen, »befehlen« sie sich, um eine bestimmte Uhrzeit aufzuwachen – und ihre innere Uhr weckt sie auf die Sekunde genau. Probieren Sie es einmal aus und beobachten Sie, ob es für Sie funktioniert. Einer meiner Freunde stellte fest, dass es bei ihm nur sporadisch funktionierte, und veränderte daraufhin seine innere Befehlsstruktur. Anstatt sich nur zu befehlen, zu einer bestimmten Uhrzeit aufzuwachen, klopft er mit dem Kopf ein paar Mal auf sein Kopfkissen, und zwar so oft, dass es genau der Uhrzeit entspricht, um die er aufwachen will. Wenn er also um fünf Uhr morgens aufwachen möchte, klopft er fünf Mal mit dem Kopf auf sein Kissen. Er hat sein System inzwischen so verfeinert, dass er seinen inneren »Wecker« sogar auf viertel oder halbe Stunden »einstellen« kann. Er klopft dann einfach weniger fest auf sein Kissen. Welche Methode Sie auch anwenden, sie wird funktionieren, wenn Sie darauf vertrauen.

So wie Sie Ihrem Geist befehlen können, um eine bestimmte Uhrzeit aufzuwachen, können Sie Ihr Unterbewusstsein auch instruieren, ein bestimmtes Problem für Sie zu lösen, während

Sie schlafen. Das ist eine Methode, mit der Sie Ihr Unterbewusstsein oder, besser gesagt, Ihr PSI-Bewusstsein für sich arbeiten lassen können. Versuchen Sie es! Sagen Sie sich, dass Sie ein bestimmtes Problem lösen werden, ohne sich darüber Sorgen zu machen, und schauen Sie, was geschieht. Ich bin sicher, dass es bei Ihnen genauso gut funktioniert, wie es bei mir funktioniert hat.

Meditation ist ein weiteres wichtiges Werkzeug, das Ihnen helfen kann, zu innerem Frieden zu finden und Ihrem Leben eine positive Wendung zu geben. Jenseits der Grenzen Ihres Verstandes gibt es Bewusstseinsebenen, die Ihnen Einblick in Ihr eigenes Wesen verschaffen und Ihnen so helfen können, aus dem endlosen Teufelskreis neurotischer Bedürfnisse auszusteigen und zu erkennen, was Sie wirklich wollen. Nur so können Sie wahres Glück finden. Es gibt viele Meditationstechniken, die Sie sehr effektiv dabei unterstützen können, von einer abgestumpften, eingeschränkten Existenz zu höherer Weisheit zu gelangen. Glauben Sie niemals, es sei unmöglich, Ihr Leben zu verändern oder sich aus destruktiven Gewohnheiten zu befreien.

Es ist sehr wichtig, dass wir immer wieder »nach innen gehen« und uns selbst erforschen, so wie ich es beschrieben habe, und uns auch objektiv so zu sehen, wie andere uns sehen. Wenn Ihre Selbsterkenntnis größer wird, werden Sie feststellen, dass es Ihnen auch immer leichter fällt, andere zu erkennen. Einfach indem Sie ihnen zuhören und Ihr Verhalten beobachten (Körpersprache). Schließlich werden Sie viele Gemeinsamkeiten entdecken. Vieles wird Sie an Ihr eigenes Verhalten erinnern und Sie können die Gründe für das Verhalten anderer mit den Schlussfolgerungen vergleichen, die Sie aus Ihrem eigenen Verhalten gezogen haben. Sie schärfen damit letztendlich Ihren so genannten sechsten Sinn, Ihre außersinnliche Wahrnehmung, wenn Sie Freunde, Kollegen oder Fremde einschätzen lernen. Ob Sie ein Auto kaufen oder verkaufen oder zu einem Vorstellungsgespräch eingeladen werden, Sie werden feststellen, dass die Anwendung dieser Fähigkeit von großem Nutzen für Sie sein kann.

Bei der Meditation gilt es folgende Punkte zu beachten:

* Sorgen Sie dafür, dass Sie sich vollkommen entspannen.
* Gehen Sie in Ihr Innerstes und konzentrieren Sie sich ganz auf sich selbst.
* Je nach Situation können Sie diese Zeit dafür nutzen, um bestimmte Probleme zu reflektieren.
* Wenn Sie möchten, können Sie mit den Farben am Ende des Buches meditieren. Viele Menschen sind von der Heilkraft der Farben überzeugt und ich habe einige Farben ausgewählt, die Ihnen als Konzentrationshilfe bei der Meditation dienen können.

Ich empfehle Ihnen auch, ab heute ein besonderes Tagebuch zu führen. Sie können es Ihr PSI-Tagebuch nennen, wenn Sie möchten. Notieren Sie in diesem Tagebuch alle interessanten Dinge, die Ihnen widerfahren und für die es anscheinend keine plausible Erklärung gibt. Irgendwann werden Sie ein Muster erkennen und Sie werden eine Erklärung für die Ereignisse finden. Doch im Augenblick sind Sie noch ein Lernender. Geben Sie sich also zunächst damit zufrieden, alles aufzuschreiben. Schreiben Sie Ihre Träume auf. Träumen Sie in Schwarz-Weiß oder in Farbe? Träumen Sie oft? Können Sie sich gut an Ihre Träume erinnern? Legen Sie Ihr Tagebuch abends neben das Bett. Sollten Sie einmal mitten in der Nacht wegen eines Traumes aufwachen, können Sie ihn schnell aufschreiben. Es kommt oft vor, dass wir unsere Träume blitzschnell wieder vergessen. Halten Sie es jedes Mal in Ihrem Tagebuch fest, wenn in Ihrer Gegenwart etwas geschah, das Sie als »übersinnliches« Ereignis betrachten – beispielsweise jene Momente, in denen Sie und eine andere Person in genau demselben Augenblick das Gleiche sagten. Dokumentieren Sie Ihre Déjà-vu-Erlebnisse und die Momente, in denen Sie »zufällig« jemandem begegneten, an den Sie zuvor gedacht hatten. Falls sich solche Zufälle oder Synchronismen mit einer bestimmten Person häufen, könnte es gut sein, dass Sie einen telepathischen Gefährten haben. In diesem Fall sollten Sie gemeinsam mit dieser Person ein wenig experimentieren. Schauen Sie, ob Sie erraten können, was der andere denkt. Vergleichen Sie Ihre Farbenwahl. Versuchen Sie gemeinsam, Objekte zu bewegen. Fragen Sie sich, ob diese Person ein ähnlicher Persönlichkeitstyp ist wie Sie. Indem Sie zusammenarbeiten, verstärken Sie die PSI-Fähigkeiten des jeweils anderen. Vervollständigen Sie am Ende jeder Woche die Liste der seltsamen oder unerklärlichen Ereignisse und notieren Sie, welche am häufigsten auftraten. Dadurch erhalten Sie Hinweise darauf, wo Ihre PSI-Stärken gegenwärtig liegen, und Sie können daran arbeiten, diese weiter zu entwickeln. Andere Fähigkeiten, die in Ihnen schlummern, zeigen sich, wenn überhaupt, vielleicht nur ganz selten. Lassen Sie sich nicht entmutigen. Arbeiten Sie daran. Seien Sie sich der Tatsache bewusst, dass sie existieren. Denken Sie über diese Fähigkeiten nach. Das wird sie zum Leben erwecken!

Astrologie und PSI

Ich werde oft gefragt, ob ich an Astrologie glaube und ob die Astrologie mit PSI vereinbar ist. Wie ich bereits erwähnte, bin ich absolut offen für alle Arten von Phänomenen – das schließt auch die Astrologie ein. Ich glaube, dass unser Sternzeichen unseren Charakter und unsere Zukunft teilweise widerspiegelt, und ich bin außerdem davon überzeugt, dass Astrologie und PSI sich ergänzen können. Vielleicht stellen Sie fest, dass jemand mit dem gleichen Sternzeichen vieles mit Ihnen gemeinsam hat und dass Sie mit dieser Person einen unmittelbaren Kontakt herstellen können, da Sie sich auf derselben psychischen Ebene befinden. Ich kenne viele Leute, die mit Hilfe von außersinnlicher Wahrnehmung sofort sagen können, unter welchem Sternzeichen jemand geboren wurde. Vergessen Sie nicht, dass PSI und Astrologie in unserem Kosmos eng miteinander verknüpft sind.

Der berühmte deutsche Verleger Axel Springer, der mit seinem Medienimperium Millionen verdiente, traf normalerweise keine großen Entscheidungen, ohne zuvor die Sterne zu »befragen«. Und er glaubte unerschütterlich an die Fähigkeit zu außersinnlicher Wahrnehmung.

Wie sich meine eigenen Kräfte entwickelten

Manchmal sage ich mir: »Uri, wärst du als Frau geboren, würden sich viele berufliche Probleme, die auf Grund deiner besonderen Fähigkeiten entstehen, in Luft auflösen.« Ich will Ihnen das erklären. Zunächst muss ich klarstellen, dass ich absolut für die Gleichberechtigung der Geschlechter und strikt gegen Organisationen bin, die Frauen auf Grund des Geschlechts von einer Mitgliedschaft ausschließen. Eine dieser Organisationen ist der *Magic Circle,* ein Zusammenschluss von Varieté-Zauberkünstlern, die bis vor kurzem Frauen die Mitgliedschaft in ihrer Vereinigung verwehrten. Überzeugt von den Fähigkeiten ihrer Mitglieder, die sich einerseits weigern, talentierte weibliche Zauberkünstlerinnen anzuerkennen, bestehen diese Leute andererseits darauf, dass ich, weil ich ein Mann bin, ein begabter Zauberkünstler sein muss, da sie mit Hilfe von Tricks scheinbar in der Lage sind, einige der Dinge zu tun, die ich auf natürlichem Wege zustande bringe. Wie schmeichelhaft für mich ihr chauvinistisches Denken auch sein mag, es beeindruckt mich nicht im Geringsten. Aus ihrer frauenfeindlichen Haltung muss man den Schluss ziehen, dass sie, wäre ich eine Frau, vehement darauf bestehen würden, dass ich keine Zauberkünstlerin sein kann, womit sie meine medialen Fähigkeiten bestätigen würden. Da ich jedoch ein Mann bin, wollen sie immer wieder von mir hören, dass ich einer von ihnen sei. So viel zur Eifersucht des Menschen. Um der Fairness willen muss ich allerdings hinzufügen, dass ich etliche Zauberkünstler kenne, die an PSI-Fähigkeiten glauben, nachdem sie selbst entsprechende Erfahrungen gemacht haben. Viele von ihnen sind meine Freunde, aber auch andere, die nicht an meine Kräfte glauben, sind trotzdem mit mir befreundet. Mit den feindseligen Skeptikern wollen wir nun jedoch keine Zeit verschwenden. Ich werde Ihnen stattdessen im Laufe des Buches vermitteln, wie man mit kleineren und irritierenden Problemen und Leiden umgeht, die immer wieder einmal auftauchen.

Meine Fähigkeiten zeigten sich bereits, als ich noch sehr klein war. Ihre erste Manifestation erlebte ich nach einem Ereignis, bei dem ich hätte sterben können. Ich muss an dieser Stelle allerdings darauf hinweisen, dass ich dringend davon abrate, dasselbe zu versuchen, was ich damals tat, denn ich kann Ihnen versichern, dass die Beinahe-Katastrophe, die ich erlebte, nicht dazu geeignet ist, Ihre PSI-Fähigkeiten zu stärken, sondern Sie eher für immer davon befreien könnte!

Meine Mutter arbeitete damals in unserer kleinen Wohnung in Israel als Schneiderin. Jedes Mal, wenn sie die Nähmaschine einschaltete, sah man einen winzigen blauen Funken in einem Loch, das gerade so groß war, dass ich meinen kleinen Finger hineinstecken konnte. Da ich als fünfjähriges Kind natürlich keine Ahnung von den Gefahren der Elektrizität hatte, bohrte ich meinen Finger in das kleine Loch an der Maschine, um auszuprobieren, ob ich den hübschen blauen Funken fühlen könnte. Das Resultat hätte katastrophal sein können, doch ich hatte so viel Glück, dass ich nur einen gewaltigen elektrischen Schlag bekam, der mich auf den Rücken warf. Kurz nach diesem Vorfall, aber nicht unbedingt als Folge davon, begannen »seltsame« Dinge zu geschehen.

Einmal hatte meine Mutter Pilzsuppe zubereitet. Es gab leckeres Weißbrot dazu, und ich stippte das Brot in die Suppe und aß. Dann begann ich, den Rest der Suppe mit meinem Löffel zu essen. Ich bin Linkshänder, also hielt ich den Löffel in der linken Hand und nahm mehrere Löffel voll Suppe zu mir. Meine

Mutter stand neben dem Küchenherd, als sich mein Löffel plötzlich verbog und die heiße Suppe über meinen Schoß lief. Dann fiel auch noch die Kelle des Löffels ab. Ich saß verblüfft da und hielt nur noch den Löffelstiel in der Hand. Aufgeregt rief ich meiner Mutter zu:»Schau, was passiert ist!« Sie sah mich an, betrachtete dann den Löffel und lachte:»Es muss wohl ein brüchiger Löffel gewesen sein.« Ich wusste, dass das Unsinn war, denn es gibt einfach keine brüchigen Löffel.

Ich lachte auch, doch dann zählte ich eins und eins zusammen. Um mich herum geschah etwas sehr Seltsames und ich hatte weder eine Erklärung dafür, noch wusste ich, was zu tun war. Ich wusste nur, dass diese Sache, was es auch sein mochte, anscheinend niemand anderem passierte. Und das war nicht angenehm.

Wenn meine Mutter sich entspannen wollte, traf sie sich am liebsten mit ihren Freundinnen zum Kartenspiel. Als sie eines Abends vom Kartenspielen zurückkehrte, bekam ich ganz plötzlich Einblick in ihre Gedankenwelt. Ich konnte ihre Gedanken lesen! Ich konnte ihr genau sagen, wie viele Spiele sie gewonnen oder verloren hatte, und ich wusste, wie viel Geld sie gewonnen oder verloren hatte. Doch das war noch nicht alles. Ich stellte fest, dass ich anfing, Dinge zu sagen, die sie gerade hatte sagen wollen. Das brachte sie schier zur Verzweiflung, doch sie wusste damals noch nicht, dass ich medial veranlagt war.

Als ich ungefähr sechs Jahre alt war, schenkte mir mein Vater eine Armbanduhr. Nun fiel auch noch anderen Leuten auf, dass sich sehr merkwürdige Dinge zutrugen. Zunächst einmal waren meine Schulkameraden sehr verblüfft, als sie feststellten, dass ich nicht nur meine eigene, sondern auch ihre Armbanduhren mit Gedankenkraft manipulieren konnte, wie es mir beliebte. Ich konnte sie vor- oder nachgehen lassen oder völlig durcheinander bringen. Zuerst lachten die Kinder über mich, doch bald hatten sie Respekt vor meiner Begabung und fanden das, was ich tat, höchst unterhaltsam. Meine Eltern schenkten der Sache anfangs nicht allzu viel Beachtung. Ihre Ehe drohte zu scheitern und sie hatten gewiss andere Sorgen als kaputte Uhren. Erst als sich weitere Löffel und andere Besteckteile verbogen, zog mein Vater in Betracht, der Sache mit professioneller Hilfe auf den Grund zu gehen. Er versuchte, einen geeigneten Psychiater für mich zu finden, ließ das Ganze dann jedoch wieder auf sich beruhen.

Ich erinnere mich noch sehr gut an zwei »seltsame« Vorfälle aus meiner frühen Kindheit. Der eine hatte mit einem sehr hellen Licht zu tun, das sich eines Abends – ich war etwa drei oder vier Jahre alt – auf einen wunderschönen arabischen Garten herabsenkte, der sich gegenüber des Hintereinganges unseres Mietshauses in Tel Aviv befand. Ich erinnere mich, dass ich meiner Mutter davon erzählte, doch sie glaubte mir wohl nicht. Sie betrachtete die Sache als Kinderfantasie. Sie war der Meinung, dass ein Kind kein unbekanntes Flugobjekt sehen oder identifizieren könne. Doch das Bild dieses kreisrunden, strahlend hellen Lichtes, das mir so nah war, wird mich bis an mein Lebensende begleiten. Der andere Vorfall trug sich zu, als ich sechs Monate alt war. Meine Mutter hatte mich in den Kinderwagen gelegt und diesen unter das Fenster gestellt. Im nächsten Augenblick feuerte ein britischer Soldat, der sich auf der anderen Straßenseite bei der Bahnlinie befand, zwei Kugeln auf unser Fenster ab. Das Glas zersplitterte in tausend kleine Scherben, die auf mich herabfielen, doch in diesem Augenblick rollte ein kleiner Teddybär auf mich und schützte mich. Die Erinnerung an diese Szene ist noch heute ganz lebendig in mir. Sie könnte vielleicht der Auslöser für meine Fähigkeiten gewesen sein.

Ich wurde am 20. Dezember 1946 in Tel Aviv geboren. Mein Vater, Itzhak Geller, war sechs Jahre zuvor mit meiner Mutter Margarete aus Ungarn geflohen. Sie kamen auf getrennten Wegen nach Palästina. 1940 wurden sie wieder zusammengeführt und ließen sich in Kerem Hateimanim, in Jaffa, nieder. Der mütterliche Zweig meiner Familie stammte aus Wien, obwohl meine Mutter in Berlin geboren wurde. Sie war eine entfernte Verwandte des Vaters der Psychoanalyse, Sigmund Freuds, und trug auch den gleichen Nachnamen. Mein Vater kam, anders als meine Mutter, aus einer traditionsbewussten und sehr religiösen Familie. Sein Großvater war Oberrabbiner von Budapest gewesen und so wuchs ich in einer streng jüdischen Familie auf.

Meine Kindheit verlief recht glücklich. Natürlich gab es auch verstörende Erfahrungen, besonders als meine Eltern sich scheiden ließen, obwohl mir schon mit etwa acht Jahren klar wurde, dass sie nicht sehr gut miteinander auskamen und mein Vater häufig abwesend war. Nach der Scheidung meiner Eltern kam ich in einen Kibbuz und meine Mutter heiratete später einen Pianisten namens Ladislas Gero, einen Witwer. Er war ebenfalls aus Ungarn geflohen und hatte zusammen mit seiner ersten Frau in Nikosia eine Kabarett-Tanztruppe aufgebaut. Später nahm er uns mit nach Zypern, wo er eine kleine Frühstückspension für Künstler besaß, die sich für die Zeit ihrer Engagements dort aufhielten.

Mein leiblicher Vater diente in der israelischen Armee und ich besuchte ihn oft. Es mangelte mir also nicht an väterlicher Zuwendung. Ansonsten ist vielleicht noch erwähnenswert, dass ich mir, obwohl ich in der so genannten Nachkriegszeit geboren wurde, der kriegerischen Konflikte, unter denen ich aufwuchs, sehr bewusst war: sowohl in Israel, wo ich Wehrdienst leisten musste, als auch auf Zypern, wo Türken, Griechen und

Engländer gegeneinander kämpften. Ich gebe Ihnen diesen kurzen Einblick in meine persönliche Geschichte, damit Sie meinen PSI-Hintergrund besser verstehen können. Fallbeispiele sind immer nützlich, und wenn Sie andere Menschen verstehen wollen, sollten Sie sich mit ihrer Geschichte und ihrem Lebenshintergrund vertraut machen. Es kann durchaus von großem Vorteil für Sie sein, wenn Sie sich ein Bild von den Einflüssen machen, die das Denken und Bewusstsein jener Menschen bestimmen, die eine wichtige Rolle in Ihrem Leben spielen oder mit denen Sie geschäftlich zu tun haben. Auf Zypern begann ich meine Fähigkeiten erstmals aktiv einzusetzen. Mein Stiefvater hatte das Fahrrad, das mein Bar-Mizwa-Geschenk sein sollte, in einem verschlossenen Raum versteckt. Wie die meisten ungeduldigen Jungen konnte ich es kaum erwarten, damit loszuradeln, und so versuchte ich, das Kombinationsschloss des Raumes mit Gedankenkraft zu öffnen, was mir nach einigen Versuchen auch gelang.

Manchmal übernachteten ausländische Fußballtrainer in unserer Pension, die »Pension Ritz« genannt wurde. Einer von ihnen, ein Ungar, war Trainer einer lokalen zypriotischen Fußballmannschaft. Ich verbog einen Schlüssel für ihn. Er war so beeindruckt, dass er mich fragte, ob ich nicht den Fußball zwischen die Torpfosten »biegen« und seinem Team so zu einigen Toren verhelfen könne! Ich besuchte die Mannschaft häufig vor den Spielen in ihrem Umkleideraum, um sie zu inspirieren und zu motivieren. In jenem Jahr führte ich sie vom letzten Platz der Liga bis zur Meisterschaft. Ich besitze noch heute die Lokalzeitung aus den frühen 60er-Jahren mit einem Foto, auf dem ich mit den Fußballern, die jubelnd den Pokal hochhalten, über das Spielfeld laufe. Damals war ich noch ein Teenager.

Nach und nach begann ich, auch meine telepathischen Fähigkeiten in größerem Stil anzuwenden. Besonders wenn schriftliche Prüfungen und Tests anstanden, half mir dies, denn ich konnte die Antworten »lesen«, die andere Schüler gegeben hatten.

Als mein Stiefvater starb, kehrten meine Mutter und ich nach Tel Aviv zurück, wo ich in der israelischen Armee zum Fallschirmjäger ausgebildet und im Sechs-Tage-Krieg von 1967 verwundet wurde. Danach wurde mir ein Job in einem Kinderlager angeboten, in dem ich Freundschaft mit Shipi Shtrang schloss, einem der Kinder, die ich zu beaufsichtigen hatte. Später begegnete ich Shipi wieder, denn er wohnte direkt neben meinem Vater. So frischten wir unsere Freundschaft auf. Heute bin ich mit Hanna, Shipis Schwester verheiratet, mit der ich zwei wunderbare Kinder habe: Daniel und Natalie. Es war übrigens Shipi, der vorschlug, ich solle meine Kräfte in der Öffentlichkeit demonstrieren und mein erster öffentlicher Auftritt fand in seiner Schule statt.

Der Geist steht über der Materie

Im Rahmen meiner langen Karriere als Medium habe ich die meisten Länder der Erde per Flugzeug besucht und war manchmal sehr besorgt über meine Sicherheit in der Luft. Ein Vorfall im Jahre 1982, in den ich selbst nicht verwickelt war, erregte in besonderem Maße meine Aufmerksamkeit, da ein Jumbo-Jet und seine Passagiere auf spektakuläre Weise vor einer Katastrophe gerettet wurden, als sie Indonesien überflogen. Der British-Airways-Jet mit Namen »City of Edinburgh« wurde damals von Flugkapitän Eric Moody gesteuert. Moody ist ein bodenständiger Typ, glücklich verheiratet, und lebt in Camberley, einem hübschen Vorort, 30 Meilen von London entfernt. Er kann sich schnell über Kleinigkeiten aufregen und ungeduldig werden, doch in großen Krisen bleibt er absolut ruhig und konzentriert. In solchen Momenten besitzt er die Zähigkeit und Verbissenheit einer britischen Bulldogge – er gibt einfach nicht auf. Es gibt 247 dankbare Zeugen, die das beschwören würden. Es sind die Überlebenden jenes Vorfalls, der zu einer tragischen Katastrophe hätte werden können: Nachdem Kapitän Moodys Jumbo nahe Java durch eine Wolke aus vulkanischer Asche geflogen war, fielen alle vier Triebwerke der Maschine aus. 13 Minuten lang versuchten Moody und seine Crew zunächst vergeblich, die Triebwerke wieder zum Laufen zu bringen. Können Sie sich vorstellen, in einem Jumbo-Jet zu sitzen, der völlig ohne Antrieb gen Erdboden gleitet? Wie hätten Sie sich gefühlt, nachdem das Flugzeug sieben Kilometer an Höhe verloren und sich die Kabine mit Rauch gefüllt hatte? Ich glaube, es waren zwei Dinge, die das Flugzeug retteten. Die Crew war positiv eingestellt und Kapitän Moodys innere Stärke nahm übernatürliche Ausmaße an, auch wenn es ihm nicht bewusst war oder er es sich nicht eingestand. Freundlich und auf bemerkenswerte Weise übertrug er seine unglaubliche Ruhe auf die Passagiere: »Hier spricht Ihr Kapitän. Wir haben ein kleines Problem. Alle vier Triebwerke sind ausgefallen. Wir tun, was wir können, um sie wieder zum Laufen zu bringen. Ich hoffe, Sie sind nicht allzu sehr beunruhigt.«

Er gab einfach nicht auf. Schließlich gelang es ihm und der Crew im allerletzten Moment, bei sehr geringer Flughöhe, die Triebwerke wieder zu starten. Die Passagiere waren davon überzeugt, dass sie sterben würden. Doch es brach keine Panik aus. Sie beteten gemeinsam. Zu diesem Zeitpunkt war so viel spirituelle Energie im Flugzeug, dass die PSI-Kraft meiner Meinung nach ebenso viel zur Rettung beigetragen hat wie die wunderbaren Eigenschaften der Boeing 747 und ihres hervorragenden Piloten. Ein Passagier hatte seltsamerweise eine Vision von drei Gestalten, die außen am Flugzeug arbeiteten und die Triebwerke reparierten. Andere Passagiere sprachen hinterher von »mystischen Gefühlen«. Ihr Überleben wurde als »Wunder« bezeichnet. Spirituell betrachtet war es ein ausgezeichnetes und sehr erfreuliches Beispiel für den Sieg des Geistes über die Materie.

Was immer ich mit meiner Geisteskraft in der Vergangenheit zuwege gebracht habe, nie könnte ich die geistigen Kräfte anderer vergessen oder aufhören, sie zu bewundern – besonders im Fall des Piloten, den ich beschrieben habe und für den so viele Menschenleben auf dem Spiel standen. Für mich lässt das meine eigenen Erfolge verblassen, während es gleichzeitig ein Beweis dafür ist, dass PSI für alle da ist und dass man diese Kraft nutzen kann, um anderen zu helfen.

Während ich meine Fähigkeiten nicht für außergewöhnlich halte, gibt es eine Reihe von renommierten Wissenschaftlern, die das anders sahen, nachdem sie meine PSI-Kräfte getestet hatten. Ich denke, es lohnt sich, ihre Ansichten zu kennen, wenn auch nur, um mehr Vertrauen in die Existenz von PSI zu gewinnen.

Der inzwischen verstorbene Professor John Hasted, Leiter der Abteilung für Experimentelle Physik am *Birkbeck College* der *University of London*, führte in den 70er-Jahren eine wissenschaftliche Studie über verschiedene Aspekte medialer Phänomene durch. Im Jahre 1981 veröffentlichte er dann ein Buch mit dem Titel »The Metal Benders« und sagte über das Metallbiegen: »Das wesentliche Phänomen ist Folgendes: Nur sehr wenige Menschen scheinen in der Lage zu sein, Metallstücke und gelegentlich auch andere Materialien zu verbiegen oder zu zerbrechen, indem sie einfach mit dem Daumen und den Fingern darüberreiben, oder sogar ohne sie zu berühren. Zuerst wird das Haushaltsbesteck verformt und niemand weiß, wie es passiert; vielleicht sieht man, wie sich ein Löffel oder eine Gabel von selbst verbiegt. Normalerweise werden diese Phänomene zum ersten Mal wahrgenommen, nachdem Uri Geller im Fernsehen war, der bekannteste, erste und ›stärkste‹ aller Metallverbieger... Es ist offensichtlich, dass Metallbiegen als außersinnliches Phänomen eingestuft werden muss, wie beispielsweise das Aufspüren von Wasseradern, Telepathie, Geistheilen und mediale Fähigkeiten.«

Professor Hasted überwachte persönlich verschiedene Tests, für die ich mich zur Verfügung stellte, und berichtete darüber. Bei einem dieser Tests verbog ich zwei Schlüssel, während er mich mit Argusaugen beobachtete. Er berichtet:»Geller hatte keinerlei Probleme mit den Schlüsseln und nahm sofort einen in jede Hand. Er hielt sie locker zwischen den Daumen und Zeigefingern. Ich wandte meinen Blick kein einziges Mal ab – nicht einen einzigen Moment. Ich kann bestätigen, dass ich sah, dass Gellers andere Finger die Schlüssel nicht berührten (außer in dem Moment, in dem er sie in die Hand nahm) und dass er sie nicht weiter als etwa zwei bis drei Zentimeter von der Tischplatte entfernte. Sie befanden sich die ganze Zeit über in meinem Gesichtsfeld. Ungefähr vierzig Sekunden lang passierte zunächst einmal gar nichts, dann legte Geller die Schlüssel etwa fünf Zentimeter voneinander entfernt flach auf den Tisch und strich mit beiden Zeigefingern leicht nacheinander über beide Schlüssel. Geller sprach dabei die ganze Zeit, doch ich wandte meinen Blick nie von den Schlüsseln ab, und ich bin daher sicher, dass sie zu keiner Zeit vom Tisch genommen und etwa heimlich mechanisch verbogen wurden. Nachdem Geller eine weitere Minute lang leicht über die Schlüssel gestrichen hatte, begannen sich beide Schlüssel am unteren Ende ein wenig nach oben zu biegen, wobei sich einer (der, über den er mit seinem rechten Zeigefinger strich) deutlich stärker verbog als der andere. Die Winkel betrugen elf Grad und acht Grad, wie wir bei den darauf folgenden Messungen feststellten.«

Professor Hasted lenkt die Aufmerksamkeit seiner Leser auch auf die Tatsache, dass der berühmte Psychologe Carl Gustav Jung in seiner Jugend Séancen organisiert hatte, und merkt an:
»… bei einer dieser Sitzungen zersprang ein Brotmesser in einer Schublade auf unerklärliche Weise mit einem Knall wie ein Pistolenschuss in vier Teile. Diese vier Teile des Messers befinden sich noch heute im Besitz der Familie Jung.« Hasted berichtet auch von persönlichen Erfahrungen mit Psychokinese oder Teleportation. »Ich war ein paar Mal persönlich mit dem Poltergeist-Phänomen konfrontiert, und solche Erfahrungen kann man nicht so leicht vergessen. Ich habe Aufzeichnungen in meinem Notizbuch von nahezu 100 ›Objektbewegungen‹, deren Zeuge ich war. Und ich habe Aufzeichnungen von vielen weiteren, über die mir andere Beobachter aus England berichteten.« Er beschreibt dann, wie er beobachtete, dass ein Objekt in meiner Gegenwart »transportiert« wurde: »Lynn [seine Frau] hatte gerade zu Geller gesagt, dass sie erhebliche Zweifel an Dingen wie Metallbiegen habe, als ich die Küche betrat. Ich sah ganz deutlich ein kleines Objekt ein paar Meter durch die Luft fliegen, das dann vor der Hintertür zu Boden fiel. Es hatte in etwa die Größe des Deckels unseres Vakuumkaffeebereiters. Zuerst dachte ich, es handele sich um eben diesen Deckel, der durch den Überdruck weggeschleudert worden sei. Geller drehte sich herum, um es anzusehen, und wir stellten fest, dass es sich bei dem Objekt, das durch die Luft geflogen und zu Boden gefallen war, um eine kleine japanische Elfenbeinfigur handelte, die einen alten Bauern darstellte. Diese Figur hatte zuvor an ihrem üblichen Platz auf dem Bücherregal in der Diele gestanden… Wir berührten die Figur erst nachdem wir ein Foto

davon gemacht hatten. Lynn benutzte ihre Polaroid-Kamera und es kamen nur schwarze Bilder heraus, was an sich bereits ein paranormaler Effekt hätte sein können, da sie mit dieser Kamera an demselben Abend noch andere, völlig klare Aufnahmen machte. Aber es könnte natürlich auch eine andere Erklärung dafür geben. Während wir alle noch dastanden und auf die kleine Statue starrten, tauchte ein weiteres Objekt in der Luft auf und fiel zu Boden. Diesmal konnten wir es alle beobachten und waren deshalb sicher, dass es niemand geworfen hatte. Es war der Schlüssel einer Kaminuhr, die neben der japanischen Figur auf dem Bücherregal in der Diele stand.«

Ich bin noch vielen anderen Wissenschaftlern begegnet, die mich testeten und meine PSI-Kräfte beobachteten. Wernher von Braun, der berühmte NASA-Wissenschaftler, der viele Jahre in der Raketenforschung arbeitete, war von meiner PSI-Kraft überzeugt. Er testete mich, indem er seinen Ehering auf seine Handfläche legte und zusah, wie sich der Ring, ohne dass ich ihn berührte, zu einer ovalen Form verbog. Ich sorgte auch dafür, dass sein Taschenrechner wieder funktionierte, nachdem er schon längere Zeit kaputt gewesen war.

Die beiden Physiker Dr. Harold E. Puthoff und Russell Targ vom *Stanford Research Institute* testeten mich in den Jahren 1972 und 1973 jeweils über mehrere Wochen unter Laborbedingungen. Ihre Ergebnisse wurden in der wissenschaftlichen Zeitschrift »Nature« vom 18.10.1974 und in einem Buch mit dem Titel »The Geller Papers« (1976) veröffentlicht. Im Vorwort dieses Buches werden die beiden mit ihrer »Aufsehen erregenden Aussage« über mich zitiert: »Auf Grund von Uri Gellers Erfolg in dieser experimentellen Testreihe sind wir der Ansicht, dass er seine paranormale Wahrnehmungsfähigkeit überzeugend und zweifelsfrei demonstriert hat.« Warum waren sie überzeugt? Weil ich bei den Tests in einem Raum gesessen hatte, der visuell, akustisch und elektrisch von der Außenwelt abgeschnitten war. Das Buch beschreibt, wie »ein Wissenschaftler in einem anderen Raum am Ende des Flurs willkürlich ein Lexikon aufschlug, einen Begriff auswählte und auf einem Blatt Papier eine Zeichnung anfertigte, die den Begriff repräsentierte. Gellers Aufgabe bestand darin, das Bild telepathisch zu ›sehen‹ und auf einem Blatt Papier selbst eine entsprechende Zeichnung anzufertigen. Lautete der ausgewählte Begriff beispielsweise ›Traube‹, zeichnete der Wissenschaftler Weintrauben. Minuten später sagte Geller über ein Einweg-Kommunikationssystem, dass er ›Wassertropfen aus dem Bild kommen sah…‹ und er sprach von ›violetten Kreisen‹. Als er dann schließlich sicher war, dass er ›es hatte‹, malte er Weintrauben. Sowohl das Zielbild als auch Gellers Zeichnung enthielten exakt 24 Trauben.« Im August 1973 beschrieben die beiden Wissenschaftler in ihrem Forschungsbericht, wie sie versucht hatten, die Tests noch schwieriger zu gestalten, indem sie die Zeichnungen nicht mehr selbst anfertigten, sondern einen Computer dafür benutzten. »Bei einem Test bildete der Computer auf einer Kathodenstrahlröhre [einer Vorrichtung, die einem Fernsehbildschirm ähnelt] die geometrische Figur eines Drachens ab. Geller zeichnete einen Drachen. Als Nächstes wurde eine Kirche gezeichnet und in der Datenbank eines Computers gespeichert. Geller fertigte eine Zeichnung an, die eine gewisse Ähnlichkeit mit dem Zielbild hatte. Beim dritten Test wurde ein von einem Pfeil durchbohrtes Herz auf dem Bildschirm der Kathodenstrahlröhre dargestellt und dann das Gerät ausgeschaltet. Geller nahm das Bild korrekt wahr. Nach der Auswertung von insgesamt 13 solcher Wahrnehmungsexperimente kamen die Wissenschaftler zu dem Schluss, dass die Wahrscheinlichkeit, dass Gellers Erfolg auf bloßem Zufall beruhte, etwa eins zu einer Million betrug.«

Etwa zur gleichen Zeit wurde ich von Wissenschaftlern des *Naval Surface Weapons Center* in Silver Spring, Maryland, getestet. Ich verbog einen Draht aus einer Nitinol-Legierung. Dieser Draht springt normalerweise in seine ursprüngliche Form zurück, wenn man ihn erhitzt, doch er tat das nicht mehr, nachdem ich ihn verbogen hatte. Die Wissenschaftler gelangten zu dem Schluss, dass ich den Draht auf paranormalem Weg verbogen hatte. Eines der Testinstitute war besonders an meiner offenkundigen Fähigkeit interessiert, in Computerprogramme einzugreifen. Einige Wissenschaftler des *Lawrence Livermore Laboratory*, eines der wichtigsten Forschungszentren der US-Regierung, beobachteten, dass zwei Datenträger nicht mehr funktionierten, nachdem ich mit den Fingern darüber gestrichen hatte.

Wenn Sie die Berichte der Wissenschaftler einsehen und kostenlos die »Geller Papers« lesen möchten, können Sie meine Website www.urigeller.com besuchen.

Einen meiner größten Erfolge hatte ich im Jahre 1987, als ich von Senator Claiborne Pell, dem Leiter des Auswärtigen Amts des U.S. Senats und dem Botschafter Max Kampelmann gebeten wurde, telepathisch auf Yuli Vorontsov, den Außenminister der Sowjetunion, einzuwirken, damit dieser in Genf den Atomwaffensperrvertrag unterzeichnen würde. Der zukünftige Vizepräsident der USA, Al Gore, und der nationale Sicherheitsberater, Anthony Lake (der später Leiter des CIA wurde), standen neben mir. Und es wirkte: Die Sowjetunion unterschrieb den Vertrag!

Meine Methode

Ich könnte noch viele andere Gelegenheiten aufzählen, bei denen ich auf Herz und Nieren geprüft wurde und selbst die hartnäckigsten Zweifler unter den Wissenschaftlern von meinen Kräften überzeugen konnte. Doch das wird in anderen Büchern thematisiert. Ich habe Ihnen diese Hintergrundinformationen gegeben, da ich hoffe, dass sie einiges zur Erläuterung meiner Techniken beitragen und Ihnen gleichzeitig zeigen können, dass auch in Ihnen möglicherweise Qualitäten schlummern, die Ihrem Leben eine Wende zum Besseren geben könnten – nicht unbedingt durch paranormale Phänomene, jedoch durch menschliches Potenzial und schiere Willenskraft.

Wie soll das gehen? Wenn ich mit meiner PSI-Kraft arbeite, dann funktioniert das im Grunde immer nach derselben Methode. Ich möchte Ihnen meine Vorgehensweise näher erläutern, indem ich Sie durch verschiedene Situationen führe, die auftreten könnten.

Telepathie

Bei der Telepathie kommuniziert ein Bewusstsein mit einem anderen (oder mit einer telepathischen Quelle, wie beispielsweise einem Computer) durch außersinnliche Wahrnehmung. Eine Person sendet einer anderen eine Botschaft allein mit Hilfe von Gedankenkraft. Dazu müssen Sie zunächst Ihr visuelles Vorstellungsvermögen trainieren. Die beste Methode besteht darin, die Augen zu schließen und sich vorzustellen, dass man auf einen Fernsehbildschirm blickt:
• Zeichnen Sie vor Ihrem geistigen Auge einen Bildschirm, auf dem Sie jeden von Ihnen erschaffenen Film ansehen können.

- Lassen Sie sich Zeit und machen Sie zunächst ein paar Entspannungsübungen. Entspannen Sie Körper und Geist und konzentrieren Sie sich dann ausschließlich auf Ihren inneren Fernsehbildschirm, der zu diesem Zeitpunkt leer sein sollte.
- Schalten Sie nun den imaginären Fernseher ein. Stellen Sie sich konkret vor, dass Sie einen Knopf drücken und dass der Bildschirm zu flimmern beginnt.
- Fangen Sie nun an, Bilder auf diesen Bildschirm zu projizieren: das Gesicht eines nahe stehenden Menschen, das Haus oder Apartment, in dem Sie wohnen, Ihr Haustier...
- Sehen Sie sich nun noch einmal einige Ereignisse des Tages an, so als wären sie auf Ihrem persönlichen Video aufgezeichnet, und spielen Sie sich diese Bilder noch einmal vor.

Mit einiger Übung wird es Ihnen immer leichter fallen, Ihr mentales »Fernsehgerät« zu aktivieren und Ihre eigenen Filme abzuspielen.

Der nächste Teil der Übung kostet vielleicht ein wenig Zeit und Mühe:

- Stellen Sie sich vor, Sie seien eine Empfangsstation. Sie warten darauf, dass der Videofilm zu Ihnen übertragen wird, obwohl Sie noch nicht wissen, was darauf zu sehen ist.
- Stellen Sie sich vor, Sie seien der Zeit ein paar Stunden voraus, und schauen Sie, welche Bilder Sie auf Ihrem Bildschirm empfangen.
- Üben Sie das immer wieder. Wenn Sie dann so weit sind, dass Sie den Fernsehbildschirm jederzeit willentlich vor Ihrem geistigen Auge erscheinen lassen können, bitten Sie einen Freund oder eine Freundin, ein einfaches Bild auf ein Stück Papier zu zeichnen, ohne es Ihnen zu zeigen, und probieren Sie aus, ob Sie dasselbe Bild zeichnen können. Versuchen Sie zu erreichen, dass sich dieses Bild auf Ihrem in-

neren Bildschirm materialisiert. Mit einiger Übung sollte es Ihnen gelingen. Ich bin absolut überzeugt, dass die meisten Menschen telepathische Fähigkeiten besitzen und dass sie nach einigem Üben erfolgreich sein werden.

Falls es Ihrem Freund oder Ihrer Freundin nicht gelungen ist, das Bild zu übertragen, üben Sie einfach weiter. Geben Sie nicht gleich auf. Bitten Sie Ihr Gegenüber, das Bild mehrmals nachzuzeichnen. Sollte es überhaupt nicht gelingen, versuchen Sie es noch einmal mit einem anderen Freund, der vielleicht eine positivere Einstellung zu PSI oder zur Telepathie hat.

Falls Sie kein Vertrauen in Ihre eigenen telepathischen Fähigkeiten haben, denken Sie doch nur einmal daran, wie oft Sie schon im gleichen Augenblick denselben Satz sagten, wie jemand, mit dem Sie gerade zusammen waren, oder wie oft Sie bereits wussten, wer am Telefon war, sobald Sie es läuten hörten. All das sind Hinweise auf Telepathie. Falls Sie in der Lage sind, Gedanken zu lesen, sollten Sie einmal versuchen, Botschaften an einen bestimmten Empfänger zu senden. Zeichnen Sie etwas auf ein Blatt Papier und bitten Sie einen Freund oder eine Freundin, es zu reproduzieren. Gehen Sie entspannt mit diesen Dingen um. Wenn Sie feststellen, dass Sie angespannt und gereizt sind oder unter Druck stehen, sollten Sie das Experiment abbrechen und es später noch einmal versuchen. Sie müssen Vertrauen in Ihre Fähigkeiten haben.

Telepathie kann man auch anhand der folgenden Hilfsmittel üben:

• Fertigen Sie eine Reihe von Zahlenkärtchen an.
• Nehmen Sie eines davon in die Hand und konzentrieren Sie sich intensiv darauf. Übertragen Sie es auf Ihren mentalen Bildschirm und prüfen Sie, ob Ihr Freund/Ihre Freundin sagen kann, um welche Zahl es sich handelt.

- Versuchen Sie dasselbe mit einem Kartenspiel und schauen Sie, ob Ihr Freund/Ihre Freundin entweder die Zahl oder die Farbe erraten kann.
- Andere Darstellungen einfacher Formen – Kreise, Dreiecke, Quadrate und Kreuze – eignen sich ebenfalls gut zum Senden. Sie können allerdings auch die Namen von Hauptstädten auswählen oder sechs berühmte Menschen, deren Porträts Sie an Ihren Freund/Ihre Freundin senden.
- Stellen Sie sich anfangs leichte Aufgaben und gehen Sie erst nach einiger Zeit zu schwierigeren Bildern und Vorstellungen über.

Wenn ich Informationen empfange, sehe ich, wie eine Linie auf meinem imaginären Bildschirm erscheint und das Bild oder den Buchstaben von rechts nach links zeichnet. Bleibt die Zeichnung mehr als sechs Sekunden stabil, weiß ich, dass ich richtig liege.

Skeptiker sind überzeugt, dass es dabei irgendeinen Trick geben müsse. Immer wieder wird meinem Schwager Shipi vorgeworfen, mein heimlicher Assistent zu sein und mir Signale zu geben – sogar Rauchsignale. Auch gab es immer wieder Gerüchte, in meine Zähne sei ein verborgener Empfänger eingebaut, die Zeichnungen würden mit »hörenden« Stiften angefertigt, ich würde heimlich durch meine Finger schauen oder sogar mit Hilfe einer extrem starken Lichtquelle durch Briefumschläge sehen. Doch all die Wissenschaftler, die meine Fähigkeiten testeten, wissen, dass das absurd ist.

Armbanduhren zum Laufen bringen

Vielen Menschen gelang es, Armbanduhren wieder zum Laufen zu bringen, nachdem sie mich im Fernsehen gesehen hatten. Irgendwie habe ich das Vertrauen in ihre eigenen Fähigkeiten geweckt. Einmal war ich wirklich freudig überrascht, als ich einen Anruf von einer Wissenschaftlerin namens Dr. Thelma Moss erhielt. Sie erzählte mir, sie würde in ihren Seminaren defekte Armbanduhren wieder zum Laufen bringen, indem sie einfach ein paar Studenten ein Video von mir zeigte. Da wurde mir klar, dass meine eigenen Kräfte die schlummernden Kräfte in anderen Menschen geweckt hatten. In meinen unzähligen Radio- und Fernsehsendungen war ich einfach nur der Auslöser, ein Katalysator, jemand, der die geistigen Kräfte anderer stimulierte, sodass die Leute ihre defekten Uhren selbst in Ordnung bringen konnten. Wenn mir jemand eine defekte Armbanduhr bringt, mache ich Folgendes: Ich ziehe sie zuerst auf, obwohl sie kaputt ist, und halte sie dann in der linken oder rechten Hand (in welcher Hand, spielt keine Rolle) und spreche zu ihr. Ja, ich spreche zu ihr! Und ich visualisiere, dass sie funktioniert. Ich sage ihr, dass sie »in Ordnung kommen« soll, dass sie »funktionieren« soll. Ich bemühe mich mit voller Konzentration, sie zum Laufen zu bringen. Ich schwinge mich praktisch innerlich darauf ein und sage mir, dass ich spüren kann, dass meine Hand Wärme ausstrahlt. »Ticke«, befehle ich, »ticke!« Und in den meisten Fällen beginnt die Uhr zu ticken. Natürlich werden einige Kritiker einwenden, dass eine Armbanduhr, die in der Hand angewärmt oder geschüttelt wird, häufig wieder in Gang kommt. Doch was ist mit den Tausenden von Uhren, die vom Uhrmacher zurückgegeben wurden und nicht repariert werden konnten? Manche Uhrmacher sagen mir, dass sie bei Uhren, die ich wieder zum Laufen brachte, aufgegeben hatten und dass viele dieser Uhren über 100 Jahre alt und eigentlich nicht zu reparieren waren. Sie müssen Ihre ganze Energie in Ihr Tun hineingeben. Es funktioniert auch mit defekten Haushaltsgeräten. Fernsehgeräte, Haartrockner und sogar ein Auto wurden mit dieser Methode wieder zum Laufen gebracht. Denken Sie daran, dass die feste Überzeugung, dass Sie das Objekt wieder zum Laufen bringen können, hierbei eine ganz wichtige Rolle spielt.

Löffelbiegen

Beim Löffelbiegen verwende ich statt der Befehle »ticke« oder »funktioniere« die Wörter »verbieg dich« oder »schmelze« und »zerbreche«. Ich entspanne mich und richte meine ganze Aufmerksamkeit und Energie darauf aus, den Löffel dazu zu bringen, das zu tun, was ich sage. Ich lasse diese Energie gerne durch meinen Körper in die Hand fließen, die sie dann auf den Löffel überträgt, obwohl es mir auch schon gelungen ist, Metallobjekte zu verbiegen, ohne sie zu berühren. Doch es fällt mir eindeutig leichter, Energie auf den Löffel zu übertragen, wenn ich ihn in der Hand halte. Manchmal scheint er seine Molekularstruktur zu verändern, er wird weich und verbiegt sich oder zerbricht. Natürlich unterstellt man mir oft, ich hätte den Löffel zuvor präpariert. Das ist absolut lächerlich. Bei einem solchen Betrug wäre ich viele Male erwischt worden. Genauso absurd ist die Behauptung, ich würde meine Finger mit Chemikalien präparieren, um Metall und Essbesteck zu verbiegen. Da wären mir die Finger inzwischen abgefallen! Und was ist dann mit den Tausenden von Kindern und Erwachsenen, die dieses Phänomen selbst erlebt haben? Erfinden sie und ihre Zeugen diese Geschichten einfach?
Löffelbiegen ist mittlerweile Teil unserer Kultur geworden. Im Film »Matrix« waren die Szenen, in denen es um Löffelbiegen ging, von mir inspiriert, ebenso wie einige Lieder und Musikstücke von bekannten Künstlern und Bands, wie Incubus, Toad the Wet Sprocket, R.E.M., Michelle Branch, Johnnny Cash, Lindisfarne und vielen anderen. Inzwischen gibt es sogar zwei

Bands, die sich Spoonbender (Löffelbieger) und I am a Spoonbender (Ich bin ein Löffelbieger) nennen und mich als kulturelle Ikone betrachten. Ich fühle mich wirklich geschmeichelt!
Ich mache Ihnen einen witzigen Vorschlag: Wie wäre es, ein
paar Freunde zu einer PSI-Party einzuladen? Sogar die renommierte »Washington Post« brachte einen Artikel über Metallbiegen, und inzwischen sind Metallbiege-Partys überall in den
Vereinigten Staaten sehr populär. Das könnte man doch auf
Telepathie und andere PSI-Fähigkeiten ausdehnen. Warum
nicht eine neue »Mode« ins Leben rufen?

Einen Samen keimen lassen

Dies ist etwas, was ich nur sehr selten tue, da es mich wirklich
erschreckt. Es ist ein Eingriff ins Leben. Ich lasse etwas wachsen – beispielsweise Rettichsamen. Ich nehme die Samenkör-
ner in die Hand und lasse sie durch Willenskraft keimen. Das
ist ein fantastisches Phänomen: Normalerweise bildet das Sa-
menkorn einen Trieb aus. Hier wurde die Zeit verdichtet. Der
normale Keimvorgang kann bis zu einer Woche dauern, doch
bei mir dauert er nur wenige Augenblicke. Ich konzentriere
mich sehr stark und fokussiere mein Denken exakt auf das, was
ich erreichen will. Ich kann das tatsächlich visualisieren und
sehe auf meinem imaginären Fernsehbildschirm, wie das Sa-
menkorn keimt. Es ist fantastisch, wenn der Keimling heraus-
kommt!

Einen Kompass ablenken

Ich kann spüren, wie die PSI-Energie aus meinen Augen und
meiner Stirn austritt, und ich bringe meine Stirn nahe an den
Kompass heran, der unberührt auf dem Tisch liegen sollte.

Manche Skeptiker glauben, ich hätte Magneten in meinen Zähnen oder in den Haaren verborgen oder ich hätte sogar einen verschluckt, doch das ist natürlich nicht der Fall. Für mich ist es ein Beweis dafür, dass wir eine Menge geistige Energie haben, denn es gelingt mir fast immer, die Kompassnadel abzulenken, wenn ich meine ganze PSI-Energie auf dieses Ziel ausrichte.

Rutengehen

Dies ist eine sehr heikle Angelegenheit, da mir einige multinationale Konzerne Hunderttausende von Dollars dafür zahlten, dass ich für sie wertvolle Rohstoffe aufspürte. Obwohl die Manager dieser Firmen volles Vertrauen in meine Fähigkeiten haben, sind sie nicht gerade daran interessiert, meine Funde öffentlich zu machen, um Kritik von Seiten solcher Aktionäre zu vermeiden, die nicht an diese Dinge glauben und sie für verrückt erklären könnten. Bei der allgemein bekannten Form des Rutengehens wird normalerweise eine Wünschelrute benutzt – ursprünglich ein Zweig, der wie ein Y geformt ist. Der Rutengeher trägt diesen Zweig vor sich her, bis dieser – manchmal recht heftig –»ausschlägt«, das heißt, sich an dem Ort zu Boden neigt, wo sich eine Wasserader befindet oder eben das, wonach der Rutengeher sucht. Ich benutze keinen Zweig, sondern meine Hände zum Rutengehen, wobei ich gewöhnlich mit ausgestreckten Armen umhergehe, bis meine beiden Handflächen die Schwingungen des Rohstoffs verspüren, nach dem ich suche. Meine Hände fühlen sich dann an, als ob sie von zwei Magneten in Richtung meines Zieles gezogen würden. Und es spielt dabei überhaupt keine Rolle, ob ich nach Gold, Öl, Diamanten oder Wasser suche, obwohl ich eine persönliche Affinität zu Metallen habe.

Mein professionelles Rutengehen läuft immer nach folgendem Schema ab: Eine Firma nimmt Kontakt zu mir auf und ich bitte sie, mir Landkarten von dem Gebiet zu schicken, in welchem ich für sie suchen soll. Ich studiere diese Karten dann sehr sorgfältig und bringe manchmal Stunden und Tage damit zu, das betreffende Gebiet mit meinen Händen zu »erfühlen«, indem ich mit den Handflächen über die Landkarte fahre. Wenn ich das Gefühl bekomme, dass dort »etwas ist«, mache ich weiter, ansonsten erkläre ich dem Unternehmen, dass ich nicht die richtige Person für diesen Auftrag bin. Bin ich jedoch zu dem Schluss gekommen, dass im betreffenden Gebiet etwas zu finden ist, bitte ich die Firma um geologische Forschungsberichte und weitere Informationen über die Gegend. Dann fliege ich mit einem Motorflugzeug über das Gebiet und bitte den Piloten, ein paar Kreise zu drehen, wenn ich sicher bin, dass ich die richtige Stelle ausgemacht habe. Das Ganze ist ein langwieriger Prozess, denn ich fühle mich meinen Auftraggebern gegenüber verantwortlich, da die Kosten für Versuchsbohrungen und Ähnliches in die Millionen gehen können.

Sie könnten in kleinerem Rahmen beginnen. Fertigen Sie einen Lageplan von Ihrem Zimmer an und bitten Sie einen Freund oder eine Freundin, irgendein Objekt zu verstecken. Versuchen Sie dann, das Objekt zu finden, indem Sie zunächst Ihre Handflächen über die Grundrisszeichnung halten und dann mit ausgestreckten Händen durchs Zimmer gehen, bis Sie die Schwingungen oder die Energie in Ihren Händen spüren, die Sie darauf hinweist, dass Sie sich in der Nähe des gesuchten Objektes aufhalten.

Ich habe eine solche Übung erfolgreich in der »David Frost Frühstücksshow« im britischen Fernsehen durchgeführt. Dabei wurde ein wertvoller Ring in einer von fünfzehn identischen Streichholzschachteln versteckt. Sie lagen alle zusammen in einer Schale. Ich ließ meine Handflächen langsam über jede Schachtel gleiten. Irgendwann war ich sicher, dass ich die Suche auf zwei der Schachteln eingrenzen konnte. Ich sagte also, dass sich der Ring in einer dieser beiden Schachteln befände. Ich war mir ganz sicher. Und es stimmte. Millionen von Fernsehzuschauern und die Angestellten des Fernsehsenders waren verblüfft. Ich hatte gepunktet! Versuchen Sie dasselbe für den Anfang mit ungefähr fünf oder sechs Streichholzschachteln.

Vorahnungen

Wenn Sie eine Vorahnung haben, besonders eine, bei der Sie das Gefühl haben, durch Ihr Eingreifen eine Katastrophe verhindern zu können, rate ich Ihnen, sie ernst zu nehmen und entsprechend zu handeln. Ich habe so viele Geschichten von Menschen gehört, die ohne auf ihre Vorahnungen zu hören in ein Flugzeug oder ein Auto stiegen, das dann verunglückte. Das ist ein großer Fehler. Sie müssen auf Ihre Vorahnungen hören, wenn sie so deutlich sind. Andernfalls könnte es sein, dass Sie nie wieder die Gelegenheit dazu haben.
Verlassen Sie sich auch bei geschäftlichen und privaten Kontakten auf Ihre Vorahnungen, bei denen es sich ja um eine Form von Präkognition oder Zukunftsschau handelt. Ich werde darauf noch in einem der nächsten Kapitel näher eingehen, in dem ich Ihnen auch von einigen Vorahnungen bekannter Wissenschaftler und Stars erzählen werde.

Glücksspiel

Meiner Meinung nach kann hier ein Missbrauch von Kräften stattfinden und ich werde mich noch ausführlicher im Kapitel über Numerologie und kosmische Kräfte mit diesem Thema befassen. Ich sagte einmal bei acht von zehn Versuchen die korrekte Zahl eines Würfels voraus, hatte also zwei »Versager«, bei denen ich kein inneres Bild empfing. Dieser Test wurde im *Stanford Research Institute* unter kontrollierten Laborbedingungen durchgeführt. Ich habe schon große Summen in Spielkasinos gewonnen, aber nicht, ohne hinterher dafür in gewissem Maße »büßen« zu müssen. Und ich habe auch schon Geld in Spielkasinos verloren. Ich empfehle niemandem, um große Summen zu spielen, obwohl es Spaß machen kann, mit Freunden um kleine Summen zu wetten. Seien Sie nicht enttäuscht, wenn diese Experimente bei Ihnen nicht funktionieren. Sie funktionieren einfach nicht bei jedem und auch nicht jedes Mal.

Kommunikation und PSI-Kraft

Einer meiner Freunde machte vor kurzem bei einem Besuch in Indien eine sehr frustrierende Erfahrung, als er versuchte, ein Taxi zu bekommen, das ihn zum Strand in Bombay bringen sollte. Jedes Mal, wenn er einen Taxifahrer herbeiwinkte, folgte dieselbe Reaktion: Der Taxifahrer schüttelte den Kopf auf eine seltsame, wiegende Art von links nach rechts, was mein Freund als energisches »Nein« interpretierte. Jedes Mal war das von ihm angehaltene Taxi leer gewesen und andere Fahrgäste waren in das Auto oder die Motorrikscha eingestiegen, nachdem er sich verärgert abgewandt hatte. Mein Freund fragte sich schließlich, ob er irgendetwas falsch machte oder ob er sich vielleicht gerade eine seltsame Krankheit zugezogen hatte, die nur die Taxifahrer von Bombay wahrnehmen konnten. Erst nach mehreren »Absagen« kam er zu guter Letzt dahinter, was hier vor sich ging. In Wirklichkeit war es nämlich so, dass jeder Taxifahrer, weit davon entfernt ihn abzulehnen, mit der dort üblichen Körpersprache – der wiegenden Kopfbewegung von einer Seite zur anderen – seine Bereitschaft signalisiert hatte, ihn als Fahrgast zu akzeptieren. Die Frustration meines Freundes resultierte aus seinem Unvermögen, in diesem Umfeld angemessen zu kommunizieren. Er wusste nicht, dass die Geste der Taxifahrer Bombays, das Kopfschütteln von links nach rechts, »Ja« hieß, während Kopfnicken »Nein« bedeutete.

Kommunikation ist einer der wichtigsten Aspekte unseres Lebens. Je besser wir kommunizieren können, desto erfolgreicher sind wir. Tagsüber bringen wir den größten Teil unserer Zeit damit zu, mit anderen Menschen zu kommunizieren, und dennoch machen sich nur sehr wenige Leute die Mühe, ihre Kommunikationstechnik so zu verbessern, dass sie ihr Leben revolutionieren könnte. Körpersprache zu verstehen, ist ein sehr wichtiger Teil einer guten Kommunikationstechnik, ebenso wie die Fähigkeit, andere Menschen zu »entschlüsseln« und sich auf die Wellenlänge des Gegenübers einzuschwingen. In diesem Bereich kann PSI eine sehr nützliche und entscheidende Kraft sein. Sie können sie einsetzen, um die eigentliche Botschaft zu verstehen, die andere Ihnen übermitteln oder aber vor Ihnen verbergen wollen. Der richtige Zeitpunkt ist ein weiterer wesentlicher Faktor guter Kommunikation. Die Wahl des richtigen Augenblicks, um etwas zu sagen, kann über Erfolg oder Misserfolg entscheiden, wenn es darum geht, ein Ziel zu erreichen.

Wie schätzen Sie Ihre eigenen Kommunikationsfähigkeiten ein? Ich empfehle Ihnen, den folgenden Test zu machen und bitte Sie, die Fragen ganz ehrlich zu beantworten. Zählen Sie zum Schluss Ihre Punkte zusammen wie angegeben. Ich werde Ihnen dann erläutern, wie man PSI und praktisches Know-how miteinander verbindet, um effektiver zu kommunizieren.

Wie steht es um Ihre Kommunikationsfähigkeit?

Beantworten Sie die Fragen entweder mit »Ja«, mit »Weiß nicht« oder mit »Nein«:

1. Fällt es Ihnen leicht, Körpersprache zu deuten?
2. Sind Sie empfänglich für die Bedürfnisse anderer?
3. Merken Sie sofort, wenn Ihr Gesprächspartner sich zu langweilen beginnt?
4. Sind Sie ein guter Zuhörer/eine gute Zuhörerin?

5. Können Sie im Allgemeinen gut mit anderen Menschen umgehen?
6. Merken Sie es immer, wenn sich jemand durch einen Ihrer Witze beleidigt fühlt?
7. Können Sie andere Menschen »mobilisieren«?
8. Nehmen Sie es sofort wahr, wenn Sie jemandem sympathisch sind?
9. Fällt es Ihnen leicht, vorherzusagen, welche Leute sich anfreunden werden?
10. Merken Sie es immer, wenn jemand etwas auf dem Herzen hat oder etwas im Schilde führt?
11. Fällt es Ihnen leicht, die Grenzen anderer zu spüren?
12. Kommen andere oft mit Ihren Sorgen zu Ihnen?
13. Glauben Sie, dass Sie es wahrnehmen können, wenn jemand lügt?
14. Spüren Sie sofort, wenn ein Freund in schlechter Stimmung ist?
15. Können Sie vorhersagen, dass jemand in Tränen ausbrechen wird?

Auswertung:

Geben Sie sich 2 Punkte für jedes »Ja«, 1 Punkt für jedes »Weiß nicht« und 0 Punkte für jedes »Nein«.

Wenn Sie **14 oder mehr Punkte** erzielt haben, sind Sie in der Lage, sich auf andere »einzuschwingen« und die wesentlichen nonverbalen Botschaften zu entschlüsseln. Körpersprache ist für Sie einfach ein zusätzliches Kommunikationsmittel. Sie sind ein Persönlichkeitstyp, mit dem man gut auskommt und an den sich andere wenden, wenn sie Hilfe brauchen.

Falls Sie **über 24 Punkte** erreicht haben, sind Sie auf dem besten Wege, die Fähigkeit der Gedankenübertragung zu entwickeln!

Eine Punktzahl von 13 oder darunter weist darauf hin, dass Sie es nicht gewöhnt sind, mit anderen Menschen zu kommunizieren. Sie sind introvertiert und so stark mit Ihrem eigenen Leben beschäftigt, dass Sie die Bedürfnisse anderer leicht übersehen. Sie müssen lernen, andere zu beobachten und eine gewisse Sensibilität für deren Bedürfnisse zu entwickeln. Mit ein wenig Übung und der Hilfe einiger guter Freunde sollte Ihnen das nicht schwer fallen.

Auch wenn es bestimmt hilfreich ist, eine Sprache sehr gut zu beherrschen, kann ich Ihnen versichern, dass Sie keinen Doktortitel brauchen, um effektiv kommunizieren zu können. Meine Muttersprache ist Hebräisch, doch das hinderte mich nicht daran, eine Einladung als Vortragsredner zu den jährlichen internationalen *Young Presidents Organisation Seminars* in New York anzunehmen. Ich teilte das Rednerpult mit so erlauchten Personen wie Henry Kissinger, Alexander Haig und einem früheren Präsidenten der Vereinigten Staaten, Gerald Ford. Weitere illustre Gäste beim *YPO* waren Größen aus der Wirtschaft und Industrie, Leute wie James Robinson oder der Aufsichtsratsvorsitzende von *American Express* und der legendäre texanische Ölbaron, T. Boone Pickens, neben dem die Ewings aus Dallas kleine Fische sind! Im Jahre 2004 hielt ich einen Vortrag beim renommierten *World Economic Forum* im schweizerischen Davos, bei dem auch Würdenträger wie Bill Clinton, Dick Cheney und Steve Forbes sprachen.

Ein wesentliches Merkmal eines guten »Kommunikators« ist die Fähigkeit, noch besser zuzuhören als zu sprechen. Wenn Sie immer nur reden, werden Sie kaum in der Lage sein, wirklichen Zugang zu dem Menschen zu bekommen, mit dem Sie kommunizieren wollen. Lassen Sie die andere Person reden – zumindest am Anfang. Das verschafft Ihnen den psychologischen Vorteil, auf eine Situation zu reagieren, die Sie dann einigermaßen einschätzen und kontrollieren können. Hören Sie sich an, was der andere zu sagen hat, und beobachten Sie dabei seine Körpersprache. Ohne dass es uns bewusst ist, registrieren die meisten von uns unterschwellig die Körpersprache anderer, doch ich empfehle Ihnen, sich diesen Persönlichkeitsaspekt eines Individuums wirklich bewusst zu machen. Sie werden sehen, wie hilfreich es ist, wenn Sie allen physischen Äußerungen, die mit den Worten einhergehen, besondere Aufmerksamkeit schenken. Und denken Sie daran, dass Sie, während der andere spricht, Wohlwollen signalisieren können, ohne ein Wort zu sagen, indem Sie Ihre eigene Körpersprache einsetzen. Wir werden an anderer Stelle dieses Kapitels noch darauf zu sprechen kommen. In all den Jahren als »öffentlicher Mensch« musste ich sowohl freundliche als auch feindselige Inquisitoren »bei Laune halten«. Kurioserweise habe ich festgestellt, dass sich die Verhaltensmuster von bestimmten Menschentypen nicht allzu sehr von manchen Tiergattungen unterscheiden. Betrachten wir beispielsweise die Hunderasse »Boxer«. Das sind Tiere von kräftigem, bulligem Körperbau, die, wenn sie richtig trainiert werden, wirklich sehr schön aussehen. Doch für jemanden, der diese Hunde nicht versteht, können ihre Gesichtszüge ein Ausdruck von Bösartigkeit und Wildheit sein. Und doch sind diese Tiere gewöhnlich so sanft, knuddelig und freundlich wie der Teddybär eines Kindes – obwohl es natürlich immer Ausnahmen gibt. Menschen, die mit dieser Hunderasse vertraut sind, werden nicht zögern, sich einem solchen Hund zu nähern, als wäre es ihr eigener, und dieser wird zweifellos, wie erwartet, freundlich reagieren – höchstwahrscheinlich, indem er ihnen übers ganze Gesicht leckt! Jemand, der keine Ahnung von dieser Rasse hat, wird wahrscheinlich eine völlig andere Reaktion hervorrufen, je nachdem, wie er sich dem Tier nähert. Auf ähnliche Weise reagieren wir auf bestimmte »Menschentypen«, auch wenn wir uns dessen vielleicht gar nicht bewusst sind. Jeder von uns verfügt in seinem Inneren über eine Galerie von »Gesichtern«, die wir in Kategorien eingeordnet haben, ohne darüber nachzudenken. Machen Sie einmal folgende Übung: Listen Sie bestimmte »Typen« auf, die Sie kennen, und notieren Sie die Gefühle, die sie bei Ihnen wachrufen. Ihre Reaktionen sind zweifellos von Ihren vergangenen persönlichen Erfahrungen geprägt. Haben Sie beispielsweise einmal eine besonders schlechte Erfahrung mit einem großen Mann mit Halbglatze gemacht, der einen »Kneifer« trug und einen Schnurrbart hatte, ist die Wahrscheinlichkeit, dass Sie jemanden von ähnlichem Aussehen ablehnen, ziemlich hoch.

Es könnte sein, dass Sie Männer mit Halbglatzen und Bärten einem bestimmten Menschentyp zuordnen, den Sie entweder mögen oder nicht. Oder Sie mögen vielleicht Frauen mit roten Haaren und Sommersprossen und haben überhaupt kein Interesse an Blondinen. Welche Kategorien Sie auch beschreiben, schreiben Sie auf, was Sie an ihnen mögen oder nicht mögen, und versuchen Sie dann einmal zu analysieren, warum Sie diese Gefühle hegen. Ganz wichtig ist, dass Sie auch aufschreiben, welche geistigen Schwingungen Sie von jedem Persönlichkeitstyp empfangen. Wenn es Ihnen dadurch gelingt, eingefleischte Vorurteile zu überwinden, tun Sie sich selbst einen großen Gefallen, da Schwingungen immer eine wechselseitige Angelegenheit sind. Ich halte immer nach »Hinweisen« Ausschau, wenn ich mit anderen Menschen spreche. Oft bekomme ich auch einen ersten Eindruck von dem Betreffenden, indem ich die Person gemäß meiner Vorstellung von ihrem Persönlichkeitstyp einschätze. Dann versuche ich, diesen Menschen auf Grund seiner körperlichen und verbalen

Ausdrucksweise einzuschätzen. Instinkt ist dabei sehr wichtig, doch er muss mit dem PSI-Faktor verbunden sein, der Ihren allgemeinen Eindruck und Ihre Gefühle gegenüber dieser Person einschließt. Ich drücke meinen »PSI-Knopf«, halte inne und »studiere« den Menschen mit meinem inneren Auge. Es ist, als schicke man der Person eine Welle geistiger Energie und warte auf die Rückmeldung. Diese Rückmeldung zeigt Ihnen gewöhnlich eine Menge über die betreffende Person und sagt Ihnen, ob Sie ihr (oder ihm) vertrauen können. In Bezug auf die Rückmeldung müssen Sie sich ganz auf Ihre Intuition verlassen. Macht sich ein unangenehmes Gefühl bemerkbar, müssen Sie zulassen, dass Ihre Intuition das Kommando übernimmt. Beachten Sie »Alarmglocken«. Wie oft höre ich Leute sagen: »Wäre ich nur meinem Instinkt gefolgt.« Hören Sie auf Ihre innere Stimme, aber bemühen Sie sich gleichzeitig darum, dem anderen Ihre negativen Gefühle nicht weiterzugeben.

Körpersprache

Wie bei jeder anderen Form der Kommunikation, ist dies eine wechselseitige Angelegenheit. Sie müssen lernen, aufmerksam die körperlichen Reaktionen des anderen wahrzunehmen, während Sie gleichzeitig Ihre eigenen kontrollieren. Hier brauchen Sie eine Menge Unterstützung von Ihrer PSI-Kraft. Schwingen Sie sich innerlich darauf ein, Ihre eigenen Gefühle nicht preiszugeben, wenn Sie nicht wollen, dass der andere Sie in einem bestimmten Licht sieht. Vergessen Sie nicht, dass Gedankenübertragung ein machtvolles Medium ist und dass die andere Person leicht »entschlüsseln« kann, was Sie denken, wenn Ihre Körpersprache Ihre tiefsten Gedanken widerspiegelt. Stellen Sie sich noch ein Mal vor den Spiegel und üben Sie Gesichtsausdrücke. Probieren Sie aus, wie leicht es Ihnen fällt, verschiedene Gesichtsausdrücke anzunehmen. Das soll nicht heißen, dass Sie ein »Pokerface« aufsetzen sollen, denn auch das könnte wiederum eine Menge über Sie aussagen. Konzentrieren Sie sich auf Folgendes:

Die Augen

Beobachten Sie im Spiegel, wie Sie selbst verschiedene emotionale Zustände mit den Augen ausdrücken. Können Sie wütend, glücklich, traurig, erstaunt, gelassen oder liebevoll aussehen? Augenkontakt ist eines der intensivsten physischen Kommunikationsmittel. Wussten Sie, dass sich die Pupillen Liebender erweitern, wenn sie sich tief in die Augen blicken? Wenn Sie jemandem mutig und offen in die Augen schauen, vermitteln Sie einen Vertrauen erweckenden und ehrlichen Eindruck. Jemand, der die Augen niederschlägt oder zur Seite blickt und Angst hat, seinem Gegenüber in die Augen zu schauen, hinterlässt einen schlechten Eindruck, der als Unehrlichkeit, mangelndes Selbstwertgefühl oder Schwäche interpretiert werden könnte. Es ist also ganz wichtig, einen guten Augenkontakt herzustellen, ohne aufdringlich zu wirken. Achten Sie auch auf verräterische Anzeichen, beispielsweise, wenn jemand die Augen zu Schlitzen zusammenzieht oder Ihnen durchdringende Blicke zuwirft. Vielen Menschen fällt es schwer, diese Emotionen zu kontrollieren.

Der Mund

Achten Sie aufmerksam auf die Mundbewegungen anderer Menschen – wie sie die Lippen schürzen und besonders, wie sie lächeln. Man kann leicht erkennen, ob ein Lächeln falsch oder nervös oder sogar feindselig ist. Menschenaffen blecken manchmal ihre Zähne zu einem »Lächeln«, bevor sie zubeißen. Stellen Sie sich vor den Spiegel und probieren Sie aus, wie viele Stimmungen und Gefühle Sie mit Ihrem Mund ausdrücken können. Bitten Sie einen Freund/eine Freundin, das Gleiche zu tun, und schauen Sie, ob Sie die Mundbewegungen des anderen entschlüsseln können.

Nase, Kinn, Augenbrauen und Kopfhaltung

Abgesehen von den offensichtlichen Empfindungen des Widerwillens oder der Abneigung, die man mit der Nase so deutlich ausdrücken kann, drücken viele Menschen noch vieles andere mit diesem Organ aus. Wenn jemand mit dem Finger an seine Nase klopft, kann das bedeuten, dass er über das, was Sie gerade gesagt haben, nachdenkt, ohne wirklich davon überzeugt zu sein, oder dass er die Geduld mit Ihnen verliert oder einfach misstrauisch ist. Manche Leute legen auch die Fingerspitzen pyramidenförmig zusammen und halten sie vor die Nase oder das Gesicht. Wenn Menschen unsicher oder in Gedanken sind, reiben sie sich gerne am Kinn. Beobachten Sie die Bewegungen der Augenbrauen, denn diese können ebenfalls viel verraten. Achten Sie aufmerksam auf Zuckungen (auch wenn sie noch so gering sind) oder ein Hochziehen der Augenbrauen. Auch der Kopf insgesamt kann wichtige Botschaften übermitteln. Achten Sie darauf, ob Ihr Gegenüber den Kopf in eine bestimmte Richtung neigt oder nickt. Haben Sie je beobachtet, wie der amerikanische Präsident Bush seinen Kopf schräg hält, wenn er interessiert zuhört? Er erinnert dann fast an einen Vogel, der unterschiedlichen Geräuschen lauscht.

Die Hände

Auch die Hände drücken sehr viel aus. Die Art, wie Sie die Hand Ihrer Frau oder Freundin, Ihres Mannes oder Freundes halten, kann sehr viel über Ihre Gefühle für diese Person verraten. Händeschütteln ist wichtig und Sie sollten Ihren Händedruck Ihrem Gegenüber anpassen. Wenn Sie die Hand eines kanadischen Holzfällers schütteln, können Sie Ihre ganze Kraft hineinlegen. Haben Sie allerdings eine zartere Person vor sich, sollten Sie Ihren Händedruck entsprechend anpassen. Lassen Sie sich nicht verunsichern, wenn die Person, mit der Sie sprechen, mit den Händen herumnestelt. Haben Sie jedoch das Gefühl, dass es an Ihnen liegt, da Sie den anderen langweilen, sollten Sie aufhören zu sprechen und ihn somit veranlassen, von sich aus das Gespräch fortzusetzen. Nervöse Menschen falten häufig die Hände, und falls auch Sie dazu gehören, sollten Sie sich ein Beispiel an den Mitgliedern des britischen Königshauses nehmen und die Hände beim Gehen strikt hinter dem Körper halten oder stets mit gefalteten Händen dasitzen. Prinz Charles kann besonders viel mit seinen Händen ausdrücken. Er hat gelernt, sie dazu zu benutzen, seine grundlegende Schüchternheit und Nervosität bei öffentlichen Auftritten zu überspielen. Vermeiden Sie es, hektisch oder aufgeregt mit den Händen herum zu fuchteln, denn die Art und Weise, wie Sie Ihre Hände unter Kontrolle haben, ist sehr wichtig für den Eindruck, den Sie auf andere Menschen machen. Wenn Sie sich dessen bewusst sind und lernen, selbstbewusst und angemessen mit den Händen zu gestikulieren, wird es Ihnen schon bald leicht fallen, erfolgreich mit Ihrem Körper zu kommunizieren.

Prinz Charles kommuniziert mehr als jedes andere Mitglied der königlichen Familie mit Hilfe der Körpersprache. Ich glaube, das hat viel mit seinem Interesse an PSI zu tun, und es zeigt, dass er sich bemüht, andere wirklich an seinen Gefühlen und Gedanken teilhaben zu lassen. Wie ein Schauspieler verfügt er über ein Repertoire von Ausdrucksformen für verschiedene Gelegenheiten. Außerdem ist er ein ausgezeichneter Zuhörer. Er drückt mit seinem Gesicht und seinen Händen Interesse und tiefes Mitgefühl aus. Er neigt den Kopf zur Seite, zieht die Augenbrauen hoch, reibt seine Ohrläppchen und schaut die Person, mit der er spricht, aufmerksam an. Er zeigt deutlich sein ehrliches Interesse an allem, was man ihm zeigt. Auch wenn er spricht, offenbart er eine intensive innere Anteilnahme, die er seinem Gegenüber auch vermitteln will.

Im Gegensatz dazu war die verstorbene Prinzessin Diana in Bezug auf ihre Körpersprache nicht so versiert. Sie schuf den Look »scheue Di«, der fast schon zu einem Markenzeichen wurde. Anstatt ihre Gefühle zu zeigen, neigte sie dazu, sich hinter einem kultivierten Gesichtsausdruck zu »verstecken«.

Die Königin von England und Prinz Phillip sind absolute Profis im Umgang mit der Körpersprache – insbesondere die Queen: Sie ist in der Lage, ihre Gefühle unter Kontrolle zu halten, doch wenn sie ihr Missfallen ausdrücken will, genügt ein leichtes Verziehen des Gesichts, um eine maximale Wirkung zu erzielen. Obwohl die Queen sehr viel Wert auf Privatsphäre legt, greift auch sie auf ihren PSI-Sinn zurück, um Menschen und Situationen zu »entschlüsseln«, und gerade weil sie diese Fähigkeit einsetzt, gelingt es ihr, ihre eigenen Gefühle so geschickt nach außen zu projizieren. Die Botschaften, die sie mit Hilfe ihrer Körpersprache übermittelt, sind klar. Ihr Blick ist herrschaftlich und undurchdringlich. Und das ist es, was die Leute von ihr sehen wollen. Ihre Majestät muss sich von der Masse abheben, während sie gleichzeitig als gute Landesmutter für ihr Volk sorgt und es liebt.

Vergleichen Sie das einmal mit Präsident Bush. Seine Botschaft lautet: »Ich bin ein einfacher, glücklicher und liebevoller Kerl«. Es macht ihm nichts aus, seine innere Schwäche zu zeigen und gleichzeitig auf einer äußeren Stärke zu bestehen. Bisher war diese Botschaft erfolgreich. Amerikaner mögen extrovertierte Menschen. Sie wollen das Gefühl haben, dass man ihm vertrauen kann, weil er im Grunde seines Herzens einer von ihnen ist.

Marilyn Monroe sprach mit ihren Augen und mit ihrem Mund zur Welt. Auch wenn die Männer ihren Körper vergötterten, so sorgte doch gerade die Botschaft, die ihr Gesichtsausdruck vermittelte, für die anfängliche Faszination. Sie lud die Welt ein, an ihrer Seite Platz zu nehmen. Humphrey Bogart war ebenfalls ein Virtuose des Gesichtsausdrucks. Bereits ein paar kaum merkliche Bewegungen der Augenbrauen und Lippen und das langsame Entblößen der Zähne ließen die Fans in Verzückung geraten. Weniger subtil, aber genauso erfolgreich war Elvis Presley. Seine Körpersprache war die eines rohen Wilden, was jedoch Millionen von Frauen in aller Welt höchst anziehend fanden. Er benutzte den ganzen Körper, um seine Botschaft zu vermitteln.

Auch die neue russische Führung ist offen für PSI. Allen voran natürlich Putin, der russische Präsident, dessen Körpersprache und PSI-Projektion meisterhaft sind. Er hat den Westen gleichzeitig umgarnt und verärgert, und er hat gezeigt, dass er sehr wohl in der Lage ist, genauso wirkungsvoll den »netten Kerl« zu geben wie jeder westliche politische Führer. Die meisten der bisher erwähnten Persönlichkeiten verfügen bzw. verfügten über eine Aura, die, um in PSI-Begriffen zu sprechen, manchmal als eine Art Strahlung beschrieben wird, die den Körper umgibt und auf eine bestimmte Stufe spiritueller Entwicklung hinweist. Es ist auf jeden Fall ein undefinierbares Element, das man vielleicht am besten als hoch entwickelte PSI-Sensibilität erklären kann, die wirksam nach außen projiziert wird. Das Publikum nimmt diese Sensibilität wahr und verehrt solche Menschen.

PSI-Sensibilität

Um empfänglich für die Bedürfnisse anderer zu sein, bedarf es einer gewissen Fähigkeit, sich in das Denken anderer »einzuschwingen«. Menschen vermitteln häufig Botschaften, die so gar nicht gemeint sind oder die nicht ihren wahren Absichten entsprechen. Sie verbergen vielleicht ihre intimsten Geheimnisse, indem sie falsche Informationen vermitteln, gleichzeitig sehnen sie sich jedoch verzweifelt danach, ihre Ängste mitzuteilen. Sie können daran arbeiten, indem Sie so einen Menschen dazu bringen, ein bisschen weiter zu gehen, als er eigentlich beabsichtigte. Hören Sie sich seine Geschichte wohlwollend an, auch wenn Sie wissen, dass sie nicht wahr ist. Achten Sie auf die verräterische Körpersprache, die im Widerspruch zu seinen Worten steht. Denken Sie über das nach, was er Ihnen erzählt, und konzentrieren Sie Ihren PSI-Sinn auf seine wahren Gedanken. Versuchen Sie nie, in sein Gedankenmuster einzubrechen, während er spricht. Die meisten Menschen öffnen sich irgendwann verbal und offenbaren schließlich die Wahrheit, ohne dass Sie etwas anderes tun müssen, als ein guter und empathischer Zuhörer zu sein.

Ein weiterer Faktor, den Sie in Betracht ziehen müssen, sind kulturelle und physische Unterschiede zwischen Ihnen und den Personen, mit denen Sie kommunizieren. Schwingen Sie sich auf dieselbe Wellenlänge ein! Wenn jemand erheblich älter oder jünger ist als Sie, hat er einen anderen Erfahrungshintergrund. Versuchen Sie, den Standpunkt des anderen im Lichte seiner Erfahrungen und nicht Ihrer eigenen zu verstehen. Vielleicht haben Sie auch einen unterschiedlichen Bildungsstand. Das bedeutet nicht unbedingt, dass Ihre Kommunikation eingeschränkt sein muss. Lenken Sie das Gespräch auf eine Ebene gegenseitigen Verstehens. Auch mit Menschen aus anderen Nationen, Berufsgruppen und Religionsgemeinschaften können Kommunikationsprobleme auftreten. Doch das sind untergeordnete Schwierigkeiten, die man durch kommunikatives Geschick, Geduld und Verständnis leicht überwinden kann. Treten auf Grund unterschiedlicher Sprachen Verständigungsprobleme auf, versuchen Sie mit Hilfe von Körpersprache zu kommunizieren und sich auf die andere Person einzuschwingen.

Falls Sie ein Mensch sind, der meistens mehr redet als die anderen, sollten Sie bei Ihren Gesprächspartnern auf Anzeichen von Langeweile achten. Wenn Ihr Gesprächspartner öfter die Beine übereinander schlägt, wegschaut oder mit den Händen herumnestelt, können Sie sicher sein, dass Sie ihn mit Ihren Ausführungen nicht gerade fesseln. Dann sollten Sie das Gespräch wieder mehr in seine Richtung lenken. Es gibt nichts Schlimmeres, als Freunde zu langweilen – oder Menschen, die man beeindrucken möchte.

Sie müssen alle oben genannten Qualitäten in sich vereinen, wenn Sie einen guten Eindruck machen wollen. Außerdem ist es wichtig, sich dem Anlass gemäß zu kleiden. Wollen Sie Eindruck auf eine eher konservative Person machen, sollten Sie die entsprechende Kleidung wählen. Die Menschen neigen nun einmal dazu, andere nach ihren eigenen Standards zu beurteilen, und deshalb sollten Sie immer gründlich Ihre Hausaufgaben machen, bevor Sie Ihren Gesprächspartner treffen, sei es ein Mann oder eine Frau. Seien Sie immer höflich, gewöhnen Sie sich einen festen Händedruck an und bemühen Sie sich, ein guter Zuhörer zu sein. Unterbrechen Sie den anderen nicht und vermeiden Sie es, ungeduldig zu wirken. Stellen Sie sich auf das ein, was der andere sagt. Wenn Ihr Gesprächspartner an Booten interessiert ist, dann sprechen Sie darüber, auch wenn Sie das Thema nicht so sehr interessiert. Drängen Sie den anderen nicht und versuchen Sie, ihm etwas Wärme entgegenzubringen. Senden Sie ihm oder ihr gute Gedanken. Sagen Sie innerlich:»Ich mag dich. Ich glaube, du bist ein guter Mensch.« Das positive Gefühl, das Sie ausstrahlen, wird vom anderen unweigerlich wahrgenommen.

Ein guter Zuhörer signalisiert der anderen Person auch physisch, dass er an dem, was gesagt wird, interessiert ist. Das tun Sie natürlich hauptsächlich mit Hilfe Ihrer Körpersprache: ein zustimmendes Nicken, ein Neigen des Kopfes, wenn Sie ein Punkt besonders interessiert, vielleicht ein Ausdruck des Erstaunens oder gelegentliche verbale Bestätigung ... All das zeigt Ihrem Gesprächspartner, dass Sie ein wohlwollender und guter Zuhörer sind.

Der richtige Zeitpunkt ist genauso wichtig für ein Gespäch wie die Kommunikation selbst. Einmal stand ich in der New Yorker U-Bahn und bemerkte einen Vater und seinen Sohn, die in eine aggressive Auseinandersetzung verstrickt zu sein schienen. Die beiden nahmen die Umstehenden, die ihre verbale Konfrontation interessiert und neugierig verfolgten, überhaupt nicht wahr. Als ihre Auseinandersetzung immer hitziger wurde, sah ich plötzlich, dass ein freundlich wirkender, aber gefährlich unsensibler Herr auf die beiden zusteuerte, ihnen erklärte, dass er fremd in der Stadt sei, und sie bat, ihm den Weg nach Greenwich Village zu beschreiben. Vater und Sohn hielten auf der Stelle inne und starrten den Mann ungläubig an. Ich dachte, sie würden sich im nächsten Augenblick auf ihn stürzen, doch glücklicherweise besaß der Vater einen gewissen Sinn für Humor. Er sagte zu dem Störer:»Entschuldigen Sie, doch wir sind mitten in einem Streit. Bitte fragen Sie jemand anders nach dem Weg.«Vielleicht betrachten Sie das als extremes Beispiel für einen unsensiblen Menschen, der den schlechtesten Zeitpunkt wählt, um jemanden anzusprechen, doch ich kann Ihnen versichern, dass sich alles genau so abgespielt hat.

Man kann PSI-Projektion auch auf folgende Weise anwenden: So wie Sie Ihre guten – oder schlechten – Gefühle auf die andere Person projizieren können, können Sie mit ihr auch die Rollen tauschen. Mit anderen Worten: Stellen Sie sich vor, Sie seien die andere Person. Nutzen Sie Ihren PSI-Sinn, um zu visualisieren, wie die andere Person auf Sie reagieren würde. Wenn dann die eigentliche Kommunikation stattfindet, können Sie so reagieren, wie die andere Person es nach Ihrer Vorstellung von Ihnen erwartet oder sich gewünscht hätte.

Seien Sie sich immer der Bedeutung von Kleidung und äußerem Erscheinungsbild bewusst. Die Art von Kleidung, die ein Mensch trägt, kann sein Verhalten stark beeinflussen.

Eine recht nützliche Übung besteht darin, sich einmal Notizen über die Kleidung und die Angewohnheiten einer bestimmten Person zu machen und zu beobachten, wie viel Sie dadurch über diese Person erfahren können, ohne überhaupt mit ihr zu sprechen. Man darf auch nicht vergessen, dass das Umfeld einen großen Einfluss auf das Verhalten eines Menschen hat. Im Urlaub, weit weg von zu Hause und vom Alltagsstress, kann jemand ein ganz anderer Mensch sein. Wenn Sie einem Menschen im Flugzeug zum ersten Mal begegnen, können Sie einen ganz anderen Eindruck von ihm gewinnen, als hätten Sie ihn unter anderen Umständen getroffen.

Es ist gar nicht so einfach, reale Informationen von Menschen zu erhalten. Die meisten von uns hören nur, was sie hören wollen. Damit meine ich, dass sich viele von uns ihre eigenen Vorurteile oder Ängste bestätigen wollen.

Sie müssen lernen, erst einmal nachzudenken und sich zu entspannen, bevor Sie sich auf ein wichtiges Gespräch einlassen, und dann Ihre üblichen Überzeugungen und Einstellungen beiseite schieben und der anderen Person erlauben, ihre eigenen darzulegen, ohne sie zu unterbrechen. Das erfordert Übung und Geduld, doch wenn es Ihnen gelingt, zahlt sich das aus. Führende Persönlichkeiten in unserer Gesellschaft sind Menschen, denen andere zuhören und die respektiert werden. Sie sind in der Lage – das versteht sich fast von selbst –, effektiv zu kommunizieren und können, einfach ausgedrückt, andere gut einschätzen. Ob sie es zugeben oder nicht: Sie verfügen über eine hoch entwickelte PSI-Sensibilität.

Kommunikationsfallen

Wenn jemand einen Köder für Sie auslegt, dann passen Sie auf, dass Sie nicht in diese Falle tappen. Lassen Sie nicht zu, dass die Wut Sie beherrscht und von der Qualität der Kommunikation ablenkt. Widerstehen Sie der Herausforderung mental und gehen Sie über verletzende Kommentare hinweg. Achten Sie darauf, in Krisenzeiten Ihre Körpersprache unter Kontrolle zu halten.

Fangfragen, die Sie aus der Bahn werfen sollen

Es ist besser, gar nichts zu sagen, als etwas, das Sie später bereuen. Projizieren Sie Ihre innersten Gedanken auf positive Weise und bleiben Sie ruhig.

Klatsch und Tratsch

Ein bisschen zu tratschen kann zwar ganz lustig sein, doch vergessen Sie nicht, dass Sie selbst zum Objekt solchen Geredes werden können. Wenn der Klatsch bösartig wird, sollten Sie sich auf keinen Fall daran beteiligen. Man könnte Sie fälschlicherweise bezichtigen, der Übeltäter zu sein.

Emotionale Erpressung

Kinder und Beziehungspartner beherrschen die »Kunst« der emotionalen Erpressung besonders gut, und Sie müssen Ihre ganze PSI-Fähigkeit einsetzen, um zu verstehen, was wirklich dahintersteckt. Handeln Sie nicht vorschnell, sondern konzentrieren Sie sich ganz darauf, das Gespräch von diesem gefährlichen Weg abzubringen.

Psychische Dominanz

Sie müssen nicht davon ausgehen, dass die Person, mit der Sie kommunizieren, Ihnen automatisch als Mensch überlegen ist, nur weil sie eine viel höhere Stellung bekleidet oder qualifizierter ist als Sie. Seien Sie einfach höflich und zuvorkommend, doch behandeln Sie Ihren Gesprächspartner als ebenbürtig. Senken Sie nicht den Blick und schauen Sie nicht zur Seite. Verstummen Sie nicht und seien Sie nicht unterwürfig oder nervös, wenn Sie den Raum oder Ort betreten, wo das Gespräch stattfinden soll. Treten Sie stattdessen selbstbewusst auf und unterstreichen Sie dies durch eine aufrechte Körperhaltung. Begegnen Sie Ihrem Gegenüber auf gleicher Augenhöhe und halten Sie Augenkontakt. Fernsehinterviewer verstehen es meisterhaft, Menschen »klein zu machen«, die noch nie im Fernsehen waren. Schon durch ungünstige Sitzordnungen oder Kamerawinkel können sie den ungeübten Gesprächsteilnehmer wie einen unbeholfenen Anfänger aussehen lassen. Versuchen Sie, schlagfertig zu bleiben, und sagen Sie im Zweifelsfall das Interview/Gespräch lieber ab oder lassen Sie es nach Ihren eigenen Vorstellungen stattfinden, indem Sie schon vor Beginn bestimmte grundsätzliche Regeln festlegen.

Der überfreundliche Interviewer/Gesprächspartner

Lassen Sie sich von einem »überfreundlichen« Interviewer/ Gesprächspartner, der Ihnen sofort das Gefühl gibt, Ihr »Kumpel« zu sein, nicht zu viele persönliche Geheimnisse entlocken. Er oder sie angelt vielleicht nach Informationen, ohne das Geringste von sich selbst preiszugeben.

Stimme und Sprache

Ihre Wortwahl und Ihre Art zu sprechen verraten dem geschulten Beobachter eine Menge über Sie. Sogar die Lautstärke Ihrer Stimme lässt Rückschlüsse auf Ihre Persönlichkeit zu. Wenn Sie mit lauter Stimme sprechen, wird man Sie für eine dominante und aggressive Persönlichkeit halten, die nach Erfolg strebt. Doch es könnte auch ein Hinweis auf eine gewisse Oberflächlichkeit sein, während eine weiche, sanfte Stimme mit Schüchternheit und mangelnder Durchsetzungskraft assoziiert wird. Es ist wahrscheinlich das Beste, die Stimme so weit wie möglich an die gegebene Situation anzupassen. Eine gute, klare und präzise Aussprache weist auf einen gut erzogenen Menschen hin, der nicht gehemmt ist und dem Leben mit einer positiven Einstellung begegnet. Das Gegenteil gilt für Menschen, die kaum imstande sind, ihre Worte klar zu äußern. Üben Sie das, was Sie sagen möchten, ein paar Mal, um den bestmöglichen Eindruck zu machen. Menschen, die besonders schnell sprechen, neigen eher zu Impulsivität und Emotionalität. Menschen, die betont langsam sprechen, wirken auf andere eher verstandesorientiert und kühl.

In einem der folgenden Kapitel werde ich Ihnen zeigen, wie Sie Ihren Chef »überlisten« können. Zunächst sollten Sie jedoch dieses Kapitel über Kommunikation mehrmals durchlesen und versuchen, die Informationen mit Ihrer PSI-Kraft zu verbinden. Probieren Sie Ihre neue Art zu kommunizieren dann im Kreis Ihrer Freunde und Kollegen aus und beobachten Sie die Veränderung!

Vergessen Sie nicht, Ihr Charisma und Ihren Charme einzusetzen, seien Sie freundlich und höflich zu anderen, bleiben Sie gelassen, kleiden Sie sich ansprechend, machen Sie immer einen sauberen, gepflegten Eindruck, achten Sie darauf, dass Sie »vorzeigbar« sind und auf gute Manieren, und lächeln Sie häufig. Das sind die Grundregeln für gute Kommunikation und Erfolg.

Der PSI-Faktor beim positiven Denken

Wenn Sie das Buch bis zu diesem Kapitel aufmerksam gelesen haben, sind Sie sich nun Ihrer inneren Kraft bewusst, die Sie, falls Sie es nicht schon getan haben, schon bald wirkungsvoll einsetzen werden. Ich hoffe außerdem, dass Sie davon überzeugt sind, dass es sich um eine positive Kraft handelt und dass sie, um wirkungsvoll zu bleiben, stets positiv bleiben muss. Die PSI-Kraft existiert in Ihrem Bewusstsein, doch sie wird nur durch positive Impulse freigesetzt. Glauben Sie an sich selbst. Glauben Sie an Ihre Fähigkeiten. Glauben Sie an Ihre innere Kraft. Vertreiben Sie negative Gedanken und Gefühle. Verbannen Sie sie aus Ihrem Denken! Negative Gedanken und Sorgen sind wie ein Krebsgeschwür, sie breiten sich in Ihrem Geist und Körper aus, bis sie Sie zerstört haben. Sie können diese Negativität leicht mit positiven Gedanken überwinden, vorausgesetzt, Sie lassen es zu. Ich biete Ihnen die Möglichkeit, sich Ihr eigenes Rezept dagegen auszustellen und auf diese Weise negative Gemütszustände, wie Depressionen, Niedergeschlagenheit und emotionale Unsicherheit, zu überwinden. Seien Sie Ihr eigener Heiler/Ihre eigene Heilerin. Verschreiben Sie sich die wohltuendste Medizin der Welt: Positives Denken. Positive Kraft. Stellen Sie dieses Rezept jetzt aus. Es kostet nichts! Stellen Sie sich mental darauf ein, nur in positiven Bahnen zu denken. Seien Sie morgens, wenn Sie aufwachen, dankbar dafür, dass Sie am Leben sind und dass das Abenteuer eines weiteren Tages auf Sie wartet. Sagen Sie sich, dass die PSI-Kraft dazu beitragen wird, aus diesem Tag einen guten Tag zu machen. Glauben Sie daran, dass positive Dinge geschehen werden. Lassen Sie sich nicht von negativen Vorfällen niederdrücken. Bekämpfen Sie sie mit einer Armee aus positiven Gedanken.

Positives Denken führt zu positivem Handeln, das wiederum dazu beitragen kann, dass Sie Erfüllung und Glück in der Arbeit und im privaten Bereich finden. Eine positive Einstellung kann Misserfolg im Beruf oder in der Schule in Erfolg verwandeln, Verzweiflung in Glück, und wenn Sie krank sind, kann sie Ihnen mit Sicherheit helfen, gesund zu werden. Bevor ich Ihnen nun erkläre, wie Sie das positive Denken am effektivsten einsetzen können, sollten Sie zunächst einmal überprüfen, wie positiv oder negativ Sie im Allgemeinen denken.

Denken Sie positiv?

Beantworten Sie jede Frage entweder mit »Ja«, »Weiß nicht« oder »Nein«:

1. Fühlen Sie sich jünger, als Sie tatsächlich sind?
2. Haben Sie großes Selbstvertrauen?
3. Funktionieren Sie gut unter Druck?
4. Empfinden Sie klassische Musik als inspirierend?
5. Können Sie der Vorstellung, sich zur Ruhe zu setzen, nichts abgewinnen?
6. Haben Sie das Gegenteil von einem Minderwertigkeitskomplex?
7. Glauben Sie manchmal, dass alles möglich ist?
8. Sind Sie oft voller Begeisterung?
9. Gelingt es Ihnen häufig, Missgeschicke in etwas Positives zu verwandeln?
10. Sind Sie sehr ausdauernd, wenn Sie etwas begonnen haben?

11. Sehen andere Sie als energiegeladenen Menschen?

12. Haben Sie nur sehr selten trübe Gedanken?

13. Können Sie sich für neue Hobbys begeistern?

14. Fühlen Sie sich oft, als könnten Sie »Bäume ausreißen«?

15. Lieben Sie die Aufregung, die mit einer neuen Herausforderung verbunden ist?

Auswertung:

Geben Sie sich 2 Punkte für jedes »Ja«, 1 Punkt für jedes »Weiß nicht«, 0 Punkte für jedes »Nein« und zählen Sie Ihre Punkte zusammen.

Haben Sie **17 Punkte oder mehr** sind Sie wahrscheinlich ein »Positivdenker«. Das ist ein guter Anfang, denn mit einer solchen Haltung fällt es Ihnen leichter als anderen, Erfolg im Leben zu haben und das Beste aus den Möglichkeiten zu machen, die sich Ihnen bieten.

Falls Sie ein »Grenzfall« sind oder Ihr **Ergebnis** weit **unter 17 Punkten** liegt, müssen Sie Ihr Selbstbild und Ihr ganzes Leben überdenken. Ein Ergebnis von weniger als 17 Punkten bedeutet nicht, dass Sie benachteiligt sind, doch Sie müssen noch lernen, negative Gefühle zu überwinden und hinter sich zu lassen. Wenn Ihnen das gelingt, werden Sie auf jeden Fall viel glücklicher sein. Und ein inneres Glücksgefühl bringt oft größeren Erfolg mit sich.

Sie können ein »Positivdenker« werden, indem Sie Selbstvertrauen aufbauen und sich ganz bewusst darum bemühen, negative Gefühle aufzulösen und Ihre Einstellung zu verbessern. Eine der wirkungsvollsten Methoden, dies zu erreichen, besteht darin, herauszufinden, worin Sie wirklich gut sind. Das könnte alles Mögliche sein: Sport, Musik, Schreiben oder Nähen, der Umgang mit Computern, Malen, das Lösen von

Kreuzworträtseln, Kochen oder Tanzen. Was es auch ist, arbeiten Sie daran, bis Sie so gefragt sind, dass andere Leute zu Ihnen kommen, um sich von Ihnen auf Grund Ihrer besonderen Fähigkeit helfen, beraten oder unterrichten zu lassen – so wie es die Leute früher machten, indem sie zum Dorfschreiber gingen, wenn sie einen Brief schreiben mussten.

Das bringt Ihnen den Respekt anderer Menschen ein und, was noch wichtiger ist: Sie fangen an, sich selbst zu respektieren. Nutzen Sie dann die PSI-Kraft, um mit anderen so zu kommunizieren, wie ich es Ihnen in diesem Buch aufgezeigt habe. Sind wir einmal ehrlich: Was bewundern die meisten Leute so sehr an Ärzten oder Zahnärzten? Das Wissen! Diese Leute verfügen über ein spezielles Wissen und spezielle Fähigkeiten, die ihnen in der Gesellschaft einen besonderen Status verleihen, da ihr Beruf als lebenswichtig angesehen wird. Doch vielleicht ist Ihnen bisher entgangen, dass viele Ärzte und Zahnärzte ganz bodenständige Leute sind, die die Fähigkeiten anderer Menschen nicht geringer schätzen als ihre eigenen. Zu meinem Freundeskreis gehören viele Ärzte, die einem Mechaniker, der ihr Auto repariert, genauso viel Respekt entgegenbringen, wie dieser ihnen, wenn sie sein gebrochenes Bein zusammenflicken. Welchem Beruf Sie auch nachgehen oder welcher Berufung Sie in diesem Leben folgen, schätzen Sie Ihren eigenen Wert nicht gering, sondern konzentrieren Sie sich darauf, Ihre Fähigkeiten zu vervollkommnen.

Auch wenn Sie von Natur aus ein Mensch sind, der eine positive Lebenseinstellung hat und positiv denkt (was ich beispielsweise auch von mir selbst behaupten würde), müssen Sie dennoch lernen, Ihre positiven Energien zu bündeln, damit etwas geschieht. Als ich im Sechs-Tage-Krieg verwundet wurde, sagten mir die Ärzte, dass ich im Verlauf des Heilungsprozesses und der Physiotherapie furchtbare Schmerzen im Arm haben würde. Obwohl ich den verletzten Arm nicht mehr als zehn Grad strecken konnte, bestand ich darauf, Basketball zu spielen und ein normales Leben zu führen. Ich weigerte mich, dem Schmerz Bedeutung beizumessen und konzentrierte mich stattdessen darauf, ihn mental zu lindern. Negative Gedanken wollten mich zum Selbstmitleid verführen und drängten mich, im Krankenhaus zu bleiben. Doch meine positiven Gedanken sagten mir, dass ich den Schmerz vergessen und ein normales Leben führen würde. Innerhalb sehr kurzer Zeit begann ich, den Arm wieder zu benutzen, und nach acht Monaten konnte ich ihn ohne Schmerzen wieder fast ganz ausstrecken. Dasselbe mache ich, wenn ich Kopfschmerzen oder andere Alltagsbeschwerden habe, von denen wir alle hin und wieder heimgesucht werden. Doch dazu später mehr. Positives Denken verhalf mir zu einer Beförderung vom »Laufburschen« zum Juniormanager einer Exportfirma, für die ich in Israel arbeitete. Ich war damals jung und selbstbewusst und glaubte, die Welt läge mir zu Füßen, doch nachdem ich die Arbeit aufgenommen hatte, fühlte ich mich ziemlich unbedeutend und büßte einen großen Teil meines Selbstvertrauens ein. Das Gefühl meiner eigenen Wichtigkeit schwand, als ich, statt an einem schicken Schreibtisch zu sitzen, wie ich es mir vorgestellt hatte, zum Laufburschen gemacht wurde, der Besorgungen für andere zu erledigen hatte. Das war der Punkt, an dem meine PSI-Kraft ins Spiel kam. Ich erlaubte mir nicht, mich weiterhin minderwertig zu fühlen oder so behandelt zu werden, und tat Folgendes: Immer wenn der Chef im Raum war, schaute ich ihn konzentriert an, wenn er nicht gerade zu mir herüberblickte, und sandte ihm folgende mentale Botschaft: »Sie müssen Uri behalten und ihn befördern. Machen Sie ihn zum Juniormanager. Geben Sie ihm eine bessere Position. Er ist jeden Cent wert, den er verdient.« Nach nur kurzer

Zeit rief er mich in sein Büro und sagte:»Uri, ich habe eine Überraschung für dich. Ich werde dir mehr Verantwortung übertragen und dein Gehalt erhöhen. Du wirst Juniormanager!« Nun, für ihn war es vielleicht eine Überraschung, doch für mich nicht. Ich hatte mir ja selbst gesagt, dass ich diese Beförderung durch meine positive PSI-Energie bekommen würde.

Ich glaube auch, dass es mein positives Denken war, das mich auf dem höchsten Berg Japans auf der Insel Honshu vor dem Erfrieren bewahrte. Der Fuji ist ein wunderschöner erloschener Vulkan von über 4000 Metern Höhe. Ich lebte damals in einer Hütte am Fuße dieses Berges in Zentraljapan und eines Nachmittags verspürte ich den unwiderstehlichen Drang, auf seinen Gipfel zu joggen. Da ich körperlich sehr fit war, betrachtete ich es nicht als Problem, an einem Tag 15 bis 25 Kilometer zu laufen. Doch Berge können sehr kalt sein und etwa zwei Kilometer unterhalb des Gipfels bekam ich die Auswirkungen einer Unterkühlung zu spüren. Ich trug nur ein Achselhemd und Shorts und begann ziemlich stark zu zittern.

Ich fing an, mir Sorgen zu machen. Wenn ich meinen Weg zum Gipfel fortsetzte, würde sich mein Zustand verschlechtern, und durch die sehr niedrigen Temperaturen am Spätnachmittag ließen meine Kräfte bereits rapide nach. Meine Frau Hanna wusste nicht, wo ich war, denn normalerweise joggte ich um den Yamanakako-See herum – und nun war es zu spät zum Umkehren.

Ich wusste jedoch, dass es in der Nähe des Gipfels einen Parkplatz und ein Restaurant gab und dass bald Autos den Berg hinunterkommen mussten. Ich dachte mir also, dass ich per Anhalter fahren könnte und schaffte es bis zur Autostraße. Doch trotz meines erbarmungswürdigen Aussehens hielt niemand an. Japaner halten nicht gerne an, um Anhalter mitzunehmen, also musste ich irgendeine andere Lösung für mein Problem finden. Ich musste hinunter ins Tal kommen und würde nicht aufgeben, jemanden zum Anhalten zu bewegen. Irgendjemand musste mich mitnehmen! Positives Denken – das war es, was hier gebraucht wurde. Ich musste mit Hilfe von PSI-Energie und positivem Denken ein Auto anhalten. Ich stellte mir also vor, dass das nächste Auto, das um die Kurve bog, mein Taxi wäre, und »befahl ihm« voller Zuversicht, anzuhalten. »Halt an, halt an, halt an«, wiederholte ich im Geiste. Aber nichts geschah. Wenn ich doch nur Japanisch könnte! Dann begann ich folgende Szene zu visualisieren: Ich sah mich mitten auf der Straße stehen und ein rotes Auto vor mir anhalten. Das Auto musste einfach anhalten und man lud mich ein, einzusteigen. Ich stellte mir vor, dass ein junges Paar in den Zwanzigern in diesem Auto sitzen würde. Und dann passierte es! Innerhalb von fünf Minuten hielt ein roter Wagen mit quietschenden Reifen mitten auf der Straße an. Ich stand am Straßenrand, doch das Auto hatte angehalten, als hätte es wegen eines Hindernisses stoppen müssen. Ich lief hinüber zum Auto und zwei junge Leute schauten mich überrascht an. Gestikulierend gab ich ihnen zu verstehen, dass ich mit ihnen hinunter ins Tal fahren wollte. Als ich ihnen sagte, wer ich war, waren sie ganz aus dem Häuschen, denn sie hatten mich im japanischen Fernsehen gesehen. Mein positives Denken hatte ihr Auto angehalten und mich vor dem Erfrieren gerettet.

Mit derselben mentalen Energie hatte ich schon einige Zeit zuvor einen Fahrstuhl im Big Ben in London und einen Sessellift in Deutschland angehalten.

Positive Energie zum Fließen bringen

Sie müssen lernen, Ihre Probleme durch mentale Kontrolle auseinander zu halten und in verschiedenen »Fächern« in Ihrem Bewusstsein abzulegen. Andernfalls überlagern und blockieren sie andere und wichtigere Dinge und hindern Sie daran, Ihr Potenzial optimal zu entfalten. Wenn Sie von einem Problem niedergedrückt werden, könnte Ihre Urteilsfähigkeit in Bezug auf wichtige Angelegenheiten getrübt sein. Sie müssen also lernen, Ihre Probleme aus der Distanz zu betrachten. Behandeln Sie sie so, als wären es nicht Ihre eigenen, sondern die eines anderen Menschen. Das Geheimnis besteht darin, nagende Ängste und Sorgen auszublenden und zu blockieren und sich auf wichtigere Dinge zu konzentrieren. Das kann man auf verschiedenen Wegen erreichen und Sie können den, der für Sie am besten funktioniert, durch Versuch und Irrtum herausfinden. Ich schlage vor, dass Sie sich innerlich zunächst ganz leer machen, die Augen schließen und meditieren. Das können Sie überall tun, zum Beispiel an Ihrem Schreibtisch im Büro, überall, wo Sie ein paar Minuten ungestört für sich sein können. Dann können Sie sich ein paar Ablagekästen mit den Aufschriften »Eingang«, »Ausgang«, »Laufendes« oder kleine Schachteln vorstellen. Legen Sie Ihre Arbeit in eine Schachtel, Ihre Freizeit in eine andere, persönliche Beziehungen wieder in eine andere und Ihre negativen Gedanken in die letzte. Sagen Sie sich:»Ich werde diese Schachtel jetzt schließen und mich auf eine andere konzentrieren.« Wenden Sie sich nun der Aktivität zu, auf die Sie sich konzentrieren wollen. Sie können im Geiste so viele Schachteln anlegen, wie Sie brauchen. Falls Sie eine Schachtel für schwierige Entscheidungen brauchen, können Sie eine visualisieren und dann den Deckel zuknallen, bis Sie sich wieder mit dem Problem beschäftigen wollen.

Wenn Sie das gelernt haben, sagen Sie sich, dass Sie nicht zulassen werden, dass Ihnen die »Problemschachtel« in die Quere kommt, dass Sie zu viele wichtige Entscheidungen zu treffen haben und sich um andere positive Dinge kümmern müssen. Es kann sein, dass Sie diese Schachtel nie wieder öffnen müssen. Viele Probleme erledigen sich mit der Zeit von selbst oder indem man darüber »schläft« (weil das Unbewusste die Kontrolle übernimmt und das Problem löst), ohne dass man seine bewussten Energien dafür verschwendet. Lassen Sie niemals zu, dass Probleme Sie nachts wach halten. Die meisten Schwierigkeiten, über die Sie nachdenken, stellen sich in Wirklichkeit nie ein. Überqueren Sie die Brücke dann, wenn sie direkt vor Ihnen liegt. Wenn Sie schläfrig oder müde sind, ist das der denkbar schlechteste Zeitpunkt, um ein Problem zu lösen. Sie müssen lernen, die Tür vor diesen zerstörerischen Einflüssen zu schließen, sonst haben Sie am nächsten Tag auf Grund Ihres Schlafmangels noch viel weniger Kraft, um mit den Dingen fertig zu werden.

Wenn ich einmal Schlafstörungen habe, mache ich Folgendes: Wenn ich mich ins Bett lege, stelle ich mir einen großen »Hauptschalter« vor, gehe im Geiste zu ihm hinüber und schalte ihn aus. Damit werden gleichzeitig alle meine Probleme ausgeschaltet und ich habe einen erholsamen Schlaf. Falls das Problem nicht unmittelbar verschwinden kann, wie beispielsweise eine Krankheit, schlage ich vor, dass Sie die Situation ein bisschen relativieren, indem Sie sich mit Menschen vergleichen, denen es wesentlich schlechter geht als Ihnen. Versuchen Sie stets, die positive Seite der Dinge zu sehen. Einer meiner Freunde verzweifelte fast, nachdem er bei einem Showspringen mit dem Fallschirm auf einen Baum geschleudert worden war. Er hatte unzählige Knochenbrüche und die Ärzte sagten ihm, dass die Heilung sehr langwierig sein würde. Ich machte ihm Mut, indem ich ihm erklärte, dass er sich glücklich schätzen könne, denn er würde wieder ganz gesund werden. Das ist die positive Seite. Der Unfall war so schwer gewesen, dass er für den Rest seines Lebens hätte gelähmt bleiben oder sich im schlimmsten Fall das Genick hätte brechen und tot sein können.

Immer wenn Sie mit Ihrer PSI-Energie eine maximale Wirkung erzielen wollen, müssen Sie versuchen, Ihren Körper vollkommen zu entspannen. Betrachten Sie das als kurze Phase des Batterieaufladens, bevor die positive Energie wieder zu fließen beginnt. Ich werde im Kapitel »Gesundheit und Glück durch PSI-Kraft« noch näher auf dieses Thema eingehen, doch es ist wichtig, an dieser Stelle zu erwähnen, dass Sie Ihre PSI-Energie umso besser zur Lösung auftauchender Problemen einsetzen können, je gesünder und fitter Sie sind. Ich habe festgestellt, dass man sogar in einem überfüllten Londoner Vorortzug oder in der New Yorker U-Bahn meditieren kann. Denken Sie also nicht, Sie müssten erst warten, bis Sie zu Hause in Ihrem Zimmer angekommen sind, bevor Sie mit diesem wichtigen Prozess beginnen können.

Sorgen

Wir alle haben ein paar Probleme, die nie gelöst werden können oder mit der Zeit einfach von allein verschwinden, und dennoch drücken wir immer wieder unsere Besorgnis darüber aus. Warum? Weil wir alle mehr oder weniger unsicher sind und Bestätigung und Trost brauchen. Ich rate Ihnen nicht, sich ausschließlich auf sich selbst zu verlassen, doch ich empfehle Ihnen auf jeden Fall, zu versuchen, selbst mit diesen Sorgen fertig zu werden. Natürlich können Sie sich Hilfe holen, aber reden Sie nicht endlos über Ihre Sorgen, nur um darüber zu reden. Das ist negativ. Es mag zynisch klingen, doch wozu sich sorgen, wenn es ohnehin keinen Unterschied macht? Es wird so viel Energie und Zeit für unnötige Sorgen verschwendet. Sorgen können wie eine Krankheit sein und Ihr Körper muss gegen diese Krankheit ankämpfen. PSI kann Ihnen helfen, Ihre Probleme mit positiver Energie zu lösen. Auch wenn es Ihnen gelingt, ein Problem oder eine Sorge auszublenden, müssen Sie sich vielleicht dennoch früher oder später damit auseinander setzen. Laufen Sie nicht vor Problemen davon. Sezieren und analysieren Sie sie auf eine positive Weise. Identifizieren Sie die wichtigsten Aspekte des Problems. Überlegen Sie, was Sie tatsächlich erreichen wollen, um das Problem zu überwinden. Denken Sie gründlich über verschiedene Lösungsmöglichkeiten nach. Schreiben Sie sie auf. Scheuen Sie sich nie, Experten oder professionelle Helfer um Rat zu bitten. Wenn Sie ein Geldproblem haben, werden Sie feststellen, dass Banker viel entgegenkommender sind, wenn Sie mit ihnen sprechen, anstatt ihre Briefe zu ignorieren, in der Hoffnung, dass sich die Sache von selbst erledigt. Nehmen Sie persönlichen Kontakt mit ihnen auf, kommunizieren Sie mit ihnen und sorgen Sie dafür, dass sie einen guten Eindruck von Ihnen bekommen. Diese Leute interessiert wirklich nur, ob Sie ein zuverlässiger Mensch sind, der seine Schulden bezahlen wird. Sagen Sie ihnen, was sie hören wollen, und halten Sie sich dann an Ihre Zusagen.

Zwischenmenschliche Beziehungen können eine Quelle ständiger Sorgen, Ärgernisse und negativer Gefühle sein, doch vieles davon ist auf mangelndes Selbstwertgefühl oder geringe Selbstachtung zurückzuführen. Machen Sie sich nicht zum Sklaven der Gefühle eines anderen Menschen. Entwickeln Sie mentale Stärke und machen Sie sich keine Sorgen über vorübergehende Einbrüche. Viele Menschen spielen psychische Machtspiele mit anderen. Sie müssen lernen, die Anzeichen solcher Spiele zu erkennen. Hören Sie genau hin. Wenn absichtlich die Unwahrheit gesagt wird, dient das vielleicht dem Zweck, Sie durcheinander zu bringen und verletzbar zu machen. Fallen Sie nicht darauf herein. Machen Sie sich mit Hilfe Ihrer PSI-Energie immun gegen verletzende Andeutungen und bösartigen Tratsch. Die Menschen werden Sie so nehmen, wie Sie sind, und sich nicht darum kümmern, was irgendjemand über Sie gesagt hat.

Sehr erfolgreiche Menschen kümmert es in der Regel überhaupt nicht, was hinter ihrem Rücken über sie gesagt wird. Ihre Selbstachtung und ihre Position sind so hoch und stabil, dass sie sich von negativem Gerede nicht aus der Ruhe bringen lassen. Es ist ein Zeichen von Unsicherheit, wenn man sich von kleinlichen Eifersüchteleien und Tratschereien so beeinflussen lässt, dass sie negative Gefühle hervorrufen. Die Menschen, auf die es in Ihrem Leben ankommt und die Sie lieben und achten, lassen sich normalerweise nicht so leicht beeinflussen. Sagen Sie sich, dass Sie sich keine Sorgen machen müssen. Sagen Sie sich, dass negative Gefühle und Kommentare Ihnen nichts anhaben können, und vergessen Sie, dass sie überhaupt existieren. Sie werden überrascht feststellen, wie schnell sie sich in Luft auflösen. Die meisten Sorgen, die Ihnen nachts den Schlaf rauben, werden sich in Wirklichkeit nie materialisieren. Sie steigern sich einfach nur hinein. Vermeiden Sie es unbedingt, sich Probleme vorzustellen oder in Gedanken auszumalen! Falls Ihnen ein Problem in den Sinn kommt, setzen Sie sich kurz, entschieden und zuversichtlich damit auseinander – und dann lassen Sie es innerlich wieder los.

Betrachten Sie Ihre Misserfolge und Schicksalsschläge rational

Ich glaube nicht, dass es auf dieser Erde einen Menschen gibt, der noch nie mit einem Misserfolg oder einem Schicksalsschlag fertig werden musste. Lernen Sie, ein derartiges Ereignis nicht als persönlichen Verlust zu sehen, sondern als wichtige Lernerfahrung für die Zukunft, die auch Gutes zur Folge haben kann. Dies möchte ich Ihnen mit einem besonders eindrucksvollen Beispiel deutlich machen:

Die Fernsehmoderatorin, Schauspielerin und Produzentin Oprah Winfrey wurde im Jahre 1954 in Mississippi geboren. Nach einer schwierigen Kindheit und Jugend in einer kleinen ländlichen Gemeinde, in der sie sexuell missbraucht wurde, zog sie nach Nashville. Sie schrieb sich im Jahre 1971 in der Tennessee State University ein und begann, für einen Radio- und Fernsehsender in Nashville zu arbeiten. Im Jahre 1976 moderierte Winfrey die Talkshow »We are Talking«, in der sie mich interviewte. Die Show wurde ein Renner und Winfrey moderierte sie acht Jahre lang, bis sie von einem Fernsehsender in Chicago das Angebot bekam, ihre eigene Morgenshow »A.M. Chicago« zu moderieren. Innerhalb von wenigen Monaten hatte Winfrey durch ihre offene, warmherzige und persönliche Art eine riesige Fangemeinde gewonnen. Ihre Show stieg in den Bewertungen vom letzten auf den ersten Platz auf. Ihr Erfolg machte sie im ganzen Land berühmt und brachte ihr im Jahre 1985 eine Rolle in Steven Spielbergs Film »Die Farbe Lila« ein, für die sie für einen Akademiepreis als beste Nebendarstellerin nominiert wurde.

Im Jahre 1986 startete Winfrey die »Oprah Winfrey Show«. Mit der Ausstrahlung auf 120 Kanälen und einem Publikum von zehn Millionen Menschen machte die Show einen Umsatz von

125 Millionen Dollar, von denen Oprah 30 Millionen erhielt. Für ihre häufigen Versuche, abzunehmen, wurde sie fast ebenso berühmt wie für ihre Talkshow. Sie nahm ungefähr 90 Pfund ab und trat beim Marine Corps Marathon in Washington, D. C. an. »Oprahs Buch-Club« wurde Teil ihrer Talkshow und dieses Programm katapultierte viele unbekannte Autoren an die Spitze der Bestsellerlisten. Heute steht Oprah an vorderster Front der Medienindustrie und ist eine der mächtigsten und wohlhabendsten Personen im Show-Business. Winfrey setzt sich leidenschaftlich und aktiv für die Rechte von Kindern ein. Im Jahre 1994 wurde durch die Unterschrift Präsident Clintons zum Gesetz, was Winfrey als Gesetzesvorschlag in den Kongress eingebracht hatte: der Aufbau einer landesweiten Datenbank, in der alle einschlägig vorbestraften Kinderschänder erfasst werden. Sie gründete die Stiftung *Family for Better Lives* und spendete auch großzügig an ihre Alma Mater, die Tennessee State University. Sie ging ihren Weg, weil sie an sich glaubte.

Der Autor Frederick Forsyth war einst ein ziemlich armer freiberuflicher Reporter. Niemand interessierte sich wirklich für seine emotionale Darstellung der Biafra-Tragödie im Rahmen seiner Berichterstattung über den nigerianischen Bürgerkrieg. Er kehrte nach Großbritannien zurück und schrieb eine Reihe von Romanen, einschließlich »Der Schakal«, der zum Bestseller wurde und ihn zum Multimillionär machte.

Dave Pelzer ist der berühmte Autor des schockierenden Buches »Sie nannten mich ›Es‹«. Darin beschreibt er einen der schlimmsten Fälle von Kindesmissbrauch in der Geschichte Kaliforniens. Man kann dieses Buch kaum lesen, ohne es immer wieder beiseite zu legen, weil die private Hölle, die er als Kind durchlebte, so abscheulich und widerlich ist. Das Einzige, was den Leser bis zum Ende durchhalten lässt, ist das Wissen darum, dass dieses bewundernswerte menschliche Wesen überlebte. Diese Geschichte zeigt, wie viel der menschliche Geist ertragen kann ohne zu zerbrechen. Dave Pelzer weigerte sich, sich zerstören zu lassen, und nutzte seine PSI-Kraft, um am Leben zu bleiben und sein Elend letztendlich zu überwinden. Pelzer ist ein bewundernswerter Mensch – nicht nur weil er eine entsetzliche Kindheit überlebte und als Erwachsener viele Erfolge errang, sondern auch weil er denen, die ihn verletzt haben, so viel Vergebung und Liebe entgegenbringt. Dave Pelzer ist heute ein hingebungsvoller Familienvater und zeigt der Welt, dass der Teufelskreis des Missbrauchs durchbrochen werden kann. Er diente seinem Land während der »Operation Wüstensturm« und erhielt Auszeichnungen von den Präsidenten Ronald Reagan, George H. W. Bush Senior und Bill Clinton für seine Arbeit als Motivationstrainer. Außerdem wurde er 1990 in Kalifornien zum »Freiwilligen des Jahres« ernannt, 1993 zu einem der »Zehn hervorragendsten jungen Amerikaner« und 1994 zu einem der »hervorragendsten jungen Menschen der Welt«.

Ein Opfer der Umstände

Jeder von uns ist bis zu einem gewissen Grad ein Opfer seiner Umstände. Unser Weltbild und unsere Handlungen sind das Produkt unserer Erfahrungen sowie der Einflüsse, denen wir beim Heranwachsen ausgesetzt waren. PSI-Entwicklung kann Ihnen helfen, sich bewusst zu machen, auf welche Weise Sie von diesen Umständen geprägt wurden. Wenn Sie erst einmal die Ursachen verstanden haben, kann Ihnen positives Denken entweder helfen, aus Ihrem alten, konditionierten Selbst herauszuwachsen oder den Status Quo aufrechtzuerhalten, falls Sie mit sich selbst und Ihrem Leben glücklich und zufrieden sind. Sind Sie jedoch unglücklich und wissen nicht, wie Sie sich aus Ihrer Situation befreien können, besteht die Gefahr, dass Sie zum Sklaven jener Umstände werden, durch die Sie negativ beeinflusst wurden. Betrachten wir beispielsweise die Rolle einer Hausfrau. Ich finde, dass es eine sehr wichtige Rolle ist, da die matriarchalische Gestalt traditionell eine sehr starke Person ist, die die Familie zusammenhält und den Haushalt versorgt. Auf Grund des gesellschaftlichen Drucks fühlen sich viele Mütter von dieser traditionellen Rolle bedroht, auf die sie in der Vergangenheit stolz waren und die mit viel Selbstachtung verbunden war. In unserer modernen Welt hat sich die Einstellung der Frauen beträchtlich gewandelt und viele Mütter sind der Ansicht, dass eine Karriere genauso wichtig, wenn nicht noch wichtiger ist, als die traditionelle Rolle der Hausfrau und Mutter. Tatsächlich haben manche Mütter, die noch in der traditionellen Rolle aufgehen, das Gefühl, dass ihre Selbstachtung in Gefahr ist, wenn sie keinen Beruf außerhalb des Hauses ausüben. Es geht mir in diesem Buch nicht darum, die Verdienste der einen Seite gegen die der anderen aufzurechnen. Vielmehr möchte ich sowohl berufstätige als auch traditionell lebende Frauen darin bestärken, dass die Entscheidung, die sie für sich getroffen haben und mit der sie glücklich sind, die richtige ist. Wenn Sie mit Ihrer Wahl zufrieden sind, sollten Sie sich nicht von jenen verunsichern lassen, die Ihre Entscheidung kritisieren. Sie müssen das tun, was Sie selbst wollen, und dürfen nicht Ihre Selbstachtung verlieren, weil andere das Gegenteil machen. Wenn Sie zu Hause bei den Kindern bleiben, heißt das nicht, dass Sie keine anderen Interessen mehr haben oder Ihre Fähigkeiten nicht mehr einsetzen können. Sie stehen Ihnen zu Hause genauso zur Verfügung wie im Büro. In vieler Hinsicht ist ein solcher Lebensstil sogar interessanter, als in einem langweiligen Bürojob zu »versauern«. Andererseits kann aber auch eine Frau, die sich für eine berufliche Karriere entscheidet, ihren Kindern und Angehörigen all die Liebe geben, die sie brauchen.

Das Wesentliche hierbei ist das ständige Bewusstsein, dass Sie sich innerlich gegen die unnötigen und bösartigen Kommentare wappnen müssen, die Sie unweigerlich zu hören bekommen. Seien Sie stolz auf Ihre Rolle. Seien Sie selbstbewusst und glücklich mit Ihrer Lebensform. Sagen Sie sich, dass das, was Sie tun, genau das Richtige für Sie ist und dass niemand diesen Standpunkt erschüttern kann. Seien Sie positiv, begeistert und motiviert. Wenn Sie mit Ihrem Los glücklich sind, kann Ihnen niemand dieses Glück nehmen.

Manche Leute neigen dazu, aufzugeben und ihre Rolle als Opfer zu akzeptieren. Man hört von ihnen oft Sätze wie: »Immer soll ich an allem Schuld sein« oder »Ich suche mir immer den falschen Partner aus« oder »Das kann nur mir passieren«. Warum machen manche Leute immer und immer wieder den gleichen Fehler? Das liegt hauptsächlich daran, dass sie sich nicht genügend Zeit genommen haben, über die Hintergründe ihrer Misserfolge nachzudenken und sie in Erfolge zu verwandeln. PSI-Meditation und positives Denken könnte das ändern. Wenden Sie die Kommunikationstechniken an, die Sie gelernt haben, um die Person, mit der Sie sich eine Beziehung wünschen, zu durchleuchten. Denken Sie über Ihre Erfahrungen nach und senden Sie der betreffenden Person gute Schwingungen.

Ich kann nicht oft genug wiederholen, dass Sie sich ungeachtet Ihrer Herkunft niemals minderwertig im Vergleich mit anderen Menschen fühlen sollten, denn das bringt Sie dazu, bestimmte Situationen zu akzeptieren, die mit positiver PSI-Energie vermieden oder überwunden werden könnten. Ihre positive PSI-Energie wird Ihnen bewusst machen, dass Sie genauso gut wie der andere sind, ganz gleich, ob er Sie einstellt oder unterrichtet. Ich werde nie folgende Geschichte vergessen, die mir ein amerikanischer Freund über seine Cousine erzählte, eine hübsche junge Frau aus Philadelphia, die während des Zweiten Weltkriegs einen englischen Fabrikarbeiter heiratete. Es ist ein perfektes Beispiel für negative Akzeptanz, obwohl ich gleich hinzufügen muss, dass die Geschichte dennoch ein glückliches Ende nahm.

Der Engländer war zum Dienst in der Royal Navy eingezogen worden und sein Schiff hatte Kurs auf die amerikanische Ostküste genommen, wo er das junge Mädchen kennen lernte. Sie verliebten sich und heirateten, bevor sein Schiff zurück nach England fuhr. Nach dem Krieg ließ die britische Regierung seine Frau nach Wigan in Lancashire einfliegen, wo die beiden ein glückliches Eheleben begannen und zwei Kinder bekamen. Vor dem Krieg hatten einige Fabriken in Lancashire viele Männer entlassen und diesem Arbeiter ging es nicht besser als den anderen. Seine Arbeitssituation war sehr unsicher. Auch nach dem Krieg verbesserte sich die Lage nicht, doch das junge Paar war dennoch sehr glücklich. Wie alle jungen Mütter wünschte sich auch seine Frau sehnlichst, ihrer eigenen Mutter ihre Kinder zu zeigen. Die Mutter schickte ihr zu diesem Zweck ein Flugticket aus Philadelphia und die junge Frau flog nach Amerika. Doch sie konnte nicht zu ihrem Ehemann zurückkehren, weil sie sich den Rückflug nicht leisten konnte, denn ihr Mann war wieder arbeitslos geworden. Traurig fügte sich das junge Paar in sein Schicksal und obwohl sie sich liebten, vereinbarten sie, sich scheiden zu lassen, weil sie nicht mehr zusammenkommen konnten. Beide heirateten später erneut und beide bekamen je zwei Kinder mit ihrem neuen Ehepartner. Die Frau hielt den Kontakt zu ihrem ersten Ehemann aufrecht, indem sie ihm jedes Jahr eine Weihnachtskarte schickte. Dreißig Jahre später schrieb sie ihm, ihr Mann sei gestorben und habe sie als wohlhabende Witwe zurückgelassen. Ein seltsamer Zufall wollte es, dass auch seine zweite Frau gerade verstorben war, und so schlug sie ihm ein Treffen vor. Dieses Mal bezahlte sie den Flug aus eigener Tasche und sie heirateten ein zweites Mal! Obwohl dies eine sehr rührende und zugleich wahre Geschichte ist, hätte ich es in dieser Situation nie akzeptieren können, für immer von meinem geliebten Ehepartner getrennt zu sein. Ich wäre lieber nach Amerika geschwommen, als mich in mein Schicksal zu »fügen«. Auf ihre eigene Art gingen diese beiden Menschen zwar positiv mit ihrer Zukunft um, doch sie waren sich ihrer Position im Leben nicht sicher genug. Was hätten Sie in dieser Situation getan? Auf welche Weise hätten Sie PSI-Energie eingesetzt, um wieder zusammenzukommen?

Ihr physisches Selbst

Es wird so viel Wert auf die äußere Erscheinung gelegt, dass es fast schon normal ist, sich als Mensch zweiter Klasse zu fühlen, wenn man nicht wie Miss World aussieht oder eine Statur wie Tarzan hat. Doch schauen Sie sich nur einmal an, auf welche Weise Menschen, die positiv eingestellt waren, ihre Unzulänglichkeiten kompensiert haben. Es gibt eine Menge bissiger Kommentare über kleine Männer, aber denken Sie daran, wie viele von ihnen trotzdem großen Erfolg hatten. Haben sie sich mehr angestrengt, um etwas zu überwinden, das sie als persönliches »Versagen« empfanden? Hätte es irgendjemand gewagt, auf Napoleon oder Charlie Chaplin oder Aristoteles Onassis herabzusehen?
Der entthronte Schah von Persien, der ebenfalls nicht sehr groß war, verfügte über eine höchst effektive Methode, um andere

dazu zu bringen, seine »Größe« zu respektieren. Immer wenn die Zeitungen des Landes Fotos von ihm und ausländischen Staatsgästen, beispielsweise der Königin von England, druckten, wurde er so abgebildet, als sei er größer als die anderen. Einmal fragte ich einen seiner Minister, wie das zustande käme, und war ziemlich erstaunt über folgende Erklärung: »Ah«, sagte der Vertraute des Herrschers, »der Schah lädt die Herausgeber der Zeitungen zu ein paar Tagen ›Schutzhaft und Unterweisung‹ ein, wenn sie den Fehler machen, ihn auf den offiziellen Fotos kleiner abzubilden.«

Wenn Sie etwas erreicht haben, wird man sich nicht unbedingt wegen Ihrer äußeren Hülle an Sie erinnern, sondern auf Grund dessen, was Sie repräsentieren. Ihre physische Erscheinung ist dann nur noch ein visueller Identifikationsfaktor und Sie werden wegen Ihres inneren Wesens anerkannt. Jeder von uns hat die Möglichkeit, sein inneres Selbst schön, attraktiv und interessant erscheinen zu lassen. Sie können klein, kahlköpfig, dick oder unattraktiv sein – was zählt, sind Ihr Charme und Ihr Charisma. Es ist Ihre innere Präsenz, die Sie in den Augen der anderen schön macht.

Bedauern

Verschwenden Sie Ihre Zeit nicht damit, Vergangenes zu bedauern. Ziehen Sie Nutzen aus Ihren Fehlern. Machen Sie es wie mit Ihren Misserfolgen – betrachten Sie sie als Teil eines Lernprozesses und gehen Sie weiter. Es ist absolut sinnlos, sich mit negativen Gedanken im Kreis zu drehen und sich vorzustellen, was gewesen wäre, wenn Sie dies oder jenes getan oder unterlassen hätten. Schließen Sie die Augen und entspannen Sie sich. Sagen Sie sich, dass das, was geschehen ist, vorbei ist. Lassen Sie es in Gedanken hinter sich. Schließen Sie den Deckel über Ihrem Bedauern. Sagen Sie sich, dass alles, was geschah, sowieso geschehen wäre und dass Sie das Unvermeidliche nicht hätten vermeiden können. Sie haben zumindest die Chance, jetzt noch einmal neu anzufangen. Denken Sie an heute, nicht an gestern.

Das Gebet kann hier eine sehr wertvolle Unterstützung bieten, indem es Ihnen hilft, negative Gedanken zurückzudrängen und das Gefühl des Unglücklichseins aufzulösen. Sie können es als eine Form der Meditation betrachten, einen PSI-Prozess, der negative Gedanken vertreibt und Ihnen hilft, mit dem, was geschehen ist, abzuschließen und Ihre Batterien für die Gegenwart neu aufzuladen. Menschen, die einen starken Glauben haben, besitzen eine besonders positive Ausrichtung, die in schwierigen Lebensphasen sehr unterstützend wirken kann.

Eine komplexe Fantasie

Die Leute sagen immer, das Leben sei so komplex, doch was ist mit den Komplexen als solchen? Sie sind rätselhaft. Unsere Comic-Bücher basieren darauf. Nehmen wir beispielsweise »Superman«. Physisch ist er identisch mit dem Reporter Clark Kent. Aber ist Lois in Clark verliebt? Nein. Sie ist verliebt in die Vorstellung von übernatürlicher Kraft. Sie offenbart auch ein sehr mangelhaftes Wissen über PSI-Energie, denn wenn sie richtig kommunizieren würde, wüsste sie schon bald, dass Clark über dieselben Qualitäten verfügt wie »Superman«. Der große Humorist Woody Allen hat im Film bei schönen Mädchen immer Pech. Vielleicht trifft das in gewissem Maße auch im wahren Leben zu, doch weil er so berühmt wurde, indem er seine Komplexe auf die Leinwand brachte, würden inzwischen sicher zahlreiche Frauen nur allzu bereitwillig seine Komplexe mit ihm teilen.

Wenn Sie mit Hilfe von PSI-Energie Ihren Pessimismus in kleinen Dingen überwinden können, werden Sie zukünftig auch mit größeren Enttäuschungen leichter fertig. Wie oft waren Sie schon ein Nervenbündel, weil Sie sich nicht entscheiden konnten, was Sie zu einer Party anziehen sollten? War das die ganze Aufregung wert? Wahrscheinlich kümmerte es sowieso niemanden, was Sie anhatten. Wie oft haben Sie sich schon Sorgen gemacht, dass Sie zu spät zu einer Einladung oder Verabredung kommen würden, nur um dann festzustellen, dass die Gastgeberin noch nicht fertig war oder die Person, mit der Sie verabredet waren, selbst zu spät kam? Ich will damit nicht sagen, dass es gut ist, sich zu verspäten, aber wenn es nun einmal passiert ist, können Sie herzlich wenig daran ändern – wozu sich also Sorgen darüber machen? Machen Sie mit positiven Gedanken das Beste daraus. Lassen Sie sich eine gute Ausrede einfallen, anstatt sich Sorgen zu machen. Ein positiver Mensch ist jemand, der in den Graben fällt, aber immer »nach Rosen duftend« wieder heraussteigt.

Setzen Sie sich von nun an dafür ein, dass Sie nicht immer der Letzte sind, der in einem Laden bedient wird. Sorgen Sie mit PSI-Energie dafür, dass man Ihre Anwesenheit wahrnimmt. Scheuen Sie sich nicht, sich im Restaurant über das Essen zu beschweren, wenn es nicht gut ist. Tun Sie es höflich, aber kommunizieren Sie effektiv. Fragen Sie nicht unterwürfig, ob Sie in einen Raum eintreten dürfen. Tun Sie es erhobenen Hauptes. Machen Sie sich nicht klein. Hören Sie auf, ein Verlierer und ein Opfer zu sein. Sie sind genauso wichtig wie jeder andere. Denken Sie positiv. Denken Sie mit PSI! Wenn Ihnen jemand die Tür vor der Nase zuschlägt, dann gehen Sie einfach durch sie hindurch.

Liebe und PSI-Energie

Eine der großen Stärken der PSI-Kraft ist das dauerhafte Band, das sie zwischen Blutsverwandten, engen Freunden und Liebenden knüpfen kann. Dieses Band ist ein Element der nonverbalen Kommunikation zwischen Mann und Frau, Eltern und Kindern und verwandten Seelen. Oft überwindet es die Grenzen von Zeit und Raum und bleibt noch über den Tod hinaus bestehen. Die Menschen, die Ihnen nahe stehen und eng mit Ihnen verbunden sind, werden niemals »sterben«. Ihre physische Präsenz mag enden, doch ihr Geist wird immer bei Ihnen bleiben.

Die Beziehungen zu geliebten Menschen gestalten sich nicht immer reibungslos, wie tief die Gefühle füreinander auch sein mögen. Ich bin der festen Überzeugung, dass Freundschaften nie dauerhaft abgebrochen werden sollten. Deshalb ist es wichtig, Meinungsverschiedenheiten zu verstehen und mit Hilfe der PSI-Kraft zu überwinden. Warum sollte unser Leben ein verzweifelter Kampf sein, wenn wir es durch ein wenig Besonnenheit und Bemühen in ein glückliches Dasein verwandeln können? Wenn Sie daran arbeiten, kann Ihr privates Glück ungeahnte Höhen erreichen und die damit verbundene positive Entwicklung wird sich auch auf andere Lebensbereiche ausdehnen.

Die Menschen zu verstehen, die Ihnen am nächsten sind, ist der Schlüssel zu diesem Glück. Doch zunächst müssen Sie mit sich selbst ins Reine kommen. Lernen Sie Ihr wahres Selbst kennen. Was sind Ihre Werte und Glaubensvorstellungen, Ihre Standards und Ziele, Ihre Stärken und Schwächen? Was motiviert Sie, was treibt Sie an? Was für eine Persönlichkeit sind Sie? Ich hoffe, dass Sie allmählich anfangen, mit Hilfe von PSI und den verschiedenen Tests in diesem Buch Ihr wahres Selbst zu erkennen. Wenn Sie sich selbst kennen, können Sie auch leichter beurteilen, warum Ihr Handeln verschiedene Verhaltensmuster bei den Menschen hervorruft, mit denen Sie in Kontakt kommen.

Nun folgt ein weiterer Test, der Ihnen helfen wird, etwas über Ihr wahres Selbst herauszufinden. Es geht dabei um die Frage, ob Sie gerne Ihren Willen durchsetzen.

Wie dominant sind Sie?

Beantworten Sie die Fragen ehrlich mit »Ja«, »Weiß nicht« oder »Nein«:

1. Fühlen Sie sich am wohlsten, wenn Sie anderen sagen können, was sie tun sollen?
2. Finden Sie sich in Gruppen oft in der Führungsposition wieder?
3. Genießen Sie es, Ihren eigenen Standpunkt klarzustellen?
4. Eignen Sie sich gut als Streitschlichter?
5. Geben Sie Freunden und anderen Leuten oft Ratschläge?
6. Gelingt es Ihnen oft, Ihren Partner, Familienmitglieder oder Freunde von Ihrer eigenen Ansicht zu überzeugen?
7. Werden Sie oft um Rat gefragt?
8. Würden Sie in einem Komitee, beispielsweise in der Schule oder einem Verein, gerne die Leitung übernehmen?
9. Stellen Sie manchmal fest, dass Sie einen starken Einfluss auf andere ausüben?
10. Gelingt es Ihnen oft, Ihren Kopf durchzusetzen?

11. Genießen Sie es, andere zu etwas zu überreden?
12. Betrachten Sie es als wichtiges Prinzip, für Ihre Rechte einzustehen?
13. Macht es Ihnen Spaß, Vortragsrednern Fragen zu stellen?
14. Werden Sie von anderen als manipulierender Typ eingeschätzt?
15. Sind Sie schon oft in Schwierigkeiten geraten, weil Sie zu offen gesagt haben, was Sie dachten?

Auswertung:
Geben Sie sich 2 Punkte für jedes »Ja«, 1 Punkt für jedes »Weiß nicht« und 0 Punkte für jedes »Nein«.

Eine Punktzahl von **12 oder mehr** weist darauf hin, dass Sie ein Mensch sind, der grundsätzlich das Bedürfnis hat, andere zu dominieren. Sie sind eine durchsetzungsfähige Persönlichkeit und wollen andere von Ihren persönlichen Standpunkten überzeugen. Sie gehören auch zu den Menschen, die aus einer Auseinandersetzung meistens als Sieger hervorgehen.

Mit einer Punktzahl von **18 oder mehr** sind Sie die geborene Führungspersönlichkeit. Mit Ihrer Energie können Sie es zwar weit bringen, doch Sie müssen aufpassen, dass Sie zu Hause oder bei Freunden nicht zu dominant sind. Wenn Ihr Partner und Ihre Freunde sich nicht damit zufrieden geben, die zweite Geige zu spielen, werden sie Ihr Bestreben, die Nummer eins zu sein, ablehnen.

Ein Ergebnis von **11 Punkten oder weniger** weist darauf hin, dass Sie lieber folgen als führen. In wichtigen Angelegenheiten halten Sie sich mit Ihrem Urteil zunächst gerne zurück, bevor Sie sagen, was Sie denken, doch es könnte durchaus sein, dass man Ihrer Einschätzung die größte Bedeutung beimisst, gerade weil Sie sie nicht aggressiv vorbringen.

In Verbindung mit einigen guten, praktischen Ratschlägen kann PSI Ihnen helfen, ein besserer und aufmerksamerer Liebhaber zu werden, den richtigen Partner zu wählen und bessere Beziehungen aufzubauen. Außerdem kann die PSI-Energie Sie dabei unterstützen, mit Ihren Angehörigen zurechtzukommen und die zahlreichen Fallen emotionaler Verstrickung zu meiden. Dabei werden Sie durch PSI auch mehr über sich selbst und Ihren Partner lernen, was Ihnen im Hinblick auf zukünftige Beziehungen größere Einsicht schenkt.

Liebe ist die mächtigste und positivste Kraft der Welt. Von dem Augenblick an, da ein Baby das Licht der Welt erblickt hat und seine Nabelschnur durchtrennt wurde, erhält es eine frische Injektion jener Leben spendenden Kraft, die wir im Allgemeinen »Mutterliebe« nennen. Ohne sie kann ein Neugeborenes großen Schaden davontragen. Einer der bekanntesten Spezialisten auf dem Gebiet der Säuglingsforschung, Dr. Hugh Jolly, der bis zu seinem Tod im Jahre 1986 die pädiatrische Abteilung im weltberühmten Charing Cross Hospital leitete, erkannte die »unmittelbare telepathische Verbindung« zwischen Mutter und Kind. Dieser Arzt, der sein ganzes Leben damit verbracht hatte, das Verhalten von Müttern und Babys zu studieren, war davon überzeugt, dass in jenem emotionsgeladenen Augenblick der Geburt ein unsichtbares PSI-Band zwischen Mutter und Kind entsteht. Babys, die das Glück hatten, diese Liebe in Verbindung mit vielen Streicheleinheiten und zärtlichen Berührungen zu bekommen, entwickelten sich prächtig – im Gegensatz zu den unglücklichen und bedauernswerten Babys, denen diese Mutterliebe vorenthalten wurde.

Dr. Jolly, der auch der englische »Dr. Spock« genannt wurde, bezeichnete dieses telepathische Band als Geschenk der Natur, das auch beim Heranwachsen des Kindes bestehen bleibt, obwohl es später allmählich durch andere Kommunikationstechniken ersetzt wird, wenn sich die kindliche Intelligenz entwickelt und das Kind lernt, sich verbal und mit Hilfe von Körpersprache auszudrücken. Das Faszinierende dabei ist, dass diese ursprüngliche Form, Liebe zu übermitteln, nie ganz verloren geht. Das Kind wird natürlich aufhören, über die PSI-Verbindung zu kommunizieren, so wie seine Mutter als Kind irgendwann damit aufhörte. Doch wie schnell sich diese Art der Kommunikation wieder einstellte, als sie selbst ein Kind zur Welt brachte! Warum lassen wir diese mächtige Kraft so lange ungenutzt schlummern, wenn wir sie doch nutzen können? Kommunikation ist das wesentliche Element der Liebe. Selbst wenn zwei Menschen nicht miteinander sprechen, kann eine Kommunikation in Form von Körpersprache und physischer Anziehung stattfinden. Je erfolgreicher Sie kommunizieren können, desto erfolgreicher werden Sie in Liebesdingen sein. Zum PSI-Faktor der Liebe gehört es also auch, zu lernen, Signale zu deuten, Menschen zu »entschlüsseln« und »Gefühlsbotschaften« zu verstehen. Wir brauchen keine deutlicheren Beweise für die Macht der Liebe als die, die wir in der Natur beobachten können. Einmal machte ich die traurige Erfahrung, einen Schwan – diesen majestätischen und anmutigen Vogel – an gebrochenem Herzen sterben zu sehen. Er verzehrte sich vor Kummer um einen verlorenen Gefährten, bis er die Hoffnung aufgab, seinen Partner je wieder zu sehen. Man weiß, dass sich Haustiere manchmal wegen ihres verstorbenen Besitzers zu Tode grämen und die meisten Menschen, die gerne ein Haustier um sich haben, können erstaunliche Geschichten über dessen telepathische Fähigkeiten erzählen. Kürzlich musste einer meiner Freunde, ein Schauspieler, der in dem Film »Jenseits von Afrika« neben Robert Redford und Meryl Streep gespielt hatte, sein Zuhause wegen eines wichtigen Projekts fast für ein ganzes Jahr verlassen. Er liebte seine schwarze Katze, zu der er eine erstaunliche telepathische Verbindung hatte, doch anstatt seine Katze mitzunehmen, bat er einen Freund, sich während seiner Abwesenheit um sie zu kümmern. Nach ein paar Monaten kehrte er für kurze Zeit zurück, um einige Sachen zu holen. Er war erst ein paar Stunden im Haus, als seine Katze, die während seiner Abwesenheit im wenige Meilen entfernten Haus seines Freundes lebte, auf der Türschwelle erschien und hereingelassen werden wollte.

Die bemerkenswerten walisischen Schäferhunde, deren Bindung und Zuneigung zu ihren Besitzern legendär ist, sind dafür bekannt, dass sie in ihrem Wunsch, ihr Herrchen zufrieden zu stellen, verblüffende telepathische Fähigkeiten entwickeln. Ich habe Hundeprüfungen gesehen, bei denen die Kommunikation zwischen Mensch und Tier fast ausschließlich telepathisch ablief.

Sexuelle Anziehungskraft

Wenn wir ehrlich sind, ist die sexuelle Anziehungskraft wahrscheinlich einer der ersten »Schachzüge« im Spiel der Liebe. Sie müssen lernen, diese Tatsache zu akzeptieren, ob Sie nun schön, attraktiv oder weniger hübsch sind. Nur dann können Sie anfangen, Ihre Erfolgschancen zu verbessern.

Natürlich spielen Charakter und Persönlichkeit eine sehr große Rolle, doch diese Dinge kommen erst später ins Spiel, da die meisten von uns eben hauptsächlich von der schönsten Auslage im Schaufenster gefesselt werden. Wie immer bestätigen auch hier Ausnahmen die Regel und die wichtigste Ausnahme sind Menschen mit »Star-Status«. In diesem Fall kann das Aussehen fast bedeutungslos sein, und es ist eher das »Image«, das für die erste Anziehung sorgt, als die äußere Erscheinung. Diejenigen, die das Glück haben, mit beidem gesegnet zu sein, sind entweder sehr gut dran oder sehr erschöpft!

Als junger Mann bereitete es mir keine Probleme, Frauen auf mich aufmerksam zu machen, da ich das Glück hatte, annehmbar auszusehen und groß war. Obwohl ich damals noch nicht bekannt war, konnte ich meine PSI-Energie einsetzen, um auf Frauen anziehend zu wirken. Ich wusste, wie ich ihr Interesse erregen konnte, indem ich meine Energien konzentrierte und intensiven Augenkontakt herstellte. Wenn wir dann miteinander ins Gespräch kamen, stellte ich meistens fest, dass die PSI-Energie sie faszinierte, besonders, wenn ich ihnen ein paar meiner Fähigkeiten demonstrierte. Als ich später bekannt wurde, war das Interesse des anderen Geschlechts wirklich überwältigend. Überall, wo ich auftauchte, waren die Frauen ganz versessen darauf, mich kennen zu lernen, und ihre Faszination ließ tatsächlich nie nach.

Für einen jungen Mann ist es nicht einfach, mit dieser Art von Bewunderung angemessen umzugehen, und ich muss gestehen, dass es mir damals Spaß machte, mit vielen Frauen sexuelle Beziehungen aufzunehmen. Mit all dieser Erfahrung musste ich einer Frau nur einmal in die Augen sehen, um zu wissen, ob sie bereit war, mit mir zu schlafen oder nicht. Auf meiner ersten Reise von Israel nach Europa hatte ich eine Affäre mit der Frau eines deutschen Industriellen. Sie war ebenso reich wie schön und sie wollte mich verwöhnen, wie ich noch nie im Leben verwöhnt worden war. Mir standen mehrere Sportwagen zur Verfügung, Butler kümmerten sich um mein Wohlergehen und ich hatte jederzeit Zugang zu beheizten Swimmingpools und luxuriösen Ferienhäusern in herrlicher Landschaft. Das war eine völlig andere Welt als jene, in der ich in einem voll gestopften Apartment gelebt hatte und mit dem Motorroller umhergefahren war. Nach dem Ende unserer Beziehung waren zahlreiche andere Damen bereit, in ihre Fußstapfen zu treten. Die Frauen waren fasziniert von meinen PSI-Fähigkeiten und viele fragten sich, wie es wohl sein mochte, mit Uri Geller zu schlafen. Ich weiß nicht, was sie sich vorstellten, denn während es mir Spaß machte, Metall zu verbiegen und meine telepathischen Kräfte zu demonstrieren, war ich nicht darauf vorbereitet, mit der menschlichen Anatomie zu experimentieren! Doch Spaß beiseite – ich hatte herausgefunden, dass die PSI-Energie mir ein wirkungsvolles Werkzeug in die Hand gegeben hatte, das auf manche Frauen wie ein Instant-Aphrodisiakum wirkte – Berühmtheit und Wohlstand.

An dieser Stelle möchte ich allerdings eine Warnung aussprechen: Beziehungen wie die oben beschriebenen können sehr oberflächlich und leer sein. Einem jungen Mann, der »sich die Hörner abstößt«, kann eine Affäre kurzfristig Spaß machen, doch wie die meisten normalen Menschen wollte ich mehr. Ich wünschte mir eine dauerhafte, stabile und liebevolle Beziehung, wie ich sie nun mit meiner Ehefrau Hanna lebe.

Mir ist auch klar, dass die meisten Frauen, die ich als Junggeselle kannte, mehr an meinem Image und an ihren eigenen Träumen interessiert waren als an meiner Person. Nun, es ist nichts verkehrt daran, vorrübergehend zu träumen, doch es ist mit Sicherheit keine Basis, auf der man ein verlässliches gemeinsames Leben aufbauen kann. Leider fangen die meisten von uns zu träumen an, wenn es um potenzielle Partner geht. Menschen, die wir attraktiv finden, dichten wir alle möglichen bewundernswerten Eigenschaften an. Viele Frauen fühlen sich zu großen, schlanken, gut aussehenden Männern hingezogen. Sie assoziieren diesen physischen »Ideal-Typus« mit Eigenschaften wie Stärke, Führerschaft und Intelligenz. In Wirklichkeit verfügt der betreffende Mann vielleicht über keine einzige dieser Eigenschaften, doch unsere Sichtweise ist stark von traditionellen »Bildern« der physischen Erscheinung geprägt. Das Gegenteil kann natürlich ebenfalls zutreffen. Wenn wir ein stark romantisch gefärbtes Bild von jemandem haben, ordnen wir ihm in unserer Vorstellung einen entsprechenden Körper zu. Nehmen wir beispielsweise den englischen Dichter John Keats. Er war in Amerika fast genauso beliebt wie in England und viele seiner romantischen Gedichte waren von London Hampstead inspiriert, der Umgebung, in der er einst wohnte. Kaum einer, der an einem trägen Sommernachmittag in Hampstead Heath spazieren geht, kommt umhin, sich vorzustellen, wie der Dichter unter einem der jahrhundertealten Bäume dieses wunderschönen historischen Parks sitzt und an einem seiner Gedichte schreibt. Welche physische Gestalt würden wir mit dieser tragischen Person assoziieren, die so elend an Lungentuberkulose zugrunde ging? Eine traditionelle Vorstellung, die mir von vielen Menschen beschrieben wurde, ist die eines großen, empfindsamen jungen Mannes mit einem schmalen Gesicht. Sie stellen sich vor, dass er einen eleganten Umhang trug, wenn er zielbewusst durch den Park streifte. Dieses Bild wird komplettiert durch die Vorstellung, dass er Freunde und Bewunderer mit einer poetischen Sprache verzauberte, die sogar eine Nachtigall zu ihm hingezogen hätte. Seine reale physische Erscheinung wich allerdings völlig von diesen Fantasievorstellungen ab: Keats war klein und gedrungen und lief manchmal in derart abgerissenen Kleidern herum, dass es anstößig war. Ein Bild, das seine Bewunderer 150 Jahre später nicht sehen wollen.

Ich sage nicht, dass wir aufhören müssen zu träumen, wenn wir an unsere Helden und Heldinnen denken, oder an die Menschen, die wir lieben oder mit denen wir gerne zusammen wären. Ich bin nur der Meinung, dass wir bereit sein sollten, zu sehen, dass da eine Fantasie im Spiel sein könnte, damit wir nicht allzu schmerzhaft auf dem Boden der Tatsachen landen, wenn die Realität immer deutlicher in den Vordergrund tritt. Niemand möchte gerne bitter enttäuscht werden.

Der Kosmos der Liebe

Wenn wir einem potenziellen Partner begegnen, halten wir immer Ausschau nach Anzeichen für Zuneigung und Übereinstimmung. Oft werden astrologische Berechnungen angestellt, die die persönlichen Eigenschaften des Partners offenbaren sollen. Wurden Sie unter demselben Sternzeichen geboren? Passt Ihr Sternzeichen gut zu dem Ihres Partners? Wird Ihr Liebesleben von denselben Zahlen beeinflusst? Ob wir diese Hinweise wirklich ernst nehmen, ist fraglich. Wenn wir sehr verliebt in die betreffende Person sind, werden wir uns ein ungünstiges Sternzeichen irgendwie schönreden und hoffen, dass es gut geht. Nichtsdestoweniger halten wir weiter Ausschau nach Bestärkung. Ich persönlich kann Ihnen keine bessere Bestärkung empfehlen als die Anwendung von PSI und Ihren gesunden Menschenverstand. Das hat bei mir funktioniert und ich bin sicher, dass es auch bei Ihnen funktionieren wird.

Liebessignale

Positives Denken und PSI-Energie werden Ihnen helfen, einen geeigneten Partner für sich zu interessieren, wenn Sie Ihr Vorhaben umsichtig planen. Wenn man einen guten Eindruck machen will, ist es sehr wichtig, über Kommunikation und Körpersprache Bescheid zu wissen. Die meisten ersten Begegnungen mit dem anderen Geschlecht führen zu oberflächlichen

Unterhaltungen und einem gesteigerten Interesse an den körperlichen Vorzügen des Gegenübers. Falls Sie glauben, physische Handicaps zu haben, sollten Sie besonders viel Wert auf tadellose Kleidung und Körperpflege legen. Dadurch können Sie kleine Unzulänglichkeiten mehr als wettmachen. Versuchen Sie, die Person, an der Sie interessiert sind, bei verschiedenen Gelegenheiten näher kennen zu lernen. Je mehr Kontakt Menschen miteinander haben, desto mehr interessieren sie sich füreinander. Lernen Sie, Signale zu deuten, die Ihr Gegenüber aussendet. Handelt es sich um einen Mann, sollten Sie versuchen, herauszufinden, ob er Sie eher als Sexobjekt oder als Individuum sieht. Beobachten Sie, wie er mit anderen Frauen umgeht, und hören Sie sich seine Ansichten über Frauen an. Stereotype sind leicht zu erkennen: Ein Mann, der für Frauen mit großem Busen schwärmt, ist im Allgemeinen ein extrovertierter, sportlicher Typ; Männer, die vor allem ein schönes »Hinterteil« reizt, sind gewöhnlich ordentlich und adrett, und Männer, die mehr auf schöne Beine »stehen«, sind meistens laut, gesellig und extrovertiert.

»Entschlüsseln« Sie seine verbalen Botschaften. Finden Sie heraus, ob es sich nur um »Gesäusel« handelt oder ob er authentisch ist. Beobachten Sie, wie schnell er sich mit derselben Masche an andere Frauen wendet, wenn Sie kein Interesse zeigen.

Als Mann müssen Sie die Signale des anderen Geschlechts genauso sorgfältig beobachten. Macht sie bestimmte Gesten, spricht sie mit ihrem Körper? Hält sie Augenkontakt oder schaut sie weg und reagiert gelangweilt, wenn Sie sprechen? Ihre Körpersprache verrät Ihnen, ob sie an Ihnen interessiert ist oder nicht. Reagiert sie warmherzig und lächelt, wenn sie Ihnen in die Augen blickt, können Sie davon ausgehen, dass Sie Eindruck auf sie machen. Wenn sie Ihre Hand berührt, sich mit der Hand durch die Haare fährt oder ähnliche Gesten macht, während sie mit Ihnen spricht, stehen die Chancen gut, dass sie Sie wiedersehen möchte. Wenn Sie einer Frau zeigen wollen, dass Sie sich mehr wünschen als eine Unterhaltung, können Sie versuchen, ihr Liebesschwingungen zu senden. Schauen Sie ihr in die Augen und sagen Sie ihr in Gedanken, dass Sie sie gerne küssen und zärtlich berühren würden. Wenn Sie das innerlich aussprechen, werden alle Ihre Gedanken sie erreichen. Tun Sie dies behutsam und unaufdringlich. Lassen Sie die unausgesprochenen Worte sanft in ihr Bewusstsein fließen, so als würden Sie ein Liebeslied singen oder ein wunderschönes Gedicht rezitieren. Erschrecken Sie sie nicht. Sie werden unmittelbar feststellen, ob sie darauf reagiert. So wirkt Telepathie in der Liebe, indem sie eine harmonische Verbindung herstellt, und so funktioniert bei den meisten Menschen »Liebe auf den ersten Blick«. Die beiden Menschen vereinen sich im Bewusstsein. Indem Sie sich mental darauf einschwingen, reagiert Ihr Körper, und wenn die Gefühle stimmen, können sie sozusagen eine chemische »Explosion« bewirken, die Sie beide zusammenbringt. Man sagt dann gewöhnlich, dass »die Chemie stimmt«. Tatsächlich ist es die PSI-Kraft, die eine Kettenreaktion körperlicher Impulse auslöst. Doch ich muss noch einmal betonen, dass Ihre äußere Erscheinung eine ebenso wichtige Rolle spielt. Sie müssen gepflegt aussehen und es ist sicher hilfreich, wenn Sie durch attraktive Kleidung, ein gutes Make-up oder gut frisiertes Haar anziehend auf die andere Person wirken – besonders am Anfang, wenn das Aussehen noch sehr im Vordergrund steht. Später müssen Sie sich, wie ich bereits erwähnte, auf die Persönlichkeit und auf eine effektive Kommunikation konzentrieren. Das ist die »Entdeckungsphase«, in der beide Partner den anderen beeindrucken wollen, während sie gleichzeitig eine Menge über den anderen erfahren. Denken Sie in dieser Phase an alle positiven PSI-Signale. Sowohl Männer als auch Frauen sehnen sich nach Bestätigung, sie wollen das Gefühl haben, dass man sie mag und attraktiv findet. Dieses Gefühl kann man sehr gut mit kleinen Geschenken, wie Blumen oder Pralinen oder mit einem kurzen Brief, unterstützen. Es gibt keinen Grund, jenen besonderen Akt zu überstürzen, der zwei Menschen spirituell und physisch vereint. Liebe ist nicht nur ein körperlicher Akt. Um das gegenseitige Verstehen zu vertiefen und eine erfüllte Sexualität zu leben, müssen Sie empfänglich für die Bedürfnisse und Wünsche des anderen sein und sie wirklich wahrnehmen. Ich empfehle Ihnen, vor dem Liebesakt eine PSI-Meditation durchzuführen, eventuell, während Sie miteinander zärtlich sind. Machen Sie sich innerlich leer und konzentrieren Sie sich ganz auf Ihre physische Präsenz. Wenn Sie sich entspannt haben, denken Sie über Ihre Rolle als Liebhaber(in) nach. Stellen Sie sich schöne Dinge vor, die Sie miteinander tun können. Wenn Sie möchten, können Sie sie auch aussprechen. Projizieren Sie sich auf eine andere astrale Ebene. Stellen Sie sich vor, dass Sie beide durchs Universum fliegen. Entfernen Sie sich – natürlich nur in Gedanken – von der Erde. Wenn Ihnen das gelingt, wird sich Ihr Liebesleben vollkommen verändern!

Beziehungen

Lernen Sie, Ihre Beziehungen mit Hilfe von PSI-Meditation und Selbsterforschung zu beurteilen. Das können Sie auf folgende Weise tun:

- Entspannen Sie zunächst Ihren Körper und versuchen Sie, sich innerlich »leer zu machen«.

- Verweilen Sie einige Minuten in diesem Entspannungszustand und lassen Sie dann einen Bildschirm vor Ihrem geistigen Auge erscheinen.
- Schreiben Sie nun das Wort »Beziehung« auf Ihren imaginären Bildschirm.
- Visualisieren Sie die Person, zu der Sie eine Beziehung haben, und stellen Sie sich einige wesentliche Fragen, die auch eventuelle Zweifel an der Beziehung einschließen können. Im Folgenden mache ich Ihnen einige Vorschläge.

1. Wonach suche ich in dieser Beziehung?

Seien Sie ehrlich. Wollen Sie, dass diese Beziehung dauerhaft ist, oder haben Sie nur ein kurzes Intermezzo im Sinn? Ist es eine »bequeme« Beziehung, eine Kameradschaft oder ist es wahre Liebe? Ihre Erwartungen an eine Beziehung variieren natürlich genauso wie Ihre Bereitschaft, in eine Beziehung zu investieren: Wie stark wollen Sie sich in diese Beziehung einbringen? Sind Sie bereit, die andere Person so zu akzeptieren, wie sie ist? Es ist natürlich viel einfacher, mit den schlechten Gewohnheiten anderer zu leben, wenn man von vornherein weiß, dass die Beziehung nicht sehr lange bestehen wird. Versuchen Sie jetzt, sich im Zusammensein mit dem Partner zu visualisieren. Stellen Sie sich vor, wie eine außenstehende Person Sie beide sehen würde. Würde sie Sie als harmonisches und glückliches Paar wahrnehmen?

2. Ist die Beziehung glücklich?

Denken Sie an Ihre früheren Beziehungen und fragen Sie sich, ob die gegenwärtige besser oder im Grunde genauso ist. Wenn Sie nicht glücklich sind, sollten Sie sich fragen, warum, und herausfinden, ob es einen Weg gibt, die Beziehung zu verbessern, oder ob es vielleicht besser wäre, sie zu beenden und mit einem anderen Menschen etwas Neues zu beginnen.

3. Sind mein Partner und ich auf derselben Wellenlänge?

Bitten Sie Ihren Partner, einige der Tests in diesem Buch zu machen, und vergleichen Sie, wie stark sich Ihre Antworten ähneln oder voneinander abweichen. Hat Ihr Partner/Ihre Partnerin dieselben Hobbys wie Sie? Haben Sie gleiche oder ähnliche Interessen? Sind Ihre Berufe oder Ziele miteinander vereinbar? Wenn nicht, könnte Ihre Beziehung darunter leiden oder es könnte eine Erklärung dafür sein, warum die Beziehung nicht so gut funktioniert. Bitten Sie Ihren Partner, die Tests zu machen, in denen es um Telepathie geht.

4. Wie würde ich mich mit den Augen meines Partners sehen?

Tauschen Sie innerlich die Rollen. Sie werden zu Ihrem Partner und stellen sich vor, wie Sie in der Beziehung gesehen werden. Welche Fehler sehen Sie? Was könnten Sie besser machen?

5. Entspricht das Bild, das ich von meinem Partner habe, der Realität?

Machen Sie sich Illusionen über die Eigenschaften Ihres Partners? Kennen Sie ihn wirklich gut genug? Stimmt das Bild mit der Realität überein?

6. Wie stellen Sie sich den idealen Partner vor?

Fragen Sie sich, wie Ihr idealer Partner aussehen würde. Wäre er oder sie groß, dunkelhaarig, blond oder klein? Welche anderen körperlichen Merkmale würden Sie bei Ihrem idealen Partner erwarten? Welche Interessen sollte er haben? Welchen Bildungsstand? Werfen Sie nun einen Blick auf Ihre früheren Beziehungen und prüfen Sie, wie nah Sie Ihrem Ideal darin gekommen sind. Fragen Sie sich, ob Sie selbst ein idealer Partner wären oder ob Sie Ihrer Meinung nach Schwächen haben. Was für Schwächen sind das?

7. Passen Ihre Sternzeichen zusammen?

Wurde Ihr Partner unter demselben Sternzeichen geboren wie Sie? Passen Ihre Geburtshoroskope zusammen? Falls Sie die Beziehung numerologisch oder mit Hilfe von Tarot-Karten analysiert haben: Ist ein Konflikt zutage getreten?

8. Wie gut können Sie mit Ihrem Partner kommunizieren?

Auf welcher Ebene findet Ihre Kommunikation statt? Empfinden Sie die Kommunikation als unkompliziert oder eher schwierig? Können Sie manchmal ohne Worte kommunizieren und wissen, was der andere will? Wenn ja, besteht zwischen Ihnen eine sehr starke PSI-Verbindung und Ihre Chancen auf eine gute, erfolgreiche Beziehung stehen gut.

9. Gibt es alten Groll in Ihrer Beziehung?

Hat Ihr Partner oder Ihre Partnerin etwas getan, das Sie nicht ausreichend besprochen haben, oder haben Sie es vermieden, über eine bestimmte Angelegenheit zu sprechen und halten etwas zurück? Vielleicht hat Ihr Partner eine unangenehme Angewohnheit, die Sie ärgert, obwohl Sie Ihr Bestes tun, um sie zu ignorieren? Wenn das der Fall ist, leidet Ihre Beziehung darunter. Solche negativen Gefühle sollten offen ausgesprochen werden, bevor der Groll stärker wird als alle positiven Gefühle und die Beziehung sprengt.

10. Würden Sie die Beziehung gerne beenden, finden jedoch nicht den Mut, es Ihrem Partner zu sagen?

In diesem Fall müssen Sie wirklich gründlich nachdenken und absolut ehrlich zu sich selbst sein. Viele Beziehungen werden aus Gewohnheit fortgesetzt und nicht auf Grund einer persönlichen Entscheidung. Manchen Leuten fällt es leichter, sich in einer Beziehung treiben zu lassen, als der Wahrheit ins Auge zu sehen, dass sie gescheitert ist. Lernen Sie, die Anzeichen zu deuten. Rufen Sie Ihren Partner so oft an wie früher? Sehen Sie ihn so häufig wie früher? Denken Sie viel an ihn? Konzentrieren Sie sich auf diese Fragen. Meditieren Sie über Ihre Beziehung und schauen Sie sich die PSI-Faktoren an, die Ihnen sagen, was Sie wirklich in Bezug auf die andere Person fühlen. Falls andere Fragen oder Zweifel auftauchen, schreiben Sie sie auf und konfrontieren Sie sich selbst damit oder Ihren Partner. Seien Sie ehrlich in Ihrer Beziehung. Wenn Sie keine Möglichkeit sehen, sie zu verbessern, hat es wahrscheinlich keinen Sinn, etwas fortzusetzen, was Ihnen keine Freude mehr macht.

Eheleben und Partnerschaft

Die Ehe ist eine der beeindruckendsten Institutionen der Menschheit. Sie hat Dynastien und Königreiche hervorgebracht, höchste Freuden geschenkt und tiefste Verzweiflung ausgelöst. Sie hat zu dauerhaften Fehden geführt, Dichter aller Jahrhunderte inspiriert, Leben geschaffen und Leben zerstört. Sie hat alle Gefühle wachgerufen, zu denen der Mensch fähig ist, einem ganzen Heer von Anwälten Arbeit verschafft. Sie war eines der ungeschriebenen Stammesgesetze vieler primitiver Völker und wurde in die Statuten und Gesetzbücher moderner Gesellschaften aufgenommen. Unter islamischem Recht kann eine untreue Ehefrau noch heute zum Tod durch Steinigung verurteilt werden und in den westlichen Gesellschaften kann ein Mann bei Scheidungsprozessen einen Großteil seines Vermögens einbüßen. Und trotz alledem gehen auch heute noch viele Menschen sehr unbedacht in die Ehe. Sie ist wohl der einzige Vertrag, der mit dem Herzen und nicht mit dem Verstand geschlossen wird. Wenn die Ehe dann später scheitert, können wir zum Trost aus Millionen von klugen Worten wählen, die über dieses Thema geschrieben wurden – beispielsweise den zutreffenden und prägnanten Spruch von William Congreve (1670 – 1729): »Übereilt gefreit, in der Ruhe bereut.« PSI-Energie in Verbindung mit gesundem Menschenverstand könnte Ihnen helfen, den richtigen Partner zu wählen, und, wenn Sie dann verheiratet sind, auftauchende Beziehungsprobleme zu überwinden.

Die Partnerwahl

Liebe ist vielleicht blind, doch Ihr PSI-Sinn ist es nicht. Sie müssen sich auf dieses innere Wissen verlassen, wenn Sie die bestmögliche Wahl treffen wollen. Sowohl Sie als auch Ihr Partner gehen die größte Verpflichtung Ihres Lebens ein und deshalb ist es in Ihrer beider Interesse, hier die richtige Entscheidung zu treffen. Gehen Sie gemeinsam auf »Bewusstseinsreise«. Finden Sie heraus, wie gut Sie die Gedanken des anderen »lesen« können. Denken Sie ähnlich? Seien Sie ehrlich zu sich selbst und stellen Sie fest, wie Sie beide wirklich sind. Schauen Sie, ob Sie ähnliche religiöse Vorstellungen haben. Haben Sie eine ähnliche Lebenseinstellung und stimmen Ihre Ziele überein? Welche Einstellung haben Sie zur Sexualität? Ähneln sich Ihre sexuellen Vorlieben? Genießen Sie den Sex miteinander? Sexuelle Probleme können eines der größten Hindernisse für ein glückliches Eheleben sein. Finden Sie Ihren Partner auch äußerlich attraktiv? Sind Sie zufrieden mit der gesellschaftlichen Stellung, den beruflichen Zukunftsaussichten und der Intelligenz Ihres Partners? Falls zwischen Ihnen ein erheblicher Altersunterschied besteht, könnte es sein, dass die Partnerwahl sehr stark von der Bewunderung beeinflusst wurde, die der jüngere für den älteren Partner empfindet. Das könnte im Laufe der Jahre zu Problemen führen, da der jüngere Partner reifer wird und sich weiterentwickelt und den älteren möglicherweise nicht mehr so sehr bewundert wie am Anfang der Beziehung.

Gehen Sie in sich und erforschen Sie die Gründe für Ihren Wunsch, diesen Partner zu heiraten. Sind es nur äußere Gründe, wie Geld oder Attraktivität? Könnten sich die Umstände im Laufe der Zeit ändern? Wenn Sie beide sehr jung sind, kann es sein, dass Sie sich zu völlig anderen Menschen entwickeln. Überlegen Sie, ob Sie beide Kinder wollen und wie Sie gegenüber den Schwiegereltern eingestellt sind. Betrachten Sie die Schwiegereltern schon jetzt als Störfaktor? Wird, falls Sie beide berufstätig sind, Ihre Ehe eine gleichberechtigte Partnerschaft sein oder will der dominierende Partner der Boss sein? Wie würden Sie damit umgehen? Welche häuslichen Pflichten würde jeder von Ihnen in dieser Ehe übernehmen? Falls Sie beide Führungspersönlichkeiten sind und aus Auseinandersetzungen normalerweise als Sieger hervorgehen, müssen Sie aufpassen. Es könnte sein, dass Auseinandersetzungen zwischen Ihnen nie gewonnen oder verloren werden, sondern sich während Ihrer ganzen Ehe fortsetzen. Was geschieht, wenn die Frau beruflich plötzlich viel bessere Aussichten hat als der Mann? Wird er sich in seiner traditionellen Rolle bedroht fühlen? Wird er damit fertig werden? Hat einer von beiden ein Hobby, eine Leidenschaft, die irgendwann zur Vernachlässigung des Partners führen könnte?»Sportlerwitwen« können genauso unglücklich sein wie Kriegerwitwen. Das sind die Fragen, die beide Partner ehrlich beantworten müssen. Wenn die Leidenschaft füreinander mit der Zeit nachlässt, muss es andere Dinge geben, die Ihre Ehe zu einer glücklichen und stabilen Partnerschaft machen. Die wesentlichen Voraussetzungen für eine glückliche gemeinsame Zukunft sind gegenseitiges Verständnis und gute Kommunikation. Nutzen Sie dabei alle Ihre PSI-Fähigkeiten.

Mit PSI-Energie eine glückliche Ehe zu gestalten heißt nicht, seine natürlichen Impulse und Gedanken zu unterdrücken, sondern sie in Bezug zum inneren Selbst zu verstehen. Meiner Ansicht nach ist es, wenn man verheiratet ist, nicht falsch, auch andere Menschen begehrenswert zu finden. Das ist ein natürlicher Impuls, den ich selbst oft gespürt habe. Wie ich bereits erwähnte, hatte ich als junger Mann viele Beziehungen zu schönen Frauen, doch mir wurde schließlich klar, dass ich eine wahrhaftige und dauerhafte Liebe suchte. Ich hatte das große Glück, Hanna zu begegnen, und wir erkannten, dass zwischen uns eine wunderbare und gleichzeitig stabile Verbindung bestand. Zuerst heirateten wir spirituell, ohne offizielle Zeremonie, unter dem Sternenhimmel, dem höchsten Dom der Welt.

Später wollten wir uns in der Hauptsynagoge von Budapest trauen lassen, doch sie war damals wegen Reparaturarbeiten geschlossen und so heirateten wir offiziell auf einem Standesamt, das sich, welch seltsamer »Zufall«, in der Uri-Straße befand. Erst vor kurzem erneuerten wir unseren jüdischen Ehe-Schwur und Michael Jackson war dabei mein Trauzeuge. Wir sind beide sicher, dass unsere Beziehung für immer halten wird, denn sie basiert auf Liebe, Respekt, Zuneigung und Freundschaft. Wir schätzen uns glücklich, dass wir zwei so wunderbare Kinder haben. Dennoch bin ich ein Mann. Nur weil ich verheiratet bin, habe ich nicht mein Interesse an anderen Frauen verloren. Ich persönlich kenne keinen Mann, der, nur weil er verheiratet ist, kein Interesse mehr an anderen Frauen hat oder sie nicht mehr begehrt. Wir alle lieben die Abwechslung, auch wenn wir nicht zugeben, dass wir manchmal gerne untreu wären. Es ist also wichtig, dafür zu sorgen, dass die Liebe in unserer Ehe wächst und nicht verkümmert. Doch wie können wir das erreichen?

Unsere sexuelle Leidenschaft ist Teil unserer Natur und schwer zu kontrollieren. Unser sexuelles Begehren nimmt ab, wenn wir sehr lange mit demselben Partner zusammen sind. Unweigerlich wollen wir etwas anderes probieren. Doch wenn Sie das Geheimnis kennen, wie Sie Ihr Verlangen im Gleichgewicht halten, können Sie Ihre Triebe kontrollieren: Seien Sie nicht sexbesessen. Halten Sie eine gewisse Distanz zu Ihrem Partner aufrecht und lassen Sie Zeit zwischen Ihren sexuellen Begegnungen verstreichen, sodass sie nicht langweilig werden. Spielen Sie kleine Liebesspiele miteinander. Experimentieren Sie ein wenig und überraschen Sie sich gegenseitig. Das trägt dazu bei, Ihr sexuelles Interesse an Ihrem Partner lebendig zu erhalten. Vergessen Sie auch nicht, dass der sicherste Sexpartner der Mensch ist, den Sie kennen und dem Sie vertrauen.

Zusammenwachsen

Im Laufe Ihrer Ehe werden Sie beide eine Reihe von persönlichen, körperlichen und beruflichen Veränderungen durchmachen. Während der eine Partner sich vielleicht mehr und mehr auf seine Karriere konzentriert, möchte der andere vielleicht die Familie vergrößern. Konflikte werden wahrscheinlich nicht ausbleiben. Obwohl diese Veränderungen regelmäßig stattfinden, können Sie dennoch angemessen damit umgehen, wenn die Kommunikation zwischen Ihnen gut ist. Sie sollten mit Ihrem Partner meditieren und über Ihre jeweiligen Gefühle und Stimmungen sprechen. Bleiben Sie auf derselben Wellenlänge. Lassen Sie nicht zu, dass Missverständnisse in lange Phasen des Schweigens übergehen und schließlich zum völligen Zusammenbruch der Kommunikation führen. Versuchen Sie sich in die Gefühle Ihres Partners hinein zu versetzen. Senden Sie einander positive Gedanken und Gefühle.

Kinder und PSI

Das Leben kann manchmal sehr unfair erscheinen. Die einen leiden darunter, dass sie keine Kinder bekommen können, die anderen, dass sie ungeplant und gegen ihre Absicht Eltern werden.

Ich möchte jenen unglücklichen Menschen, die sich vergeblich ein Kind wünschen, Hoffnung machen, denn ich glaube, dass PSI ihnen helfen kann. Es gibt Hoffnung! Ich kenne Ehepaare, die von Ärzten gesagt bekamen, sie könnten nie ein Kind haben und die medizinischen Experten eines Besseren belehrten. Verlieren Sie nicht die Hoffnung! Bemühen Sie sich um eine positive Einstellung. Medizinische Studien haben ge-

zeigt, dass viele kinderlose Paare, die ihr erstes Kind adoptierten oder mit Hilfe künstlicher Befruchtung und Samenspende empfingen, später doch noch eigene Kinder bekamen. Das ist die positive Kraft von PSI und Liebe.
Wie belastend die Kinderlosigkeit für viele Paare ist, lässt sich kaum ermessen. Manche Paare versuchen in dieser Situation mit allen Mitteln ihr Ziel zu erreichen. Die PSI-Kraft kann sie in hohem Maße dabei unterstützen, mit ihrer Situation fertig zu werden. Ein unfruchtbarer Mann muss großes Verständnis aufbringen und eine hohe geistige Reife besitzen, um einen anderen Mann als Vater des Kindes seiner Frau zu akzeptieren. Erlaubt er jedoch seinem inneren Selbst, dieses Kind ganz anzunehmen, wird er reich belohnt werden, denn das Baby wird heranwachsen, als wäre es sein eigenes. Es wird alle physischen Merkmale der Mutter und des »Vaters« aufweisen. Außenstehende, die nicht darüber informiert sind, werden gar nicht auf die Idee kommen, dass es sich nicht um sein leibliches Kind handelt. Dasselbe gilt für eine unfruchtbare Mutter, die eine Leihmutter bittet, ein Kind für sie und ihren Partner auszutragen. Mit Hilfe positiver PSI-Energie wird sich die Beziehung zu diesem Kind so entwickeln, als wäre es ihr eigenes. Auch in solchen Fällen bekamen Paare oftmals noch ein eigenes Baby, nachdem ihr erstes von einer Leihmutter ausgetragen worden war.

Ehekrisen

In jeder Ehe gibt es immer wieder Krisenzeiten. Manchmal schon zu Beginn, wenn man anfängt, zu zweifeln, und sich fragt, ob es nicht ein Fehler war, diesen Partner zu heiraten. Es können auch Depressionen und Ängste oder sexuelle Probleme auftreten. Dann ist viel Mitgefühl und Fürsorge nötig.

Doch um diese überhaupt aufbringen zu können, müssen wir bereits gelernt haben, richtig zu kommunizieren und mit uns selbst ins Reine zu kommen. Richten Sie Ihr Augenmerk auf die positiven Dinge und lassen Sie nicht zu, dass Ihre Beziehung durch Negativität ausgehöhlt wird. Mir können Sie glauben – ich bin seit fast 30 Jahren verheiratet!

Fremdgehen

Ich kann hier nicht als Moralapostel auftreten und ich kann auch niemandem sagen, ob er sich auf eine Affäre einlassen sollte oder nicht. Doch ich kann Sie bitten, alle damit verbundenen Aspekte gründlich in Betracht zu ziehen, in sich zu gehen und sich zu fragen, ob es eine kluge Entscheidung wäre. Positives Denken und PSI können Ihnen helfen, sich die Konsequenzen solcher Aktivitäten vor Augen zu führen.

Wenn Sie verheiratet sind und Kinder haben und sich auf eine Affäre mit einer Person einlassen, die in einer ähnlichen Situation lebt, sollten Sie sich überlegen, wie viele Menschen Sie in Mitleidenschaft ziehen. Ihren Ehepartner, den Ehemann oder die Ehefrau des/der Geliebten, ihre Kinder und die Kinder des anderen Paares, Ihre Freunde und die Freunde Ihres oder Ihrer Geliebten. Und das ist nur der Anfang. Die Sache könnte sich bis zu Ihren Arbeitskollegen, Nachbarn und Vorgesetzten herumsprechen. Fragen Sie sich, warum Sie die Affäre überhaupt begonnen haben. War es nur ein Seitensprung, der der sexuellen Befriedigung diente, oder gibt Ihnen die Affäre ein Gefühl der Bestätigung? Wollen Sie sich an Ihrem Partner für irgendetwas rächen oder sind Sie einfach unglücklich in Ihrer Ehe und suchen jemand anderen, den Sie lieben können? Wenn Sie sich nach den Gründen gefragt haben, sollten Sie sich überlegen, welche Konsequenzen die Entdeckung der Affäre hätte. Fragen Sie sich, ob sie wirklich all das wert ist. Ist der andere Mann/die andere Frau wichtiger für Sie als Ihr Ehepartner und Ihre Familie? Denn es könnte sein, dass Sie beides verlieren. Wie gut passt Ihr Geliebter/Ihre Geliebte wirklich zu Ihnen? Könnten Sie mit ihm/ihr genauso glücklich leben wie mit Ihrem Mann oder Ihrer Frau oder würde die Romanze erlöschen, wenn Sie heirateten? Und, was vielleicht noch wichtiger ist: Wenn er/sie jetzt bereit ist, seinen/ihren Ehepartner zu betrügen, wie mag es dann in Zukunft aussehen? Könnte dasselbe irgendwann wieder mit einem anderen Partner passieren?

In unserer Gesellschaft ist das Fremdgehen in Beziehungen und Ehen sehr häufig, trotz des hohen Risikos, sich mit einer sexuell übertragbaren Krankheit anzustecken, die, wie im Falle von Aids, tödlich verlaufen kann. Ich kann nur jedem dringend raten, seinen Sexualpartner mit äußerster Vorsicht zu wählen und nie zu vergessen, dass die Beschränkung auf einen Partner die sicherste Methode ist, das Ansteckungsrisiko zu minimieren.

Falls Sie Grund zu der Vermutung haben, dass Ihr Partner sich auf außerehelichen Sex einlässt oder eingelassen hat, können Sie entweder schweigen oder ihn mit Ihrer Vermutung konfrontieren, selbst wenn das nur dazu dient, Ihre innere Spannung abzubauen. Wie Sie auch vorgehen, Ihr Wissen um die Anwendung der PSI-Kraft wird Ihnen helfen, klarer zu sehen. Tun Sie Folgendes: Entspannen Sie sich psychisch und physisch und konzentrieren Sie sich auf Ihren Partner. Er oder sie hat sich in letzter Zeit anders verhalten als sonst und Ihr PSI-Sinn sagt Ihnen, dass er schuldbewusst wirkt. Übertragen Sie Ihre Gedankenmuster auf Ihren Partner und schauen Sie, wie er oder sie reagiert. Berühren Sie Ihren Partner und »entschlüsseln« Sie seine Reaktion. Reagiert er anders als früher? Spricht er anders? Hat sich seine Körpersprache verändert?

Falls Sie sicher sind, dass Ihr Partner außerehelichen Sex hat, sollten Sie versuchen herauszufinden, ob es sich um eine regelmäßige Sache, einen einmaligen »Ausrutscher«, eine Urlaubsromanze oder einen gelegentlichen Seitensprung handelt. Sie können auf verschiedene Arten reagieren, je nachdem, welche Bedeutung das Fehlverhalten Ihres Partners für Sie hat.

Die Urlaubsromanze

Handelt es sich Ihrer Meinung nach um eine länger andauernde Affäre mit regelmäßigen Treffen oder um einen einzelnen Seitensprung? Würde ein einziger Seitensprung Sie sehr stark beeinträchtigen? Wollen Sie wirklich mit ihm oder ihr darüber sprechen? Vielleicht könnten Sie versuchen, mit Ihrem Partner über die hypothetische Möglichkeit einer Urlaubsromanze zu sprechen. Sie könnten ihn beispielsweise fragen, ob es ihm etwas ausmachen würde, wenn Sie eine Urlaubsaffäre mit einer anderen Person hätten. Wie würde sich Ihr Partner dabei fühlen? Aus seiner Reaktion können Sie schließen, wie weit Sie mit diesem Thema gehen können, oder ob Sie besser an diesem Punkt aufhören und die Sache nie mehr erwähnen.

Der einmalige Seitensprung

Ich bezweifle, dass es klug wäre, alles, was man hat, wegen eines Augenblicks der Leidenschaft, der wahrscheinlich schon bald bedeutungslos ist, aufs Spiel zu setzen. Sexuelles Verlangen ist ein natürlicher und tiefverwurzelter Trieb – und jeder von uns hat schwache Momente. Falls Sie in Versuchung kommen, sollte Ihre Willenskraft stark genug sein, ihr zu widerstehen. Wenn Ihr Partner innerlich mit Ihnen verbunden ist, wird er wahrscheinlich wissen, ob Sie standhaft waren oder von der verbotenen Frucht gekostet haben. Ist Ihr Partner derjenige, der fremdgegangen ist, so glaube ich nicht, dass ein einmaliger Seitensprung so schwer wiegen sollte, dass er eine gute Ehe zerstört. Wenn Sie Ihren Partner lieben, sollten Sie zuversichtlich sein und sich sagen, dass er Sie wirklich liebt und dass es nie wieder vorkommen wird.

Die Affäre

Falls Ihr Partner eine ernsthafte Affäre hat, müssen Sie alles daransetzen, um herauszufinden, was in Ihrer Beziehung schief gegangen ist. Eine dauerhafte Affäre ist ein Zeichen für eine schlechte Ehe, es sei denn, Sie haben Ihren Segen dazu gegeben. Falls Sie die Person kennen, mit der sich Ihr Partner trifft, wird Ihnen Ihre PSI-Intuition wahrscheinlich sofort sagen, ob die beiden mehr als nur gute Freunde sind. Achten Sie auf Hinweise in der Körpersprache, insbesondere auf den Augenkontakt, sowie auf die verbale Kommunikation. Sollte sich Ihre Vermutung bestätigen, sagen Sie Ihrem Partner, dass Sie mit ihm darüber sprechen wollen, ohne allzu wütend oder aufgebracht zu sein.

Bereiten Sie sich psychisch auf die Konfrontation vor. Sagen Sie sich, dass Sie nicht emotional oder irrational reagieren, sondern das Problem auf vernünftige Weise besprechen werden. Sagen Sie sich, dass es sich nicht lohnt, emotional »auszurasten«, da Sie durch eine negative Haltung nichts gewinnen. Öffnen Sie sich für die Erklärungen Ihres Partners, auch wenn sie Ihnen nicht gefallen. Teilen Sie Ihrem Partner Ihre Gefühle mit und sagen Sie ihm, was Sie beide Ihrer Meinung nach tun sollten. Suchen Sie Rat bei einer unabhängigen Person, falls er oder sie nicht bereit ist, darauf einzugehen.

Die offene Ehe

Diese Art der Ehe ist wohl von Anfang an zum Scheitern verurteilt, da sie gewöhnlich einem Partner aufgezwungen wird und unweigerlich zu Eifersucht und Feindseligkeit führt. Ich kenne einen hervorragenden Arzt, der mit seiner früheren Sprechstundenhilfe verheiratet war. Die beiden vereinbarten einen liberalen Lebensstil, der auch sexuelle Beziehungen zu Dritten einschloss. Es war die Idee des Ehemanns. Er erzählte mir, er würde sich wegen seiner eigenen Affären weniger schuldig fühlen, wenn auch seine Frau die Freiheit hätte, mit anderen Männern zu schlafen. Letztendlich bereitete ihm dies allerdings bedeutende Probleme, da er sehr eifersüchtig wurde, weil seine Frau bei einigen seiner Kollegen außerordentlich beliebt war. Das Paar trennte sich schließlich und der Arzt ist heute ein sehr unglücklicher Mann. Er hat das Gefühl, eine Frau verloren zu haben, die ein wunderbarer Mensch und eine großartige Geliebte war. Ursprünglich hatte sie gar nicht mit anderen Männern schlafen wollen, doch sie ließ sich aus Liebe zu ihrem Mann dazu überreden. Keiner von beiden hatte mit Hilfe seiner PSI-Kraft sein Inneres erforscht, um sich Klarheit über seine wahren Gefühle zu verschaffen. Hätten sie es getan, wären sie wahrscheinlich ehrlicher zueinander gewesen und der Arzt hätte sicher auf die Dummheit verzichtet, seine Frau in etwas hineinzuzwingen, das sie gar nicht wirklich wollte und das schließlich zu diesem unglücklichen Resultat führte.

Wie Sie mit PSI ein besserer Liebespartner werden

PSI-Energie kann Sie zu einem besseren Liebespartner machen. Ich werde Ihnen zeigen, wie Sie mit Hilfe von ein paar PSI-Spielen eine Menge Spaß mit Ihrem Partner haben können. Diese neuen Spiele werden garantiert mehr Nähe zwischen Ihnen herstellen und Ihnen helfen, einander besser zu verstehen und sich auf die gleiche Wellenlänge einzuschwingen. Vor jedem Spiel sollten Sie die Entspannungsübungen machen, die ich auf S. 49 beschrieben habe. Helfen Sie einander zu entspannen. Setzen Sie sich entweder bequem zusammen auf ein Sofa oder auf Ihr Bett, schließen Sie die Augen und versuchen Sie, sich auf denselben inneren Bildschirm zu konzentrieren. Vielleicht stellen Sie fest, dass die Verbindung zwischen Ihnen so stark ist, dass Sie die telepathischen Signale des anderen empfangen, bevor Sie überhaupt mit dem Spiel begonnen haben.

PSI-Spiele für Liebende

Beginnen Sie mit einem einfachen Farbenspiel. Schneiden Sie Vierecke aus Karton zurecht und schreiben Sie die Namen von sechs Farben darauf: Rot für Leidenschaft und Sinnlichkeit, Weiß für Reinheit, Lila für Gesundheit und inneren Frieden, Blau für Intelligenz und Glück, Gold für ehrgeizige Ziele und Gelb für Unsicherheit. Sie können diese Karten auf verschiedene Weise benutzen. Einer von Ihnen kann eine Farbkarte in der Hand halten und versuchen, dem Partner telepathisch die Stimmung oder Eigenschaft, die die Karte beschreibt, zu übermitteln. Er oder sie muss dann die Gedanken des anderen lesen. Sie können auch alle Karten mit der Beschriftung nach unten auf den Boden legen, sodass Sie nicht sehen können, in welcher Reihenfolge die Farben erscheinen. Dann versucht jeder von Ihnen die Karte »Rot« oder irgendeine andere Farbe, die Sie zuvor festlegen, ausfindig zu machen. Halten Sie kleine Belohnungen für Ihren Partner bereit, wenn er alle sechs Karten korrekt benennen konnte. Sie können sich aber auch jedes Mal gegenseitig belohnen. Die Art der Belohnung überlasse ich Ihrer Fantasie.

Botschaften der Liebe

Schreiben Sie sechs verschlüsselte Botschaften auf, die für Sie und Ihren Partner intimer Ausdruck Ihrer Liebe sind. Das könnte der Name eines bestimmten Körperteiles sein, ein Tier- oder ein Kosename, den Sie füreinander erfunden haben, oder etwas anderes, das für Sie von Bedeutung ist. Einer von Ihnen wählt eine Karte aus und versucht dann, dem anderen die Botschaft zu übermitteln. Wenn die Botschaft korrekt identifiziert wird, könnte das, was sie ausdrückt, Teil der Belohung sein!

PSI-Neckerei

Dies ist ein schönes Spiel für Paare, die verheiratet sind oder zusammen leben, denn es kann ein bisschen »Pfeffer« in ihr Liebesleben bringen. Necken Sie Ihren Partner mit diesem PSI-Spiel, das Sie in Ihrem Schlafzimmer spielen können. Ihr Partner hat die Augen verbunden und soll mit abgewandtem Gesicht auf einem Stuhl sitzen. Sagen Sie Ihrem Partner, dass er sich ganz entspannen soll, und stellen Sie sicher, dass er Sie nicht sehen kann. Nun soll er versuchen, den Fernsehbildschirm zu visualisieren und das Zimmer mit seinem Partner darin auf dem Bildschirm zu sehen. Sie können nun die Initiative ergreifen und mit dem Necken beginnen. Ziehen Sie ein

Kleidungsstück aus und fragen Sie Ihren Partner, was Sie ausgezogen haben. Wenn sie/er richtig rät, fahren Sie mit dem Spiel fort. Vielleicht nehmen Sie als Nächstes eine Yoga-Stellung auf dem Boden ein oder setzen sich aufs Bett. Schauen Sie, ob Ihr Partner das visualisieren kann. Jedes Mal, wenn er oder sie richtig rät, können Sie das PSI-Spiel mit einem Kuss versüßen. Sie können Kleidungsstücke ablegen – oder auch anziehen, prüfen Sie, ob Ihr Partner visualisieren kann, was Sie tragen. Vielleicht haben Sie Strapse und Strümpfe angezogen oder etwas anderes, das die Fantasien Ihres Liebespartners anregt. Was es auch sei, sorgen Sie dafür, dass Sie Ihren Partner überraschen, und vergessen Sie nicht, ihn oder sie bei richtigen Antworten angemessen zu belohnen.

Kinder

Bauen Sie mit Hilfe von PSI eine gute und gesunde Beziehung zu Ihren Kindern auf. Ein enges und glückliches Verhältnis ist möglich, wenn Sie sich der verschiedenen Entwicklungsstadien bewusst sind, die Ihr Kind durchmacht. In den ersten prägenden Jahren finden viele Veränderungen statt, doch auch in der Pubertät ist Ihr Kind auf seinem Weg in die Unabhängigkeit mit großen Umwälzungen konfrontiert. Wenden Sie die beschriebenen Kommunikationstechniken (siehe S. 81 ff.) an, um auftauchende Probleme in einer konstruktiven Atmosphäre zu besprechen, und geben Sie ihm konstruktive Ratschläge, anstatt es in eine bestimmte Richtung zu dirigieren. Es ist gut, sich darüber im Klaren zu sein, aus welchen Motiven heraus man bestimmte Ratschläge gibt. Achten Sie darauf, dass Ihr Rat nicht Ihrer eigenen Frustration und Enttäuschung entspringt. Wenn Sie eigentlich Arzt werden wollten, Ihre Eltern jedoch das Geld für die Ausbildung nicht aufbringen konnten, dann dürfen Sie Ihren Ehrgeiz nicht Ihrem Kind aufzwingen. Das könnte in einer Katastrophe enden. Überprüfen Sie auch Ihre Einstellung gegenüber den Freunden Ihres Kindes, und fragen Sie sich, ob die Beschränkungen, die Sie Ihrem Kind auferlegen, gerechtfertigt und angemessen sind. Wenn Ihr Kind gegen Sie rebelliert, sollten Sie in Ihrem eigenen Inneren nachforschen, ob Sie vielleicht in irgendeiner Weise verantwortlich für diese Gefühle sind. Sprechen Sie mit Ihren Kindern so viel wie möglich. Ermutigen Sie sie, sich an Sie zu wenden, wenn sie Ängste oder Sorgen haben und mit bestimmten Dingen in ihrem Leben nicht klarkommen (besonders im Hinblick auf Drogen). Lernen Sie, wann es Zeit ist, zu schweigen und Ihrem Kind nur zuzuhören. Sprechen Sie mit Ihrem Kind auch über Ihre eigenen Ängste und Befürchtungen und weisen Sie es auf die Gefahren hin, die das Experimentieren mit Drogen mit sich bringt. Wenn Ihre Kinder Fragen über die Sexualität stellen, sagen Sie ihnen das, was sie Ihrer Meinung nach darüber wissen sollten. Warnen Sie sie besonders vor den Gefahren der Promiskuität in unserer heutigen Gesellschaft. Informieren Sie sie über Aids und andere Geschlechtskrankheiten. Doch versuchen Sie auch, sich mit ihnen zu entspannen und Ihre tiefsten Gedanken mit ihnen zu teilen. Zeigen Sie Ihrem Kind vor allem, dass Sie ein Freund sein können. Kinder sind unschuldig, sie sind weder skeptisch noch zynisch. Sie sind noch rein und ihr Geist wird ständig geformt.

Vermeiden Sie es möglichst, Ihre Ehestreitigkeiten vor den Kindern auszutragen. Falls Sie sich doch einmal vor den Kindern streiten, sollten Sie dafür sorgen, dass sie es auch mitbekommen, wenn Sie sich wieder versöhnen. Die Kinder sollten dabei sein, wenn Sie sich bei Ihrem Partner entschuldigen. Lassen Sie sie es ruhig sehen, wenn Sie sich einen Versöhnungskuss geben. Erklären Sie ihnen, dass auch Menschen, die sich lieben, manchmal Schwierigkeiten miteinander haben, dass Sie sich trotz allem lieben und dass Ihnen Leid tut, was passiert ist.

Scheidung

Wenn Ihre Ehe ein Stadium erreicht hat, in dem es Ihnen sinnlos erscheint, sie aufrechtzuerhalten, und Sie zur Scheidung entschlossen sind, sollten Sie Ihr ganzes Wissen, das Sie sich angeeignet haben, einsetzen, um die Trennung so besonnen und einsichtsvoll wie möglich zu gestalten. Vergessen Sie die Umstände, die zur Trennung geführt haben. Akzeptieren Sie, dass es diese Umstände gibt und dass es nicht nötig ist, schmerzhafte Erinnerungen aufzufrischen. Denken Sie positiv. Sie müssen nach vorne schauen. Wenn Sie auf irgendeine Weise negativ sind, macht das die Sache für Sie selbst und Ihren Partner nur noch schlimmer.

Bevor Sie mit Ihrem Partner über die Trennung sprechen, sollten Sie versuchen, sich zu entspannen und zu meditieren. Sagen Sie sich, dass Sie bestimmt und positiv mit ihm reden werden und dass Sie nicht emotional reagieren oder aufgebracht sein werden, wenn Sie über das Thema Scheidung sprechen. Wählen Sie für dieses Gespräch einen Zeitpunkt, zu dem keiner von Ihnen unter Druck steht. Schlagen Sie Ihrem Partner vor, gemeinsam eine Entspannungsübung zu machen. Sagen Sie ihm oder ihr, dass das, was Sie wollen, das Beste für Sie beide ist. Bitten Sie Ihren Partner um Unterstützung. Stellen Sie sich vor, Sie stünden außerhalb der Beziehung und würden einem anderen Paar helfen, mit seiner Trennung fertig zu werden. Versuchen Sie, die Trennung so freundschaftlich wie möglich zu vollziehen. Es macht keinen Sinn, sich in kostspielige

Rechtsstreitigkeiten zu verwickeln und sein halbes Vermögen an die Anwälte zu verlieren. Bleiben Sie fair bei der Aufteilung Ihres gemeinsamen Besitzes und ermöglichen Sie dem Partner freien Umgang mit den Kindern. Teilen Sie den Kindern Ihre Trennungsabsichten gemeinsam mit. Versichern Sie Ihren Kindern, dass sie von Ihnen beiden geliebt werden und dass sie keine Schuld an der Trennung haben. Erklären Sie ihnen die Gründe für das Scheitern Ihrer Ehe und sagen Sie ihnen, dass die Trennung nichts an Ihren Gefühlen für sie ändert. Erklären Sie ihnen, wie es nach der Trennung weitergehen soll und sprechen Sie positiv über die Zukunft. Lassen Sie sie auch die vorteilhaften Aspekte der Trennung sehen.

Tod

Heirat, Scheidung, Umzug und Tod sind vier der einschneidendsten Ereignisse im Leben. Und es liegt an uns, die negative Einstellung zu bekämpfen, die in diesen von extremem Stress begleiteten Phasen vorherrscht.

Der Tod ist Teil unserer Existenz wie die Geburt. In dem Augenblick, in dem wir geboren werden, fangen wir schon an zu sterben. Das Letzte, was unsere Angehörigen wollen, ist, dass wir unser Leben in nicht endender Trauer über ihr Hinscheiden ruinieren. Eine bestimmte Trauerzeit ist wichtig und gesund, vorausgesetzt, sie setzt sich nicht endlos fort und überschattet unser ganzes Alltagsleben. Denken Sie daran, wie glücklich Sie sich schätzen können, dass der Mensch, der nun gestorben ist, Teil Ihres Lebens war und Ihnen Freundschaft und Liebe geschenkt hat. Vielleicht können Sie den Tod Ihres Freundes oder Partners auch von der positiven Seite sehen. Vielleicht litt er unter unerträglichen Schmerzen und suchte nach einem Ausweg. Vielleicht war sein Leben sehr glücklich und erfüllt, auch wenn es möglicherweise vorzeitig endete. Über eine angemessene Zeit hinaus zu trauern ist selbstquälerisch und negativ. Das kann zu nichts Gutem führen. Sie tun damit weder sich selbst noch anderen einen Gefallen. Sie sind es sich selbst schuldig, das Beste aus Ihrem Leben zu machen. Gewöhnen Sie sich an, positive Gedanken zu haben. Sagen Sie sich:»Ich habe das Glück, am Leben zu sein. Das Leben ist gut und macht Freude. Mein Freund/Partner würde sich wünschen, dass ich mein Leben genieße. Wir sind nicht für immer getrennt. Ich kann seine Gegenwart spüren. Und das wird immer so sein. Ich kann immer noch mit ihm sprechen.«

Glauben Sie mir – diese positiven PSI-Gedanken werden Sie wieder froh machen und Ihnen helfen, die Trauer zu überwinden. Ich habe oft mediale Erfahrungen gemacht, wenn Freunde von mir gestorben sind. Das half mir, mit der Tatsache zurechtzukommen, dass ich sie in diesem Leben nicht wieder sehen werde. Ähnliche Erfahrungen wurden mir von Freunden berichtet und ich möchte einige davon mit Ihnen teilen. Ein sehr guter Freund von mir, ein Jazzmusiker, hatte Krebs und lag im Sterben. Er konnte dieses Schicksal nicht annehmen und bat mich in seinen letzten Tagen um Beistand. Ich erzählte ihm von den beglückenden Erfahrungen, von denen mir einige andere Menschen, die dem Tode nahe waren, berichtet hatten, und bat ihn eindringlich, keine Angst zu haben. Wir kamen uns emotional sehr nahe und gerade als ich das Gefühl hatte, dass meine Worte ihn erreicht hatten und er nun sein Schicksal annahm, hörten wir beide einen Hund bellen. Wir schauten uns um, doch es war kein Hund zu sehen. Aber wir hatten beide das Bellen gehört. Mein Freund schaute mich an und sagte:»Uri, sie kommen mich holen.«Als ich an demselben Abend gegen 22 Uhr wieder zu Hause war, ging plötzlich das Licht aus. Ich wandte mich an Shipi und sagte: »Don ist gestorben. Das ist ein Zeichen von ihm.« Am nächsten Morgen erhielt ich einen Anruf von Dons Frau, die mir mitteilte, dass ihr Mann gestorben war. Ich sagte ihr, dass ich es bereits wüsste. »Er starb gestern Abend um 22 Uhr.« Sie war überwältigt, doch die Vorstellung, dass irgendeine Art von Kommunikation stattgefunden hatte, half ihr irgendwie, besser mit ihrem Schmerz und Leid fertig zu werden. Ein anderer meiner Freunde, ein Verleger, sagte zu mir, er wolle sterben, denn er war alt und krank und hatte seine Frau vor ein paar Monaten verloren. Er wollte, dass nur eine einzige Person bei seinem Begräbnis anwesend sein würde – eine Dame, die in Paris lebte. Sie folgte seiner Einladung nach London und sein Willen war so stark, dass er tatsächlich eine Stunde nach ihrem Eintreffen starb. Ich sagte meinem Schwager, dass dieser Mann eine so starke PSI-Energie hatte, dass er uns mit Sicherheit sein Ableben irgendwie mitteilen würde. Ich wurde nicht enttäuscht. In dem Augenblick, in dem er starb, hörten wir ein Klopfen am Fenster und öffneten es. Ein Sperling flog ins Zimmer und wir wussten, dass dies sein Zeichen war.

Wie kann man endlos trauern, wenn eine solche Kommunikation möglich ist? Ich wusste, dass es meinem Freund gut ging. Er starb so, wie er gelebt hatte. Er hatte bis zum Schluss alles unter Kontrolle. Einige meiner nahen Angehörigen, die inzwischen gestorben sind, sind in meinen Gedanken auch heute noch fast täglich bei mir. Das gilt besonders für meinen Vater und meine Großmutter. Ich habe das Gefühl, dass sie mich überhaupt nicht verlassen haben. Energetisch sind sie für mich immer noch so präsent, wie sie es zu ihren Lebzeiten waren. Der Tod hat mich nur ihrer physischen Präsenz beraubt. Viele Witwen, mit denen ich sprach, waren überzeugt, ohne ihren

Mann nicht weiterleben zu können. Doch schon innerhalb kurzer Zeit gelang es ihnen, ihr Leben neu zu ordnen. Sie besuchten Fortbildungskurse, schlossen neue Freundschaften und machten sogar Weltreisen. Sie haben ein anderes Glück gefunden, das auf seine Art genauso erfüllend ist, wie es Ihre Ehe war. Und doch mussten sie anfangs eine schwere Zeit voller Verzweiflung und Einsamkeit durchstehen. Ihre positive Haltung half ihnen jedoch, aus der Dunkelheit herauszukommen, und sie schafften einen Neuanfang. Ich glaube, die positivste Bemerkung über den Tod hörte ich von einer fünffachen Witwe aus Las Vegas. Sie erzählte mir heiter von ihren zahlreichen Ehemännern, von denen sie, wie sie mir beteuerte, einen so sehr geliebt hatte wie den anderen. »Ich weiß, dass sie glücklich waren. Sie starben alle mit einem Lächeln auf dem Gesicht.«

Wie man das System besiegt

»Mr. Geller«, sagte mein Bankmanager bei seinem überraschenden Anruf, »würden Sie so freundlich sein und morgen kurz in meinem Büro vorbeischauen? Sagen wir um fünfzehn Uhr?« Warum wollte er mit mir sprechen? Ich konnte es mir nicht erklären, denn ich hatte gerade einen Überziehungskredit beantragt und man hatte mir gesagt, dass die Bewilligung eine reine Formsache sei. Hatte ich irrtümlich mein Konto höher als vereinbart überzogen? Ich war ziemlich verdutzt und auch ein wenig besorgt. Warum bat man mich, persönlich in die Bank zu kommen? Ich hatte dieses Konto erst kürzlich, nach meinem ersten großen Fernsehauftritt in England, eröffnet, und auch wenn ich zu diesem Zeitpunkt nicht reich war, war mein Einkommen doch hoch genug, um eine Kontoüberziehung abzudecken.

Zur verabredeten Uhrzeit wurde ich in das Büro des Zweigstellenleiters geführt, einen großen holzgetäfelten Raum mit weichen Ledersesseln, im finanziellen Herzen der Metropole London. Der Manager der Bank – im konservativen Nadelstreifenanzug, mit Brille auf der Nase und ein wenig übergewichtig – musterte mich ein bisschen unsicher. Ich sagte gar nichts und sah ihm einfach fest in die Augen, was ihn noch mehr zu verunsichern schien. »Ich möchte mit Ihnen über Ihre finanzielle Situation und den Überziehungskredit sprechen«, begann er, »aber zunächst möchte ich Ihnen ein paar Dinge erklären. Sie sind in einer besonderen Situation, Sie begegnen schönen Frauen, Sie treten im Fernsehen auf und sind überall auf der Welt ein gern gesehener Gast. Wir Bankangestellten führen ein sehr nüchternes Leben. Wir sitzen den ganzen Tag in unseren vier holzgetäfelten Wänden und schauen uns die

Konten unserer Kunden an. Wir haben nur selten Gelegenheit, etwas Aufregendes zu erleben, doch für Sie ist das ja wohl fast alltäglich. Würden Sie vielleicht so nett sein, für meine Angestellten, die unten im Kassenraum arbeiten müssen, ein paar Löffel zu verbiegen?«Aber was ist mit meinem Überziehungskredit?«, fragte ich. »Oh, machen Sie sich deswegen keine Sorgen«, erwiderte er. »Wie ist es nun mit ein paar Tricks, hm? Ich habe den Mädchen unten in der Abteilung gesagt, dass Sie kommen, und wenn Sie bereit wären…«

Man musste kein besonders kluger Kopf sein, um zu verstehen, was der gerissene Bankangestellte im Sinn hatte. Er hatte mich nur in die Bank bestellt, um sein eigenes Image aufzupolieren – und zwar besonders bei seinen hübschen Sekretärinnen. Nun, wenn ich auf diese Weise benutzt werden sollte, dann könnte ich auch mein Stück vom Kuchen bekommen! »Ich mache das sehr gerne«, erwiderte ich, »aber wir sollten zunächst das Geschäftliche hinter uns bringen. Ich weiß, dass ich mit Ihrer Bank bereits einen Überziehungsrahmen vereinbart habe, doch eigentlich brauche ich das Doppelte.« In diesem Augenblick kamen die Sekretärinnen ins Zimmer, um meine »Löffelbiege-Show« zu sehen, doch bevor der Banker ihr Erscheinen als Ausrede benutzen konnte, um mich abzuwimmeln, bestand ich darauf, dass wir das Gespräch über meine Finanzen zu Ende führten. Er hatte keine Wahl. Da er vor seinen Angestellten nicht kleinlich oder unsicher erscheinen wollte, ging er sofort auf meine Forderung ein und wir gingen zum geselligen Teil meines Bankbesuchs über.

Ich erzähle Ihnen diese wahre Geschichte, da ich es wichtig finde, sich klar zu machen, dass jeder von uns letztendlich nur ein Mensch ist – sogar ein Bankmanager. Wie jeder andere haben auch diese Leute ihre Schwächen. Der Manager hatte seine Position benutzt, um mich in die Bank zu locken, und er hatte die Situation total unter Kontrolle, bis die Sekretärinnen in den Raum marschierten. In diesem Moment saß er an seinem großen lederbezogenen Schreibtisch und gewährte jemandem eine Audienz, der ihm seiner Meinung nach zu noch höherem Ansehen verhelfen konnte. Hätte ich um gar nichts gebeten, hätte er wohl versucht, seine dominante Rolle aufrechtzuerhalten.

Meine Forderung brachte ihn vorübergehend aus dem Gleichgewicht und die einzige Möglichkeit, sein Gesicht vor seinen Sekretärinnen zu wahren, bestand darin, sich großzügig zu zeigen und meinem Wunsch zu entsprechen. Ich hatte ihm den schwarzen Peter zugeschoben. Er konnte meine Bitte praktisch nicht abschlagen, ohne einen massiven Gesichtsverlust zu riskieren. Das Timing für die Forderung war wirklich perfekt.

Ich frage mich oft, warum so viele Menschen, mit denen ich spreche, Angst vor ihren Bankmanagern haben. Glauben Sie mir, wenn es nicht gerade einer von der dominanten, aggressiven Sorte ist – und manchmal sogar dann –, hat er wahrscheinlich mehr Angst vor Ihnen als Sie vor ihm! Begegnen Sie dem Banker auf Augenhöhe. Das heißt nicht, dass Sie ihn respektlos behandeln sollen. Sie können höflich und freundlich sein, ohne sich selbst klein zu machen. Lernen Sie, ein kluges Spiel zu spielen, indem Sie mit Hilfe Ihres PSI-Wissens und Ihrer Körpersprache Ihr Ziel erreichen. Wenn Sie einen Kredit beantragen wollen, gehen Sie nicht mit der Mütze in der Hand zu Ihrem Bankmanager. Fühlen Sie sich nicht als Bürger zweiter Klasse, nur weil Sie Geld brauchen. Die meisten erfolgreichen Personen haben riesige Überziehungskredite. Betreten Sie sein Büro mit dem Gefühl, dass Sie ihm einen Gefallen tun. Indem die Bank Ihnen einen Überziehungskredit gibt, verdient sie Geld, das sie braucht, um den Betrieb aufrechtzuerhalten und die Angestellten zu bezahlen. Sie tun allen Leuten einen Gefallen, wenn Sie sich Geld leihen. Sie sind der Kunde und die Bank sollte Sie gut behandeln. Wie jeder andere wird sich wahrscheinlich auch ein Bankangestellter Ihnen gegenüber feindselig oder bösartig benehmen, wenn er seine Bank bedroht sieht. Dies trifft dann ein, wenn er zu Recht oder zu Unrecht annimmt, dass Sie das geliehene Geld nicht zurückzahlen werden. Es gibt allerdings eine Möglichkeit, Missverständnisse auszuräumen, und diese kann in einem Wort zusammengefasst werden: Kommunikation. Bleiben Sie in Kontakt mit Ihrem Banker. Informieren Sie ihn über Ihre Situation. Warten Sie nicht auf einen kränkenden Brief. Ergreifen Sie die Initiative und schreiben Sie zuerst. Solange Sie ihm Ihre Probleme nicht schildern, weiß er nicht, was los ist und nimmt vielleicht das Schlimmste an. Bestärken Sie ihn in seinem Vertrauen in Ihre Person, indem Sie Ihre Zusagen einhalten. Wenn Sie zugesagt haben, einen bestimmten Betrag bis zu einem bestimmten Datum einzuzahlen, dann tun Sie es, selbst wenn Sie sich das Geld an anderer Stelle borgen müssen. Können Sie sich kein Geld borgen, schreiben Sie ihm einen Brief und erklären Sie ihm, warum Sie zurzeit nicht in der Lage sind, das Geld wie versprochen einzuzahlen. Das kostet Sie nicht viel Mühe, doch ich kann Ihnen versichern, dass es sich wirklich auszahlt! Der Banker wird Sie als eine Person respektieren, die die Situation unter Kontrolle hat, und in dem Maße, in dem sein Vertrauen in Sie steigt, nimmt auch seine Bereitschaft zu, Ihnen mit höheren Darlehen und Überziehungskrediten entgegenzukommen. Beeindrucken Sie Ihren Bankmanager mit Ihrer positiven PSI-Persönlichkeit. Sprechen Sie mit ihm über Geldanlagen und Bankangelegenheiten, Themen, über die er eine Menge weiß und bei denen er sich sicher fühlt. So fühlt er sich wichtig. Finden Sie etwas über seine anderen Interessen heraus, wie beispielsweise Sport oder Fotografie, und sprechen Sie mit ihm über seine Lieblingsthemen. Senden Sie ihm positive Schwingungen. Teilen Sie ihm telepathisch mit, dass Sie ihn mögen, und überzeugen Sie ihn, Sie zu mögen. Wenn Sie erst einmal ein freundschaftliches Verhältnis aufgebaut haben, wird er wahrscheinlich alles in seiner Macht Stehende tun, um Ihren Wünschen zu entsprechen.

Eine Abkürzung auf dem Weg zum Erfolg

Sind Sie je auf einer zweispurigen Schnellstraße gefahren und haben festgestellt, dass sich auf der einen Spur die Autos stauen, während die andere fast leer ist, obwohl sich am Ende keine vorgeschriebene Abzweigung befindet? Ich habe das schon oft beobachtet und kann nicht aufhören, mich über die Geduld der Engländer zu wundern. Ich führe dieses Verhalten auf die europäische Mentalität zurück. Die Europäer scheinen vom Schlangestehen sowie dem »Vorrecht« auf bestimmte Plätze, die sie auf der Grundlage eines gewissen Gewohnheitsrechtes als ihr Eigentum betrachten, besessen zu sein. Im morgendlichen Berufsverkehr sind die Hauptverkehrsstraßen gewöhnlich verstopft, während die Seitenstraßen relativ leer sind. Besuchen Sie irgendein Dorf oder eine Stadt und Sie werden feststellen, dass viele Autos in den Randbezirken parken, obwohl es mitten im Zentrum eine Menge freier Plätze gibt. Jene Leute, die ich als positiv denkende Menschen bezeichne und die auf ihre PSI-Kraft vertrauen, werden mit den Seitenstraßen experimentieren und nach Abkürzungen suchen. Sie werden keinen »Positivdenker« am Ende der Schlange finden. Auch bereitet es diesen Menschen keine besonderen Probleme, einen Platz einzunehmen, den jemand anders gewohnheitsmäßig für sich beansprucht. Und so wie der positiv den-

kende Autofahrer Verkehrsstaus ausweicht, indem er nach Abkürzungen oder Seitenstraßen sucht, können auch Sie bei Be-
förderungen oder in geschäftlichen Angelegenheiten positives
Denken als Hilfsmittel einsetzen. Doch bevor wir uns näher
mit diesem Thema beschäftigen, möchte ich noch ein Wort
zum Thema »Platzrecht« sagen. Es ist wichtig, zu verstehen,
wie viel es manchen Menschen bedeutet, in ihrer Umgebung
unsichtbare Grenzen zu ziehen.
Ein mit mir befreundeter Psychoanalytiker besitzt ein wunderschönes Farmhaus aus dem 15. Jahrhundert an der Grenze
zu Kent und Surrey, etwa 45 Meilen von London entfernt. Er
verbringt seine Wochenenden dort, unter der Woche lebt er in
der Londoner City. Vor ein paar Jahren versuchte er zu pendeln. Dazu musste er den Zug von Edenbridge zur Victoria
Station nehmen. Am dritten oder vierten Tag stand er auf dem
Bahnsteig in Edenbridge und wartete auf den Zug, als ein gut
gekleideter Herr auf ihn zukam und ihn bat, den Platz zu räumen, auf dem er stand. Mein Bekannter traute seinen Ohren
nicht und fragte den Mann höflich, aber bestimmt, weshalb er
eine solche Bitte äußere. Die Antwort dieses Mannes führte
dazu, dass mein Freund seinen Versuch, täglich zwischen seinem Landhaus und der Londoner City zu pendeln, unverzüg-
lich und vorzeitig aufgab. »Ich stehe seit über 20 Jahren auf
diesem Platz, wenn ich auf den Zug warte«, erwiderte der
Mann. »Ich möchte nicht, dass Sie da stehen. Das ist mein
Platz und deshalb darf sich niemand hier hinstellen. Das weiß
hier jeder! Würden Sie nun bitte beiseite gehen?« Auch im
Inneren dieses Zuges gibt es in Bezug auf die Plätze bestimmte
ungeschriebene Gesetze. Sollte es jemand wagen, sich auf
einen Platz zu setzen, der gewöhnlich von einem Stamm-
Fahrgast benutzt wird, bekommt der »Übeltäter« sofort die
eisigen Blicke der anderen Pendler zu spüren. Die Verhaltens-

weise des oben erwähnten Mannes sagt sehr viel über seinen Charakter aus. Er ist auf seine Art konservativ, ein Gewohnheitsmensch, ein kleinkarierter Prinzipienreiter. Indem man das Verhalten eines solchen Menschen richtig »entschlüsselt« und ihn so behandelt, dass er sich in seinem gewohnheitsmäßigen und langweiligen Dasein nicht bedroht fühlt, kann man ihn zu einem wertvollen Verbündeten machen, der einen nicht im Stich lassen wird.

Sind Sie ein »Erneuerer« oder befolgen Sie strikt einmal aufgestellte Regeln? Versuchen Sie, das mit Hilfe der folgenden Fragen genauer herauszufinden.

Was für ein Typ sind Sie?

Beantworten Sie die Fragen wieder mit »Ja«, »Weiß nicht« oder »Nein«:

1. Werden Sie manchmal für Ihren Einfallsreichtum gelobt?
2. Glauben Sie an das Prinzip, dass Regeln da sind, um befolgt zu werden?
3. Sind Sie ein eher kreativer Mensch?
4. Versuchen Sie, so weit es geht, Lösungen in Übereinstimmung mit erprobten und geprüften Richtlinien zu finden?
5. Stellen Sie Regeln häufig in Frage?
6. Sind Sie mehr daran interessiert, Probleme zu lösen, als sie zu suchen?
7. Empfinden Sie eher wenig Respekt gegenüber traditionellen Sitten und Gebräuchen?
8. Fällt Ihnen korrektes und detailliertes Arbeiten leicht?

9. Vertrauen Sie darauf, dass Ihre Ideen im Allgemeinen praktisch umsetzbar sind?
10. Arbeiten Sie lieber mit Kollegen zusammen, die nie »das Boot zum Schwanken bringen«?
11. Sind Sie in den Augen anderer eher ein »unpraktisch« veranlagter Mensch?
12. Würden Sie gerne in einer Verwaltungsbehörde arbeiten?
13. Versuchen Sie stets, Routinearbeiten an andere zu delegieren?
14. Betrachten Sie sich selbst als ziemlich berechenbar?
15. Sind Sie der Meinung, dass Sie mehr Charisma besitzen als Ihre Kollegen?

Auswertung:

Geben Sie sich 2 Punkte für jedes »Ja«, 1 Punkt für jedes »Weiß nicht« und 0 Punkte für jedes »Nein«. Addieren Sie dann die Punkte für Fragen mit ungeraden Zahlen und Fragen mit geraden Zahlen separat.

Haben Sie bei den Fragen mit **ungeraden Zahlen** eine **höhere Punktzahl** erreicht, sind Sie ein eher »innovativer« Typ. Sie neigen dazu, jeden Fall individuell zu prüfen, sind kein Prinzipienreiter und meiden Langeweile und Plackerei. Sie finden es aufregend, nach neuen Lösungen zu suchen, und stellen Regeln und Konventionen stets in Frage. Sie lassen sich in unbekannten Situationen von Ihrem PSI-Sinn leiten und sorgen dafür, dass positive Gedanken Ihre Tage bestimmen.

Haben Sie bei den Fragen mit **geraden Zahlen** eine **höhere Punktzahl** erzielt, sind Sie ein »Gefolgsmann«. Sie finden das Leben leichter und angenehmer, wenn es eine festgelegte Routine und standardisierte Vorgehensweisen gibt. Sie beschränken sich darauf, Dinge in Übereinstimmung mit erprobten und geprüften Methoden zu erledigen. Sie sehen keinen Sinn darin,

167

etwas Neues auszuprobieren, nur um es anders zu machen. Sie sehen in traditionellen Gebräuchen einen tieferen Sinn. Sie werden Ihre PSI-Energie effektiv und vorsichtig gebrauchen, doch es ist unwahrscheinlich, dass Sie jemals Astralreisen ins Unbekannte unternehmen werden.

Überflügeln Sie Ihren Chef

Jeder würde gerne einmal »besser« sein als der Boss. Ob Sie eine junge Schreibkraft oder Sekretärin in Ihrem ersten Job sind, ein schlecht bezahlter Laufbursche oder ein angehender Juniormanager – PSI-Energie kann Sie zum »Sieger« machen. Sie können die Leiter zum Erfolg hochklettern und gleichzeitig Ihrem Chef ein Schnippchen schlagen! Und so funktioniert es: Wenden Sie die bereits beschriebenen Meditations- und Entspannungstechniken an (siehe S. 49 ff.) und stellen Sie sich vor Ihrem geistigen Auge Ihr Büro oder Ihre Arbeitsstelle vor. Denken Sie an die wichtigsten Leute, mit denen Sie beruflich zu tun haben. Versuchen Sie, sich selbst und Ihre Kollegen als unparteiischer Beobachter aus der Distanz einzuschätzen. Rufen Sie sich nun in Erinnerung, was sich in letzter Zeit im Büro ereignet hat, notieren Sie alle Ihre starken und schwachen Punkte und ziehen Sie Bilanz im Hinblick auf die Beziehungen zwischen den Kollegen, Sie selbst eingeschlossen. Seien Sie schonungslos ehrlich. Finden Sie heraus, welche Rolle Sie in Ihrer Arbeitssituation spielen, und legen Sie dann fest, welche Rolle Sie gerne spielen würden. Wechseln Sie nun die Perspektive. Stellen Sie sich vor, Sie seien der Chef und schauen Sie, ob sich das Bild verändert. Wie denken Sie als Chef über sich – den Angestellten? Wie sehen Sie sich und Ihre berufliche Zukunft? Schlüpfen Sie so oft wie möglich in die jeweils andere Rolle, damit Sie ein umfassendes Bild für Ihre Selbstanalyse bekommen.

Fangen Sie jetzt an, Ihren Chef/Ihre Chefin zu analysieren. Das kann ein paar Tage oder sogar ein paar Wochen dauern, doch es zahlt sich am Ende aus. Bringen Sie so viel wie möglich über ihn/sie in Erfahrung, bis Sie so weit sind, dass Sie mit ihm/ihr telepathisch in Verbindung treten können. Testen Sie sich gründlich. Wenn Sie dann der Meinung sind, dass Sie Ihren Chef/Ihre Chefin kennen, versuchen Sie vorherzusagen, wie er/sie in bestimmten Situationen reagieren wird. Schwingen Sie sich auf sein/ihr Denken ein. Nur wenn Sie sich auf dieselbe mentale Ebene begeben, können Sie mit ihm/ihr telepathisch kommunizieren. Wenn sich nun ein Problem ergibt, lassen Sie Ihren Chef/Ihre Chefin wissen, wie Sie darauf reagieren würden, noch bevor er/sie richtig darüber nachdenken konnte. Er/sie wird mit Sicherheit positiv überrascht sein von Ihrer übereinstimmenden Einschätzung der Situation. Wenn Sie sich diese Strategie zur Gewohnheit machen, wird bald nicht nur Ihr Chef/Ihre Chefin, sondern auch der eine oder andere leitende Angestellte auf Sie aufmerksam werden.

In diesem Stadium können Sie anfangen, ein paar Coups zu planen, von denen weder Ihr Chef/Ihre Chefin noch Ihre Kollegen je annehmen werden, dass sie beabsichtigt waren. Planen Sie voraus und handeln Sie auf der Basis von Informationen, von denen Sie wissen, dass sie Ihren Chef/Ihre Chefin erreichen und vor eine Entscheidung stellen werden. Ihr Chef/Ihre Chefin wird sprachlos sein, wenn Sie ihm/ihr sagen, dass die Sache bereits korrekt erledigt wurde. Sorgen Sie dafür, dass auch an höherer Stelle bekannt wird, was Sie getan haben. Viele Chefs sind sehr geschickt darin, die Lorbeeren für alles zu ernten, was ihre Angestellten getan haben. Außerdem kann es nicht schaden, sich ein wenig mit der Sekretärin des

Chefs/der Chefin anzufreunden, ohne allzu plump vorzugehen. Eine gute Sekretärin kann die ideale Kontaktperson sein,
um Ihnen Zugang zum Chef zu verschaffen. Sie kennt ihn/sie
in der Regel besser als irgendjemand anders.

Der Sklaventreiber

Falls Ihr Chef/Ihre Chefin ein Sklaventreiber ist, der nur von
Ihrer guten Arbeit profitiert, ohne Ihnen Anerkennung zu zol-
len oder Ihnen eine bessere Position in Aussicht zu stellen,
haben Sie mehrere Möglichkeiten, mit dieser Situation umzugehen. Wenn Sie den Job ohnehin nicht besonders mögen und
die Aufstiegschancen gleich Null sind, sollten Sie sich nach
einer anderen Stelle umsehen. Das Schlimmste, was Sie tun
können, ist, sich vom Verhalten Ihres Vorgesetzten so einschüchtern zu lassen, dass Sie gestresst und ängstlich werden.
Falls Sie die Stelle behalten möchten, weil Ihnen die Arbeit gefällt und Sie Chancen für einen Aufstieg sehen, sollten Sie alles,
was Sie über den Chef/die Chefin in Erfahrung gebracht haben,
nutzen, um ihn dazu zu bewegen, sein Verhalten zu ändern.
Hat Ihr Chef/Ihre Chefin beispielsweise Sinn für Humor, könnten Sie vorschlagen, dass er Ihnen den Schlüssel für das Büro
gibt. Ein solcher Vorschlag wird ihn unweigerlich veranlassen,
nach dem Grund für Ihren Wunsch zu fragen, sodass Sie nun
die Möglichkeit haben, zu erklären, dass Sie die Arbeit nie und
nimmer fertig stellen können, wenn Sie nicht die ganze Nacht
im Büro bleiben. Erklären Sie dem Chef/der Chefin, dass Sie
stolz auf Ihre sorgfältige Arbeit sind und dass Sie hundertpro-
zentigen Einsatz bringen, um sicherzustellen, dass die Dinge
korrekt erledigt werden. Er oder sie muss an diesem Punkt zustimmen. Betonen Sie, dass Sie bei einer solchen Arbeitsüber-
lastung keine hundertprozentige Qualität garantieren können.

Erklären Sie ihm/ihr weiter, dass eine schlechtere Arbeitsqualität die Firma eine Menge Geld und viele Kunden kosten könnte. Dieses Argument kann nicht übergangen werden, da Sie einen Angstfaktor ins Spiel gebracht haben – die Angst, Geld oder Aufträge zu verlieren. Stellen Sie sicher, dass Sie auf alle eventuellen Einwände die passende Antwort im Ärmel haben. Ein weiterer Faktor, der Ihren Chef/Ihre Chefin beeinflussen könnte, ist das Timing Ihres Vorstoßes. Bringen Sie Ihr Anliegen vor, wenn der Chef/die Chefin Ihnen entspannt und gut gelaunt erscheint und wahrscheinlich offen für Veränderungsvorschläge ist. Wählen Sie den Zeitpunkt, der Ihrer Meinung nach am besten geeignet ist. Das könnte nach einem guten Mittagessen sein oder früh am Morgen oder am Nachmittag nach der Arbeit. Erklären Sie dem Chef/der Chefin, dass Sie ein solches Problem nicht während der Arbeitsstunden erörtern wollen. Es könnte sein, dass er/sie Ihnen schon bald »aus der Hand frisst«!

Die menschliche Maschine

Falls Ihr Chef/Ihre Chefin Sie behandelt, als seien Sie Teil der Büroeinrichtung, müssen Sie umgehend klarstellen, was für einen großen Fehler er/sie ganz offensichtlich macht. Wie ein Roboter betrachtet zu werden ist mit Sicherheit abträglich für Ihr Selbstwertgefühl, doch Sie können dieses Problem aus der Welt schaffen. Sie sind kein Roboter, sondern ein Mensch, und deshalb können Sie sich mit Hilfe Ihrer mentalen Kraft aus einer solchen Situation befreien. Die effektivste Methode besteht in diesem Fall darin, bei der Arbeit so effizient zu sein, dass Ihre Abwesenheit sofort auffällt. Stellen Sie gute Beziehungen zu Arbeitskollegen und anderen Vorgesetzten her, damit diese Ihre wertvollen Dienste zu schätzen wissen. Machen

Sie sich zumindest in einigen Bereichen unersetzlich. Wenn dann alle, einschließlich Ihres Chefs/Ihrer Chefin auf Sie angewiesen sind, können Sie ihm/ihr sagen, was Sie davon halten, auf diese Weise behandelt zu werden, und dass Sie darüber nachdenken, sich bei einer anderen Firma zu bewerben. Das Risiko, einen guten Angestellten zu verlieren, wird bestimmt nicht auf die leichte Schulter genommen, besonders, wenn Sie gerade dringend gebraucht werden.

Scheuen Sie sich nicht, »Nein« zu Ihrem Chef/Ihrer Chefin zu sagen. Seien Sie höflich, aber bestimmt. Wenn Ihr Chef/Ihre Chefin Unmögliches von Ihnen verlangt, sollten Sie sich weigern und Ihre Gründe nennen. Man wird Sie für Ihre Weigerung eher respektieren als für den Versuch, unmögliche Forderungen zu erfüllen, an denen Sie letztendlich scheitern. Wenn Sie eine Tätigkeit sehr gut beherrschen, sollten Sie sich nicht auf ewig mit demselben Job zufrieden geben, sondern sich weiterbilden, um sich die Möglichkeit zu eröffnen, in verantwortungsvollere Positionen aufzusteigen.

Scheuen Sie sich nicht, verschiedene Jobs anzunehmen, die Sie nicht von der Pike auf erlernt haben. Jeder macht bei seinen Lernprozessen auch Fehler. Man wird Sie dafür respektieren, dass Sie es versuchen und Ihr Wissen erweitern wollen. Haben Sie sich erst einmal in verschiedenen Bereichen bewährt, können Sie Ihrem Chef/Ihrer Chefin klar machen, dass die Firma Geld zum Fenster hinauswirft, indem sie Sie stumpfsinnige Tätigkeiten ausführen lässt, obwohl eine Person mit Ihren Fähigkeiten viel produktiver und profitabler arbeiten könnte.

Der Romeo-Chef

Dies kann vor allem für Frauen gefählich werden. Also Achtung: Werden Sie nicht zum Opfer eines Romeo-Chefs. Falls er nicht Inhaber der Firma ist, begibt er sich auf dünnes Eis, wenn er sich Ihnen gegenüber Freiheiten herausnimmt. Er weiß das, doch er glaubt, dass Sie es nicht wissen. Würden seine Vorgesetzten davon erfahren, könnte er Schwierigkeiten bekommen, doch es liegt in Ihrem eigenen Interesse, sein Begehren mit dem geringsten Schaden für Ihre eigene Karriere zu dämpfen. Falls Sie verheiratet sind oder mit jemandem zusammenleben, sollten Sie Ihrem Chef sagen, wie glücklich Sie in Ihrer Beziehung sind und was für ein wunderbarer Mann Ihr Ehemann oder Lebenspartner ist. Lassen Sie ihn wissen, dass niemand Ihren Partner ersetzen könnte.

Sind Sie nicht verheiratet und leben Sie alleine, sollten Sie ganz ehrlich zu Ihrem Chef sein. Sagen Sie ihm klipp und klar, dass Sie absolut kein persönliches Interesse an ihm haben. Bleibt er hartnäckig, fragen Sie ihn, ob er ein Problem mit seiner Frau hat. Bieten Sie ihm an, das Problem mit seiner Frau zu besprechen. Sie können ihn auch fragen, wie er sich fühlen würde, wenn seine Frau oder Freundin von ihren männlichen Kollegen oder Vorgesetzten belästigt würde. Hält ihn auch das nicht von seinen Annäherungsversuchen ab, müssen Sie noch deutlicher werden. Sagen Sie ihm, dass Sie ihn bei seinen Vorgesetzten melden müssen, wenn er Sie noch einmal belästigt, weil Sie unter diesen Umständen Ihren Job nicht gut erledigen können.

Ergreifen Sie die Initiative

Sie können sich mit Gedankenkraft an die Spitze bringen, indem Sie sich ohne die Hilfe Ihrer Kollegen und Vorgesetzten Ihr eigenes Image aufbauen. Ich habe meine Erfahrungen damit gemacht und ich muss Sie warnen: Der »Schuss« kann nach hinten losgehen, wenn Sie nicht äußerst vorsichtig vorgehen. Dennoch möchte ich Ihnen anhand eines Beispiels demonstrieren, wie dieses Prinzip funktioniert. Einer meiner jungen Cousins fand in den Semesterferien einen Job in einem großen Einkaufszentrum. Der Leiter des Kaufhauses war auf ihn aufmerksam geworden und hoffte, dass der junge Mann sein Studium an den Nagel hängen und für die Warenhauskette arbeiten würde – mein Cousin hatte jedoch überhaupt nicht die Absicht, dort zu bleiben. Man teilte ihn der Kosmetikabteilung zu, wo der Abteilungsleiter ihm das Handwerk von Grund auf beibringen sollte. Er musste also Seifenpackungen und Kosmetika in die Regale einräumen und Kunden bedienen. Mein Cousin empfand das allerdings als zu erniedrigend. Da er nichts zu verlieren hatte, kam er auf die Idee, »Manager« zu spielen. Also schlenderte er mit den Händen auf dem Rücken durch das Geschäft und tat so, als sei er der Boss, was zur Folge hatte, dass er als Einziger vom Verkaufsteam sofort für eine Beförderung vorgeschlagen wurde. Denn obwohl die Kollegen ihn einerseits dafür verachteten, dass er sich weigerte, niedere Arbeiten zu verrichten, bewunderten sie ihn andererseits, weil er sich wie ein Boss benahm, und schlossen daraus, dass er Führungseigenschaften besitzen musste. Ungeachtet der Beschwerden seines Abteilungsleiters, bot ihm der Leiter des Kaufhauses eine Dauerstellung mit Aussicht auf rasche Beförderung an. Mein Cousin hatte Folgendes getan: Er hatte seinen unmittelbaren Vorgesetzten durch seine positive und ein bisschen freche Haltung mental beeinflusst. Sein Chef wusste nicht, wie er auf die Situation reagieren sollte, und die anderen Angestellten akzeptierten die Rolle, die mein Cousin für sich geschaffen hatte.

Die große Distanz

Ein ehrgeiziger Chef wird nicht davor zurückschrecken, sich durch eine statusbetonende Einrichtung des Büros so viel Bedeutung zu verschaffen, wie das Budget gerade noch erlaubt. Der statusbewusste Chef wird versuchen, sich so weit wie irgend möglich vom Rest des Teams abzuheben. Weitere Büros mit persönlichen Sekretärinnen werden eingerichtet und dienen als Hindernisparcours, um den Zugang zum Chef zu erschweren. Das Hauptbüro wird mit üppigen Sitzgarnituren und einem riesigen Schreibtisch ausgestattet, der den Besucher als Zwerg erscheinen lässt. Lassen Sie sich von einem solchen Chef keine Minderwertigkeitsgefühle einimpfen. Mit Ihrer PSI-Energie können Sie viel leichter die Oberhand gewinnen, denn sie ist ein zuverlässigeres Hilfsmittel als das Möbelstück, auf das der Boss zurückgreift, um sein Image aufzupolieren. Schlendern Sie in das Büro, als wäre es Ihr eigenes. Wenn man Ihnen einen kleinen Stuhl vor dem Schreibtisch anbietet, setzen Sie sich einfach auf eines der Sofas und zeigen Sie Präsenz, indem Sie sich ebenbürtig verhalten. Lassen Sie sich nicht durch die künstlichen Insignien der Macht einschüchtern.
Schauen Sie sich die Gegebenheiten in Ihrem Büro genau an und nutzen Sie diese Erkenntnisse zu Ihrem Vorteil. Falls es sich um ein Großraumbüro handelt, finden Sie heraus, wo die Angestellten sitzen, die beim Chef offensichtlich das höchste Ansehen genießen, und versuchen Sie, einen Platz in deren Nähe zu bekommen. Arbeiten Sie in einem sehr großen Gebäude mit viel Raum, können Sie auch versuchen, ein eigenes Büro zu

bekommen, und sich so ein »Chefimage« aufbauen. Wenn Sie sich verhalten, als seien Sie wichtig, werden Ihre Kollegen und Vorgesetzten schließlich glauben, dass Sie es tatsächlich sind!

Ein Sieger im Berufsleben

Um beruflich voranzukommen, hilft es, ein paar Regeln zu beherzigen, die ich im Folgenden zusammengefasst habe:

1. Harren Sie nicht in einer Arbeitsstelle aus, in der Sie nicht geschätzt werden.
2. Scheuen Sie sich nicht, »Nein« zu sagen.
3. Werden Sie in jedem Aspekt Ihrer Tätigkeit zum Experten und erwerben Sie zusätzlich neue Fähigkeiten. Machen Sie sich in Ihrem Bereich unentbehrlich.
4. Gehen Sie positiv mit Ihrem Chef um. Verhalten Sie sich ihm gegenüber wie ein Ebenbürtiger.
5. Lassen Sie sich nicht in Auseinandersetzungen hineinziehen. Vertreten Sie Ihren Standpunkt und begründen Sie ihn. Gebrauchen Sie keine Ausreden.
6. Scheuen Sie sich nicht, Entscheidungen zu fällen. Zeigen Sie Initiative, ganz gleich, auf welcher Stufe Sie stehen.
7. Machen Sie sich nicht zum Sklaven Ihrer Arbeit. Tun Sie sie sorgfältig und effizient, doch lassen Sie nicht zu, dass sie Ihr Privat- und Familienleben beeinträchtigt.
8. Hören Sie sich an, was Arbeitskollegen und Vorgesetzte zu sagen haben, bevor Sie sich allzu bereitwillig zu etwas verpflichten.
9. Wenn Sie Ihre Arbeit als zu stressig empfinden, sollten Sie sich entweder nach einer anderen Arbeitsstelle umsehen oder auf genügend Pausen bestehen, um gute Leistungen erbringen zu können.

10. Übernehmen Sie keine zusätzlichen Arbeiten, nur weil es Ihnen schwer fällt, »Nein« zu sagen.
11. Lassen Sie nicht zu, dass Ihr Job für Sie zu einer langweiligen Routine wird. Falls Sie sich bei Ihrer Arbeit langweilen, sollten Sie sich entweder nach einer anderen Stelle umsehen oder Ihren Chef fragen, ob Sie andere Aufgaben übernehmen können.
12. Machen Sie die PSI-Meditation und die Entspannungsübungen (siehe S. 49 ff.) und beobachten Sie Ihre Kollegen und Ihren Chef.
13. Setzen Sie sich ein Ziel und versuchen Sie dann, es zu erreichen.
14. Lassen Sie sich von Ihrem Chef nicht herumkommandieren. Überlegen Sie sich eine Strategie, mit der Sie ihn auf Distanz halten können. Das wird Ihnen am besten gelingen, wenn Sie Einzelheiten über seine Stärken und Schwächen herausfinden.
15. Bauen Sie gute Beziehungen zu Ihren Arbeitskollegen auf. Betrachten Sie die Arbeit spielerisch. Nutzen Sie PSI, um das Wesen Ihrer Kollegen kennen zu lernen und werden Sie zum Sieger. Setzen Sie Ihr Wissen über Kommunikation und Imagebildung ein. Bald könnten Sie der Chef sein.

Reichtum und Erfolg durch PSI-Kraft

Am Nordende des Londoner *Westminster Palace*, in dem das britische Parlament seinen Sitz hat, steht ein 320 Fuß hoher Glockenturm, den alle Welt kennt und liebevoll »Big Ben« nennt. Er schlägt jede Viertelstunde in einem anderen Ton an und jede volle Stunde erschallt eine riesige Glocke, die über 13 Tonnen wiegt. Letztere wurde nach Sir Benjamin Hall, dem Arbeitsminister zur Zeit der Turmerrichtung benannt.

Am 17. Dezember 1989 berichtete die »News of the World«, eine der bekanntesten und meistgelesenen Zeitungen Englands, dass Big Ben am Vortag exakt um 11.07 Uhr für drei Stunden stehen geblieben war. Und das war meine Schuld. Ich hatte einen Vertrag mit einer amerikanischen Spielzeugfirma unterschrieben, die mit einem besonderen Werbegag auf sich aufmerksam machen wollte. Also kamen sie auf die Idee, dass ich am Neujahrsabend Big Ben anhalten solle und schickten mir ein Fax mit diesem Vorschlag.

Ich entschloss mich zu einer »Übung« und ging in den Tempel, in dem ich gewöhnlich meditiere. Ich setzte mich, richtete mich gen London aus und konzentrierte mich. Als ich später wieder in meinem Arbeitszimmer saß, rief meine Frau plötzlich, der Nachrichtensprecher im Fernsehen habe gerade gesagt, dass Big Ben stehen geblieben sei. Ich rief die Spielzeugfirma an und sagte es ihnen. Sie konnten es kaum glauben. Das datierte Fax, welches beweist, dass wir die Idee hatten, bevor es geschah, befindet sich noch heute in meinem Besitz.

Ich möchte den Menschen einfach nur beweisen, dass das »Unmögliche« möglich ist, wenn man fest genug daran glaubt. Und ich möchte auch klarstellen, dass ich diese

Herausforderung oder Publicity nicht zur Selbstbestätigung brauche. In finanzieller Hinsicht habe ich schon alles erreicht; ich bin Multimillionär und könnte in dieser Sekunde aufhören zu arbeiten, ohne meinen Lebensstil ändern zu müssen. Doch wie jedem erfolgreichen Menschen ist es mir wichtig, Ziele zu erreichen, wie hoch diese auch sein mögen. Außerdem macht es mir Spaß. Reich werden kann so etwas wie ein unterhaltsames Spiel sein und die Belohnungen, die am Ende auf einen warten, werden zu einem angenehmen Nebenprodukt. Trotz allem bin ich heute wesentlich spiritueller als noch vor 20 Jahren. Ich habe meinen materialistischen Lebensstil praktisch aufgegeben. Ja, ich lebe in einem schönen Haus und einige Dinge, von denen ich umgeben bin, sind luxuriös, doch sie sind mir im Grunde gleichgültig. Was mir heute wirklich am Herzen liegt, sind meine Familie, meine Freunde und die Menschen auf diesem Planeten. Das Wichtigste im Leben sind die Menschen, nicht die Dinge.

Ich möchte meine Geheimnisse mit Ihnen teilen, damit auch Sie zum Sieger werden können. Erfolg zu haben muss nicht bedeuten, dass man eine Million »machen« muss. Sie können die Erfolgsleiter in kleinen oder großen Unternehmen hinaufklettern, für Ihre Bemühungen reich belohnt werden und nebenbei auch noch Spaß daran haben. Ich bin davon überzeugt, dass jeder von uns wohlhabend und erfolgreich sein kann, wenn er sein Denken darauf ausrichtet. Ob Sie dorthin gelangen, hängt von Ihrer inneren Einstellung ab. Es überrascht Sie vielleicht, das zu hören, doch die meisten Millionäre, denen ich begegnet bin, sprechen überhaupt nicht gerne über Geld. Ich glaube, sie sind weit mehr am Nervenkitzel interessiert, der mit Geschäften um viel Geld einhergeht, als am Geld selbst. Haben Sie je Monopoly gespielt? Ich glaube, die meisten von uns kennen dieses Spiel. Macht es nicht viel mehr Spaß, das Spiel zu spielen und auf Risiko zu gehen, als fleißig sein Geld zu zählen?

In der westlichen Welt ist es immer noch möglich, sich den Traum »vom Tellerwäscher zum Millionär« zu erfüllen. Viele Leute haben das geschafft. Auch ich gehöre dazu! Ich kenne drei israelische Brüder, die völlig mittellos in New York ankamen, in U-Bahnhöfen schliefen und dann eines der erfolgreichsten Jeans-Labels Amerikas erfanden. Heute sind sie Multimillionäre. Ein anderer Israeli, Haim Saban, der ebenfalls sehr arm war, kam mit einem Traum nach Amerika. Er erfand die »Power Rangers«. Heute ist er Milliardär und hat sein Unternehmen für über zwei Milliarden Dollar verkauft. Um so weit zu kommen, braucht man Mut, Fleiß und positive Gedanken. Machen Sie den nächsten Test, um herauszufinden, wie ehrgeizig Sie sind.

Wie ehrgeizig sind Sie?

Beantworten Sie die Fragen wieder mit »Ja«, »Weiß nicht« oder »Nein«:

1. Sind Sie am glücklichsten, wenn Sie ein konkretes Ziel haben?
2. Glauben Sie, dass der Sinn und Zweck des Lebens hauptsächlich darin besteht, etwas Wichtiges zu erreichen?
3. Betrachten andere Menschen Sie als ehrgeizig?
4. Würden Sie gerne einen Roman schreiben?
5. Setzen Sie sich immer Ziele?

6. Träumen Sie oft davon, etwas sehr Bedeutungsvolles zu erreichen?
7. Empfinden Sie ein Gefühl der Befriedigung, wenn Sie eine schwierige Aufgabe gemeistert haben?
8. Geben Sie immer Ihr Bestes?
9. Haben Sie den Ehrgeiz, berühmt oder bekannt zu werden?
10. Macht es Ihnen besonders viel Spaß, Rätsel zu lösen?
11. Ist es Ihnen wichtig, etwas besser zu machen als andere?
12. Fällt es Ihnen schwer, selbst dann aufzugeben, wenn es unmöglich scheint, das Ziel zu erreichen?
13. »Müssen« Sie unbedingt gewinnen, auch wenn Sie nur zum Spaß spielen?
14. »Müssen« Sie erfolgreich sein, selbst wenn andere dabei auf der Strecke bleiben?

Auswertung:

Geben Sie sich 2 Punkte für jedes »Ja«, 1 Punkt für jedes »Weiß nicht« und 0 Punkte für jedes »Nein«.

Ein Ergebnis von **17 Punkten oder mehr** weist darauf hin, dass Sie sehr ehrgeizig sind. Sie haben ein starkes Bedürfnis, etwas zu erreichen, und eine große innere Kraft, die Ihrem Leben eine Richtung gibt. Sie werden nur glücklich sein, wenn Sie täglich ein Ziel vor Augen haben. Im Extremfall besteht die Gefahr, dass Sie zum Workaholic werden!

Ein Ergebnis von **weniger als 17 Punkten** weist auf wenig Ehrgeiz hin. Sie sind mit dem zufrieden, was Sie haben, und wollen keine Kraft in Veränderungen investieren. Diese Einstellung ist in Ordnung, solange Sie sicher sind, dass Sie sich selbst nichts vormachen.

Wenn Sie die natürlichen Qualitäten besitzen, die Sie benötigen, um erfolgreich zu sein, sollte Ihnen Ihr Wissen um die PSI-

Kraft eine große Hilfe dabei sein, Ihre Energien auf dieses Ziel auszurichten. Die PSI-Energie wird Ihnen die positive Einstellung vermitteln, die Sie brauchen. Mit Hilfe der PSI-Meditation (siehe S. 52 f.) wird sie Ihnen auch helfen, über Ihre Zukunft und die Ziele, die Sie erreichen möchten, zu reflektieren und sich darauf zu konzentrieren. Vielleicht haben Sie die Mittel, um Ihre Ziele zu erreichen, doch ohne positive Ausrichtung könnten Sie trotzdem scheitern.

Meine eigene Erfahrung ist hier ein gutes Beispiel. Als junger Mann verdiente ich eine Menge Geld mit Auftritten, bei denen ich Metall verbog und andere PSI-Phänomene demonstrierte. Manchmal verdiente ich mit Hilfe meiner Begabung bis zu 5000 Dollar pro Abend. Innerhalb von vierzehn Tagen erhielt ich auf diese Weise um die 50 000 Dollar. Doch als ich dieselben Talente auf andere Weise einsetzte, brachten sie mir im gleichen Zeitraum mehrere Millionen Dollar ein. Warum? Weil mir andere Menschen rieten, eine andere, profitablere Richtung einzuschlagen. Der Mensch, der letztendlich dafür verantwortlich war, war der Direktor der größten Montangesellschaft Englands, und ihm habe ich es zu verdanken, dass ich heute so wohlhabend bin. Ich begegnete dem inzwischen verstorbenen Sir Val Duncan zum ersten Mal auf einer Party im Jahre 1973. Damals zeigte er großes Interesse an meinen geistigen Kräften. Er war Vorstandsvorsitzender des riesigen Rio-Zinc-Konzerns und einer der Direktoren der *Bank of England*. Ich spürte sofort, dass er ein Visionär war, der keine Angst davor hatte, mit Gedankenkraft zu experimentieren. Sein Interesse an PSI und sein diesbezügliches Potenzial war viel zielgerichteter als meines. Er war Amateurrutengänger und wusste um die finanziellen Möglichkeiten, die das Auffinden von Edelmetallen und Öl mit Hilfe von PSI eröffnete. Er war der Meinung, dass die Konzerne ihre Budgets für Probebohrungen um viele Millionen Dollar kürzen könnten, wenn sie auf die teuren herkömmlichen Mittel verzichteten und stattdessen mit PSI-Kraft arbeiteten. Leider waren die anderen Vorstandsmitglieder nicht so offen für diese Möglichkeit. Ich folgte der Einladung Sir Vals nach London und in sein spanisches Feriendomizil auf Mallorca. Dort brachte er mir alles bei, was er über das Rutengehen wusste. Es machte mir eine Menge Spaß. Sir Val versteckte Schmuck und Olivenöl in seinem Garten und lud mich ein, an einer Schatzsuche teilzunehmen. In Wirklichkeit testete er jedoch meine Fähigkeiten. Als ich in der Lage war, all diese Dinge mit einer hohen Erfolgsquote aufzuspüren, gingen wir zum Finden des eigentlichen »Schatzes« – nämlich der Edelmetalle – über, wobei wir nur Karten benutzten.

»Uri«, sagte er eines Tages zu mir, »ich denke, es ist an der Zeit, dass du aufhörst, für ein paar tausend Dollar öffentlich aufzutreten, und dass du deinen Blick auf die Millionen richtest, die du verdienen kannst. Du musst die Richtung ändern und deine Kräfte anders einsetzen. Es ist wesentlich lukrativer, Metall zu finden, als es zu verbiegen.«

Doch wir machen bei allen neuen Projekten auch Fehler. Mein Anfangsfehler bestand darin, dass ich zu viele Informationen und Ratschläge kostenlos weitergab und so einigen großen Unternehmen zu Millionengewinnen verhalf, ohne dass ich auch nur einen Penny dafür bekommen hätte. Sie fanden Edelmetalle, wo ich es vorausgesagt hatte, doch ich ging leer aus. Ich betrachtete das als gute Lektion. Es brachte ja nichts, über das verlorene Einkommen zu weinen. Beim nächsten Mal, so sagte ich mir, würde ich dafür sorgen, dass zuerst ein notarieller Vertrag geschlossen wurde, bevor ich irgendeinem Unternehmen bei der Suche helfen würde.

Es ist außerordentlich wichtig, mit einem guten Rechtsanwalt zusammenzuarbeiten (holen Sie mindestens zwei Empfehlungen ein, bevor Sie Ihre Wahl treffen). Ich kann das wirklich nicht genug betonen. Außerdem sollten Sie mit Ihrem Anwalt eine Honorarvereinbarung treffen, bei der er nach Erfolg bezahlt wird und nicht pauschal. Diese Art der Zusammenarbeit mit Ihrem Rechtsberater kann entscheidend sein, denn er hat dann ein direktes Interesse daran, Ihre Rechte zu schützen und dafür zu sorgen, dass Sie den angemessenen Lohn für Ihre Arbeit erhalten. Ein guter Buchhalter kann in manchen Fällen ebenfalls hilfreich sein.

In den vergangenen 30 Jahren bin ich für verschiedene große Mineralölgesellschaften und andere Rohstoffkonzerne um die Welt gereist und habe sie in Bezug auf Edelmetall- und Ölvorkommen beraten. Ich bin in kleinen Flugzeugen über den Dschungel am Amazonas und sogar über die Salomonen geflogen, um Gold und Öl aufzuspüren. Mr. Peter Sterling, der das australische Unternehmen *Zanex Ltd.* in Melbourne leitete, nahm im Jahre 1985 Kontakt zu mir auf und bat mich, ihm als Berater bei seiner Suche nach Rohstoffen auf den weit entfernten Salomonen im Südpazifik zur Verfügung zu stehen. Damals wurde ausführlich darüber berichtet, dass ich zur feierlichen Eröffnung der Mavu-Mine eingeladen war. Ich war an Immobilienunternehmen, Verlagen und Modefirmen beteiligt. Außerdem entwarf ich Keramik und Schmuck für den Home-Shopping-Kanal *QVC*. Ich male auch und entwarf einen Teil des Booklets für die CD »Invincible« von Michael Jackson sowie das Logo für die Gruppe NSYNC. Außerdem erfinde ich Spiele. Eines meiner erfolgreichsten war »Uri Gellers Strike«. Es gibt sogar einen Film mit dem Titel »Mindbender«, der auf meiner Lebensgeschichte basiert. Terrence Stamp spielte die Hauptrolle und Ken Russel führte Regie. Ich füge meiner Erfolgsliste immer neue Projekte hinzu, doch mein wichtigstes Projekt ist die Förderung Dutzender Wohltätigkeitseinrichtungen und mein Programm zur Unterstützung kranker Kinder durch positives Denken und Visualisierung. Zu sehen, wie ein krankes Kind auf dem Wege der Besserung ist, ist für mich heute die stärkste Motivation.

Alles, was Sie für ein erfolgreiches Leben brauchen, ist positives Denken, Energie und die richtige Ausrichtung Ihrer geistigen Kräfte. Wenn Sie dann erst einmal finanzielle Unabhängigkeit erreicht haben, können Sie sich entspannen und den Stress hinter sich lassen, der normalerweise mit einem hektischen Leben einhergeht. Ich verbringe beispielsweise viel Zeit mit dem Schreiben von Zeitungsartikeln, Romanen und Sachbüchern und natürlich auch mit der Beantwortung der vielen E-Mails, die ich täglich erhalte, sowie mit Sport und Körperübungen. Ich wurde vor meinem 30. Lebensjahr Millionär und ich könnte noch viel reicher sein, wenn ich alle Angebote angenommen hätte, die man mir unterbreitet hatte. Doch es war noch nie meine Priorität, einfach nur Geld anzuhäufen. Ich bin heute nicht mehr mit Gelderwerb beschäftigt, sondern versuche, anderen zu helfen – und das ist es, was mich wirklich zufrieden macht.

Viele reiche Leute werden kritisiert, weil die Öffentlichkeit denkt, sie seien habgierig und würden ihr Geld auf Kosten von anderen Menschen zusammenraffen. Ich denke, das Gegenteil ist der Fall. Ich bin der Meinung, dass Unternehmer eine Menge Arbeitsplätze schaffen und anderen Menschen zu Wohlstand verhelfen.

Nehmen wir zum Beispiel Robert Strauß, den Direktor der riesigen australischen *Bridge Oil Company*. Er sagte einmal zu mir, dass die Herausforderung, das Unmögliche zu erreichen sein eigentlicher »Motor« sei. Das sei für ihn viel aufregender und wichtiger, als immer mehr Geld zu verdienen. Oder bedenken Sie, wie Saul Steinberg, der Gründer des amerikanischen Unternehmens *Leasco* und Vorsitzende der *Reliance Holdings* sich selbst sah. Der Öffentlichkeit als »König der Wall Street« bekannt, erhob Steinberg den Anspruch, einer der reichsten Männer der Welt zu sein. Er betrachtete seine Aktivitäten wie jemand, der Spaß an einer unblutigen Schlacht hat: »Mein Berufsleben war eine Art, in den Krieg zu ziehen, ohne jemanden zu töten.« Der in Brooklyn geborene Geldmagnat begann seine astronomische Karriere mit 19 Jahren, als er sich 300 000 Dollar borgte und eine ortsansässige Firma übernahm. Seit damals hat er ein Imperium aufgebaut, zu dem Computer-, Immobilien- und Versicherungsunternehmen gehören. Er schätzt sein Vermögen auf etwa 3,7 Milliarden Dollar. Es gibt einen einfachen Grund dafür, dass er trotz seines immensen Reichtums mit seinen Aktivitäten fortfährt. Er sagt: »Für mich ist das Geschäftsleben pure Entspannung.« Aber die Grundlage für sein Imperium bildete die Finanzierung durch seine Bank. Erinnern Sie sich, was ich Ihnen über den Umgang mit Ihrem Bankmanager sagte? Darüber, wie man sich eine gute Kreditwürdigkeit und das Image eines lohnenden Risikos aufbaut? Ob Sie bereits ein Geschäft aufgebaut haben oder noch am Anfang stehen – das Prinzip ist immer dasselbe. Wenn Sie nicht genügend Geld haben, ist es unmöglich, in großem Stil zu expandieren, ohne sich zusätzliche Summen zu leihen.

Rupert Murdoch, der international tätige Zeitungs- und TV-Magnat erbte als junger Mann die »Adelaide News«, eine Abendzeitung der größten Stadt Südaustraliens. Sie galt als gute »Geldmaschine«, hatte jedoch nicht dasselbe starke Fundament wie die größeren Zeitungskonzerne in Großstädten wie Sydney oder Melbourne. Der junge Rupert hätte sich zurücklehnen und ein höchst komfortables Leben in einem abgeschiedenen Landhaus in den Bergen um Adelaide oder in den »besseren Kreisen« Melbournes führen können, in denen er aufgewachsen war. Stattdessen bot er der Bank seinen Besitz als Sicherheit an und begann, in großem Stil Geld zu borgen, um zunächst in Sydney und dann in anderen großen Städten Zeitungsverlage aufzukaufen.

Als nach der Eröffnung eines seiner Büros in New York das Geld knapp wurde, fragte ihn einer seiner australischen Topmanager, welche Einschränkungen im neuen Büro nötig seien. Seine Antwort kam umgehend und wurde Teil der Legende, die ihn heute umgibt: »Geht nirgendwo hin, deckt alles ab, zahlt nichts«, sagte der angehende Tycoon.

Während seine Konkurrenten dachten, Murdoch sei übers Ziel hinausgeschossen und würde mit seinen Zeitungen scheitern, wurde sein Unternehmen immer stärker. Und in dem Maße, in dem sein Imperium wuchs, wuchsen auch seine Bankkredite. Er dehnte seine Käufe auf Neuseeland, Hongkong, Großbritannien und Amerika aus und wurde schließlich Bürger der Vereinigten Staaten.

Sein Privatvermögen weist ihn als einen der Superreichen aus, und dennoch schuldet er Banken und Regierungen Millionen und Abermillionen, die er sich für seine Neuerwerbungen borgte. Trotz seines Reichtums hat er nie seinen alten Bankmanager und Freund aus Adelaide vergessen, der ihm den Weg zu seinen weltweiten Übernahmen ebnete, indem er ihm Geld lieh, damit er einen Zeitungsverlag in Sydney kaufen konnte. Dieser inzwischen pensionierte Manager wird immer noch zum Mittagessen ausgeführt oder zum Abendessen eingeladen, wenn Rupert in der Stadt ist. Ich betrachte Rupert Murdoch als eines der größten Kommunikationsgenies der Welt. Als Geschäftsmann sucht er Seinesgleichen. Doch wie kann ein Mann einen weltumspannenden Konzern leiten und trotzdem dafür sorgen, dass seine Präsenz so stark wahrgenommen wird, dass die Juniormanager zittern, wenn er in einem seiner zahlreichen Unternehmen auf einen kurzen Besuch vorbeischaut? Der Schlüssel liegt in der Wahl seiner Topmanager. Murdoch hat einen untrüglichen Instinkt für den »richtigen Mann«. Er hat ein perfektes Gespür für seine Belegschaft, das seiner besonderen Begabung zur PSI-Kommunikation entspringt. Mit Hilfe seines PSI-Sinns erkennt er Menschen unmittelbar und weiß sofort, ob sie für den jeweiligen Job geeignet sind. Dann sorgt er dafür, dass er ständig mit ihnen in Verbindung steht, ganz gleich, wo er sich gerade aufhält. Anders als in vielen multinationalen Konzernen, wo der Vorstand die Manager nicht persönlich kennt, erinnert sich Murdoch an die Vornamen und andere persönliche Details aller seiner Spitzenmanager. Seine eigene Begeisterung für seine Unternehmen zündet auf telepathischem Wege einen Funken in denen, die für ihn arbeiten – mit offensichtlich positiven Ergebnissen, die seine Investoren beim Lesen seiner Bilanzen in Verzückung geraten lassen!

Der Chef von *Virgin Records*, Sir Richard Branson, war erst 18 Jahre alt, als er sein Geschäftsimperium aufzubauen begann, das heute ein millionenschwerer multinationaler Konzern ist. Er bediente sich der PSI-Kommunikation und erreichte erstaunliche Ergebnisse. Anstatt sich von dem jungen Team, das er beschäftigte, abzusondern, lebte er weiterhin jahrelang an Bord seines bescheidenen Hausbootes auf einem Kanal in Londons »Kleinvenedig«, führte seine Geschäfte von seiner kleinen Kabine aus und schrieb sich Memos auf Hände und Knie, während er sich äußerlich durch nichts von einem jener bärtigen, jeanstragenden Aussteiger der 60er-Jahre unterschied. Sein Schlüssel zum Erfolg lag darin, dass er »in Kontakt« mit den Leuten war. Dadurch gelang es ihm, Persönlichkeiten wie Boy George vom *Culture Club* und äußerst erfolgreiche Künstler wie Mike Oldfield unter Vertrag zu nehmen. Branson ist ein

»Wunderkind« unter den Geschäftsmännern, das durch klugen Einsatz von Kommunikationstechniken andere inspirieren und begeistern kann. Ihm gehört auch die Fluggesellschaft Virgin Atlantic Airways.

Oft stellt man fest, dass mächtige und einflussreiche Menschen von einer gewissen Aura umgeben sind. In PSI-Begriffen ausgedrückt, weist das auf eine spirituelle Entwicklung hin oder eine bestimmte Ausstrahlung, die den Körper dieser Person umgibt. Ich glaube, dass manche Menschen diese Aura entwickeln, nachdem sie jahrelang mit Hilfe von PSI-Methoden an sich gearbeitet haben. Sie haben ihre Sinne geschärft und ihre ursprünglichen Talente und Begabungen entwickelt. Die Aura wird dann zu einer Manifestation ihres Erfolges.

Der legendärste aller Millionäre, Howard Hughes, hätte wahrscheinlich ein fantastisches Medium abgegeben. Er war ein Mensch, dessen Kraft des positiven Denkens kaum Grenzen kannte. Hughes' Stärke waren seine PSI-Fähigkeiten. Keine Herausforderung war zu klein oder zu groß. Er legte Hand an Flugzeuge, entwarf Ölbohrer und kreierte Büstenhalter mit derselben positiven Einstellung, mit der er auch den Rest seiner Geschäfte in Angriff nahm. In dem Maße, indem sein PSI-Bewusstsein zunahm, verstärkte sich auch seine Anziehungskraft auf Frauen. Seine Aura hatte aphrodisische Qualität.

Unter den wenigen, die ihm das Wasser reichen konnten, waren Männer wie Aristoteles Onassis und John Paul Getty, die beide nicht so attraktiv und »glamourös« waren wie Hughes, aber ebenfalls diese undefinierbare Aura besaßen, die sie so unwiderstehlich für Frauen machte. Auch sie hatten Zukunftsvisionen und besaßen die innere Kraft und die Stärke, sie zu verwirklichen.

Man kann auch innerhalb einer Unternehmensstruktur arbeiten und außerordentlich erfolgreich sein. Diejenigen, denen das gelingt, müssen allerdings eine außergewöhnliche Charakterstärke besitzen, um Grenzen und Restriktionen innerhalb der Unternehmensstruktur zu überwinden. Bill Gates ist überzeugt, dass man mit harter Arbeit, dem Glauben an sich selbst und mit Intelligenz praktisch alles erreichen kann. Dieser Visionär arbeitet sehr hart und sehr konkurrenzorientiert, um Erfolg zu haben, er glaubt nicht an »Glück«. Sein Glaube an harte Arbeit und Intelligenz brachte ihn dahin, wo er jetzt ist. Er ist einer der erfolgreichsten Geschäftsleute der Welt und sein Unternehmen ist gleichzeitig auch die am schnellsten wachsende Industrie der Welt. Bill fing schon als Teenager an, mit Computern zu arbeiten. Zusammen mit seinem Partner, Paul Allen, gründete er als Neunzehnjähriger im Jahre 1975 die Firma *Microsoft*. Innerhalb weniger Jahre machte sich Microsoft mit seinen Betriebssystemen und raffinierten Deals einen Namen. Viele Aktionäre des Unternehmens sind heute Millionäre und einige, wie Bill Gates und Paul Allen, sind Milliardäre. Bill wurde zu einem der reichsten und mächtigsten Männer der Erde. Er unterstützte Chicagos Schulen und Museen mit Millionen von Dollars und Sachspenden, wie zum Beispiel Computern, und schloss eine Reihe von Schulen ans Internet an. Außerdem spendete er 38 Millionen Dollar für den Aufbau eines Computer-Institutes an der Stanford University. Darüber hinaus kommen eine ganze Reihe von Wohltätigkeitsorganisationen und Veranstaltungen in den Genuss seiner Spenden – insbesondere solche, die die Verbreitung von Computern fördern. Er ist das Musterbeispiel eines Menschen, der seinen Weg macht, indem er sicherstellt, dass alle Türen offen sind, und der sich seine eigenen Chancen schafft.

Timothy Koogle ist Geschäftsführer des Internet-Giganten *Yahoo*. Er bahnt sich seinen Weg in einer Branche, die ihre Fühler bereits in die Zukunft ausstreckt. Koogle ist zukunftsorientiert, entscheidungsfreudig und konzentriert. Seine drei Ingenieur-grade und 15 Jahre Erfahrung im High-Tech-Management waren entscheidend für den Erfolg dieses Unternehmens, in dem das Durchschnittsalter der Angestellten 29 Jahre beträgt. Ein wesentlicher Faktor für den Erfolg von *Yahoo* sind die regel-mäßigen Diskussionsrunden, die das Management-Team dazu nutzt, dringende Fragen und Probleme zu lösen.

Seit seiner Kindheit wurde Koogle von seiner Unternehmungs-lust angetrieben. Sein Vater, ein Mechaniker und Maschinist, brachte ihm bei, wie man Motoren baut, eine Fähigkeit, die er sich später zunutze machte. Sein Studium an der *Stanford University* finanzierte er, indem er die Automotoren seiner Mitstu-denten reparierte und eine Firma gründete, die Industriedesign für Unternehmen der Bay Area anbot. Koogle brachte seine Ausbildung und sein Know-how als Mechaniker bei *Motorola Inc.* ein, wo er neun Jahre blieb. Danach wechselte er zu *Intermec* in Seattle, wo er als Direktor die Verkaufszahlen innerhalb von drei Jahren um 50 % steigerte.

Yahoo wurde kürzlich auf einen Umsatz von über neun Milli-arden Dollar geschätzt. »Es gibt viele Leute im Silicon Valley, die sich mit der Frage ›Wie kann ich eine Menge Geld ma-chen?‹ beschäftigen. Das interessiert mich nicht«, sagt Koogle, »mir macht es Spaß, Unternehmen aufzubauen, die Geld ›machen‹.« Seine *Yahoo*-Anteile sind 200 Millionen Dollar wert.

Nelson Mandela, ein afrikanischer Ureinwohner und Prinz, wurde zum Anführer der Menschen Südafrikas, die gewaltlos gegen die Apartheid kämpfen wollten. Der charismatische Rechtsanwalt wurde Anfang der 1960er-Jahre verhaftet und von der südafrikanischen Regierung zu lebenslanger Freiheits-strafe verurteilt. Doch das war für ihn nur das Sprungbrett, das ihn zur Inspiration und Identifikationsfigur für alle schwarzen

Afrikaner werden ließ. Er nutzte die 27 Jahre währende Gefangenschaft, um sich zu dem reifen und disziplinierten Staatsmann zu entwickeln, der er heute ist. Er wurde zu einem der letzten großen Helden des 20. Jahrhunderts und zum Hoffnungsträger für schwarze Menschen in aller Welt. Geduldig saß er seine Gefängnisstrafe bis zu seiner Freilassung und späteren Wahl zum Präsidenten Südafrikas ab. Hier ist ein Mensch, der bereit war, für das, was er als richtig erkannt hatte, zu sterben. Es gelang ihm, seinen Traum von einer freien und demokratischen Gesellschaft zu verwirklichen, in der alle Menschen in Harmonie und mit gleichen Chancen leben können. Sein Lieblingszitat, das seine Lebensphilosophie perfekt in einem Satz zusammenfasst, lautet: »Ich bin der Meister meines Schicksals; ich bin der Steuermann meiner Seele.«

Die Strategien der Sieger

Ob Sie Ihr eigenes Unternehmen gründen oder als Angestellter die Karriereleiter hinaufklettern wollen, es gibt Methoden, mit denen man das Spiel gewinnen kann. Ich persönlich glaube, dass die PSI-Methode effektiver als alle anderen Methoden ist.

Eine positive Einstellung

Eignen Sie sich mit Hilfe Ihrer Gedankenkraft eine positive innere Haltung an. Sie müssen daran glauben, dass Sie ein Sieger sind. Sagen Sie sich: »Ich kann dieses (geschäftliche) Ziel erreichen, wenn ich es wirklich will. Ich habe die Fähigkeiten und das nötige Wissen. Nichts kann mich aufhalten. Ich werde es tun. Ich will es.«

Bereiten Sie sich auf jede geschäftliche Verhandlung vor, als würden Sie in eine »Schlacht« ziehen. Arbeiten Sie Ihren Schlachtplan aus. Machen Sie sich körperlich und geistig fit. Planen Sie einen unblutigen Streich. Sie können siegen und trotzdem beliebt sein! Falls es um eine Beförderung geht, müssen Sie das Vertrauen Ihres Chefs gewinnen und den Respekt Ihrer Kollegen genießen. Fangen Sie an, den Job zu machen, den Sie haben möchten. Zeigen Sie Ihrem Chef mit Hilfe Ihrer Kommunikationstechniken, dass Sie die richtige Person für den Job sind.

Entscheidungen fällen

Scheuen Sie sich nicht, Entscheidungen zu fällen. Es könnte sonst sein, dass man Ihnen nicht einmal Gelegenheit gibt, eine falsche zu treffen! Haben Sie Vertrauen zu sich selbst. Seien Sie zuversichtlich. Wägen Sie alle Möglichkeiten gegeneinander ab, bevor Sie sich entscheiden, und bleiben Sie dann bei Ihrer Entscheidung. Richtig oder falsch – Ihre Gründe werden nicht zu beanstanden sein.

Zeiträuber ausschalten

Bestimmen Sie mit Hilfe Ihrer PSI-Kommunikationstechniken, wem Sie Zeit widmen wollen und auf wessen Gesellschaft Sie verzichten können. Zeit ist ein kostbares und unersetzliches Gut. Verschwenden Sie Ihre Zeit nicht mit Reden, es sei denn, Sie haben etwas davon. Verschwenden Sie Ihre Zeit auch nicht mit Belanglosigkeiten. Fragen Sie sich, ob das, was Sie tun, effektiv ist. Falls nicht, sollten Sie es lassen.

Delegieren

Scheuen Sie sich nicht, unwichtigere Aufgaben an fähige Leute zu delegieren. Sehen Sie sich selbst als eine Person, die die wichtigen Entscheidungen trifft und keine Zeit für untergeordnete Aufgaben hat, die jemand übernehmen kann, der weniger qualifiziert ist als Sie. Verzetteln Sie sich nicht in unwichtigen Details.

Stehen Sie über den Dingen

Meditieren Sie mit Hilfe von PSI-Techniken. Denken Sie über Ihre Ziele nach und lassen Sie sich nicht von unwichtigen und Zeit raubenden Dingen davon ablenken.

Akzeptieren Sie keine negativen Botschaften

Akzeptieren Sie kein »Nein«. Ist ein Weg versperrt, suchen und finden Sie einen anderen. Wenn eine bestimmte Person am Telefon nicht mit Ihnen sprechen will, finden Sie heraus, warum und versuchen Sie, auf anderem Wege mit dieser Person in Kontakt zu treten. Falls ein untergeordneter Angestellter »Nein« zu Ihnen sagt, wenden Sie sich an den Vorgesetzten. Scheuen Sie sich nicht, sich direkt an die Unternehmensspitze zu wenden.

Die Kommunikation steuern

Ihr wichtigstes »Kapital« im Geschäftsleben ist Ihre Kommunikationsfähigkeit. Lesen Sie noch einmal das Kapitel über Kommunikation (siehe S. 81 ff.) und wenden Sie die Prinzipien sorgfältig an. Lernen Sie, Zugang zu Ihren Arbeitskollegen, Partnern und Freunden sowie Ihren Gegnern zu finden. Lernen Sie, Körpersprache zu entschlüsseln, und vergessen Sie nicht, wie wichtig es ist, anderen zuzuhören.

Versprechen Sie nichts

Versprechen Sie nichts, was Sie später bereuen könnten oder vielleicht nicht einhalten können. Sie können auch ohne sich sofort festzulegen einen guten Eindruck machen. Halten Sie sich zurück und hören Sie anderen zu. Lassen Sie die anderen Verpflichtungen eingehen. Machen Sie keine unerbetenen Vorschläge. Es könnte Sie jemand in Grund und Boden stampfen. Sind Sie sich in Bezug auf die Fakten unsicher, halten Sie besser den Mund, sonst liefern Sie anderen Munition, mit der auf Sie geschossen werden kann.

Das Geschäft nicht zu ernst nehmen

Betrachten Sie Ihre beruflichen oder geschäftlichen Ambitionen als Spiel. Passen Sie auf, dass Sie sich nicht anspannen oder emotional werden, denn das führt nur zu Stress. Machen Sie Ihr Spiel mit der Absicht, zu gewinnen, doch genießen Sie es. Agieren Sie so viel Sie wollen, vorausgesetzt, es bringt Sie an die Spitze, doch verstricken Sie sich nicht emotional. Wenn Sie das tun, wird Ihre Urteilsfähigkeit leiden.

Die Richtung ändern

Zeichnen Sie ein PSI-Porträt Ihrer Zielperson. Falls Sie sie beeindrucken wollen, sollten Sie herausfinden, ob sie oder er einen konservativen Geschmack hat. Kleiden Sie sich so, dass Sie in etwa den Erwartungen Ihrer Zielperson entsprechen. Finden Sie etwas über die Stärken und Schwächen dieser Person heraus. Versuchen Sie, sich in sie hineinzuversetzen und spielen Sie vor der realen Begegnung ein Rollenspiel mit vertauschten Rollen durch.

Dem Instinkt folgen

Überlassen Sie ihrem Instinkt eine große Rolle bei Ihrer Entscheidungsfindung, wenn Sie nicht an alle relevanten Informationen herankommen. Wenn Sie das Gefühl haben, dass es notwendig ist, in ein Flugzeug zu springen, um mit jemandem zu sprechen, obwohl es bequemer wäre, ihn später per Telefon zu erreichen, sollten Sie Ihrem Instinkt folgen. Viele Chancen kommen nicht wieder. Eine persönliche Begegnung ist viel effektiver als ein Telefongespräch.

Gutes Timing

Perfektionieren Sie Ihr Timing. Wählen Sie nie den falschen Zeitpunkt, um einen Vorschlag anzubringen, ein Geschäft abzuschließen oder etwas zu verkaufen. Haben Sie Geduld! Lernen Sie, auf den richtigen Moment zu warten. »Entschlüsseln« Sie die andere Person, um den richtigen Zeitpunkt für Ihren Vorstoß herauszufinden. Falls Sie das Gefühl haben, dass es besser ist, sich zurückzuziehen, sollten Sie das auch tun. Sie können immer noch darauf zurückkommen, was im Falle einer Ablehnung erheblich schwieriger ist.

Risiken eingehen

Seien Sie bereit, kalkulierte Risiken einzugehen. Ein Zauderer wird nie den Hauptpreis gewinnen. Wenn Sie wissen, dass die Person, die Sie kontaktieren möchten, in der Businessklasse oder der ersten Klasse fliegt, sollten Sie einen Platz in ihrer Nähe buchen. Was bedeuten schon ein paar tausend Dollar, wenn Hunderttausende auf dem Spiel stehen? Die Chancen stehen gut, dass die betreffende Person in einem Flugzeug viel entspannter und aufgeschlossener ist als in einem Büro, wo sie ständig von anderen Mitarbeitern oder Sekretärinnen umgeben ist. Hüten Sie sich aber trotzdem vor übertriebenem Optimismus und kalkulieren Sie eine Enttäuschung ein. Es gibt immer Haie, die sich auf finanziell unerfahrene Leute stürzen, um sie auszubeuten. Recherchieren Sie sorgfältig, bevor Sie Geld investieren und fragen Sie sich: Was bringen andere Teilnehmer ein? Fragen Sie sich auch, was Sie wirklich über die anderen und deren Bilanzen wissen. Es ist wichtig, vorsichtig vorzugehen. Doch wenn Sie alles so gut wie möglich geprüft haben, mit den Ergebnissen zufrieden sind und »spüren«, dass dieses Projekt das Richtige für Sie ist, sollten Sie ein kalkuliertes Risiko eingehen. Wenn Sie entschlossen sind, Erfolg zu haben, wird es Ihnen gelingen.

Investitionen wagen

Nehmen wir an, Ihr Projekt ist erfolgreich und bringt Geld ein. Machen Sie nun nicht den Fehler, alles auf eine Karte zu setzen. Wählen Sie sichere Investitionsmöglichkeiten und streuen Sie Ihre Investitionen. Widerstehen Sie der Verlockung von Angeboten, die ungewöhnlich hohe Renditen versprechen. Solche Angebote könnten zwar ein paar zusätzliche Prozente einbringen – doch Sie könnten auch Ihr ganzes Geld verlieren. Und vergessen Sie nicht: Meiner Meinung nach sind Immobilien immer noch die solideste Investition. Hier liegt der Schlüssel zum Erfolg darin, immer nach Immobilien in der besten Lage Ausschau zu halten. Denken Sie daran: Entscheidend ist

»…die Lage, die Lage und nochmals die Lage«, wie Mr. Hilton sagte. Ein Beispiel: Im Jahre 1987 kaufte ein Immobilienmakler einen Raum von der Größe einer Besenkammer direkt neben dem Kaufhaus Harrods im Londoner Bezirk Knightsbridge. Der Kaufpreis betrug 56 275 Dollar, was zum damaligen Zeitpunkt dem Preis für ein bescheidenes Haus in einem Provinzstädtchen entsprach. Heute, 15 Jahre später ist dieser Raum 1 000 000 Dollar wert!

Machen Sie auf sich aufmerksam

Lernen Sie, aus der Masse herauszuragen. Sie können das mit Ihrer Körpersprache oder mit tadelloser Kleidung erreichen oder mit Ihrer Art, zu kommunizieren oder Ihre Projekte zu präsentieren. Sorgen Sie dafür, dass die Leute aufhorchen und Notiz von Ihnen nehmen. Seien Sie innovativ und wagen Sie etwas. Zeigen Sie den Leuten, dass Sie ein Führer und kein Gefolgsmann sind.

Wenden Sie sich direkt an die höchste Ebene

Sparen Sie Zeit, indem Sie sich direkt an die höchste Ebene wenden. Ob Sie Rat suchen oder etwas verkaufen wollen – wenden Sie sich immer an den Boss. Wenn er oder sie die Entscheidungen trifft, verschwenden Sie nur Ihre Zeit mit dem Versuch, untergeordnete Mitarbeiter zu überzeugen. Scheuen Sie sich auch nicht, einen relativ hohen Preis für den besten Rat zu bezahlen. Sie könnten dadurch am Ende ein Vielfaches an Geld einsparen.

Starke Teams bilden

Wenn jemand anders in einem bestimmten Bereich mehr Erfahrung hat als Sie oder qualifizierter ist, sollten Sie Ihre Kräfte vereinen. Gehen Sie Geschäftspartnerschaften mit Menschen ein, von denen Sie profitieren können. Ohne sie werden Sie es vielleicht nie schaffen. Gemeinsam sind Sie stärker. Suchen Sie sich einen interessanten Partner, mit dem Sie sich die Bälle zuwerfen und Ideen entwickeln können. Das kann viel einträglicher sein und gleichzeitig auch mehr Spaß machen.

Verhandlungsgeschick zeigen

Machen Sie sich Verhandlungstechniken zu Eigen. Dabei geht es in der Regel um Kommunikationsfähigkeit, Timing und Erfahrung. Schreiben Sie Ihre Ideen auf, bevor Sie anfangen, und üben Sie, was Sie sagen werden. Versetzen Sie sich in den anderen hinein und spielen Sie die Situation mit vertauschten Rollen durch. Achten Sie auf perfektes Timing. Lernen Sie, wann Sie schweigen müssen. Argumentieren Sie aus einer Position der Stärke heraus. Legen Sie im Voraus genau fest, zu welchen finanziellen Konzessionen Sie bereit sind.

Geschicktes Personalmanagement

Bringen Sie Ihre Kollegen auf Ihre Seite. Falls Sie Angestellte haben, sollten Sie dafür sorgen, dass diese sich wichtig und willkommen fühlen. Bieten Sie ihnen Anreize und Prämien. Geben Sie ihnen das Gefühl, dass sie zum Erfolg des Unternehmens beitragen. Ermutigen Sie sie zu unabhängigem Denken. Geben Sie ihnen das Gefühl, dass Ihnen ihre Anliegen wichtig sind. Begeistern Sie sie mit Ihren Ideen und Visionen.

Ich glaube, dass jeder »seines Glückes Schmied« ist. Oft höre ich von Leuten, dass sie genau zur richtigen Zeit am richtigen Ort waren. Viele ihrer Konkurrenten hätten auch da sein können, doch sie waren nicht da. »Glück« kann eine Rolle spielen, meistens ist in solchen Fällen allerdings Ihre PSI-Energie am Werk. Positives Denken, Ausdauer und harte Arbeit bringen die Belohnungen, die andere für Glück halten.

Ich möchte an dieser Stelle auch betonen, dass es ganz wichtig ist, mit gutem Gewissen zu Bett gehen zu können, wenn man seinen Erfolg wirklich genießen will. Tun Sie nichts Illegales und nichts, das Ihrem guten Ruf schaden könnte. Wenn Sie ein Unternehmen haben, das Ihnen gutes Geld einbringt, sollten Sie nicht versuchen, auf illegalen Wegen Steuern zu umgehen. Selbst einige legale Methoden der Steuervermeidung können so kompliziert und Zeit raubend sein, dass sie am Ende gegen Sie arbeiten könnten. Genießen Sie Ihren Erfolg, ohne habgierig zu werden! Innerer Frieden ist das, was Sie suchen.

Das Showgeschäft, die Stars und PSI

Zu meinen Kritikern gehören auch die Leute, die der Meinung sind, ich solle meine Kräfte und Fähigkeiten nur unter Laborbedingungen demonstrieren und nicht auf der Bühne. Darauf gebe ich eine sehr direkte und ehrliche Antwort: Ich bin ein »Entertainer« und finde es gut, meine Kräfte so vielen Menschen wie möglich zu demonstrieren. Warum sollte ich sie nur mit ein paar grauhaarigen Wissenschaftlern in einem winzigen weißgekachelten Raum auf einem Universitätsgelände teilen, wenn Millionen Menschen Spaß daran haben? Hätten meine Kräfte oder Fähigkeiten nicht die Fantasie des Publikums angeregt, hätten sie nicht so ungeahnte Möglichkeiten aufgezeigt, dann hätte sich wohl kaum auch nur ein Wissenschaftler überhaupt die Mühe gemacht, sie zu untersuchen. Ich bezweifle, dass Arthur Koestler ohne meine öffentlichen Auftritte sein Geld investiert hätte, um einen Lehrstuhl für Parapsychologie an der Universität von Edinburgh einzurichten – der erste in diesem Fachbereich in ganz Großbritannien! Außerdem bin ich der Meinung, dass meine Fähigkeiten in zahlreichen Laboratorien in aller Welt zur Genüge von renommierten Wissenschaftlern untersucht und bestätigt wurden.

Ein Shakespearedarsteller, der irgendwann beschließt, Serienstar im Fernsehen zu werden, hat genauso unter Kritikern zu leiden, die hochnäsig bemerken, er solle sich nicht »billig« verkaufen. Aber wieso verkauft man sich »billig«, wenn man ein breiteres Publikum unterhält und ihm Freude bereitet? Eine solche Einstellung ist elitär und egoistisch. Warum sollten einige wenige der Mehrheit ihre Ansichten aufzwingen und ihre persönlichen Vorlieben über die ihrer Mitmenschen stellen? Bei der Schauspielerei geht es um Kommunikation und jemand, der erfolgreich kommunizieren kann, sollte in der Lage sein, eine Brücke zwischen leichter Unterhaltung und ernsthafter Arbeit zu schlagen. Entertainment ist ein aufregender Teil des öffentlichen Aspektes von PSI. Kommunikation findet auf allen Ebenen statt: über Körpersprache, Bewegung, das gesprochene Wort, Rollenspiele und die Projektion von Bildern. Vielleicht haben viele Schauspieler einen natürlichen Zugang zu ihren PSI-Kräften, weil sie ständig mit ihrem inneren Selbst kommunizieren und mentale Prozesse untersuchen und verstehen müssen, um sich in ihre Rollen hineinversetzen zu können. Einige von ihnen haben sogar zugelassen, dass ihre PSI-Projektion außer Kontrolle geriet. Ich kenne zumindest mehrere berühmte Schauspieler, die ihre projizierte Persönlichkeit so ernst nahmen, dass sie ein echtes Identitätsproblem bekamen.

Menschen, die ein natürliches schauspielerisches Talent besitzen, welches ja schließlich ein hoch entwickelter PSI-Sinn ist, haben ein äußerst wirkungsvolles Werkzeug in der Hand. Weise genutzt, kann es ihnen zu immensem Reichtum und Ruhm verhelfen. Doch glauben Sie nicht, dass Sie unbedingt ein besonders kontaktfreudiger, extrovertierter Typ sein müssen, um diese PSI-Fähigkeiten zu erwerben. Obwohl man den im Showgeschäft tätigen Menschen gewöhnlich diese Extrovertiertheit zuschreibt, gibt es in dieser Branche fast genauso viele Menschen, die scheu und zurückhaltend sind.

Aaron Spelling ist ein Mensch, den man in einem vollbesetzten Zug mit Sicherheit übersehen würde. Doch die Chancen, ihm in einem Zug zu begegnen, sind ziemlich gering. Er würde den Zug wahrscheinlich kaufen, bevor er damit fahren würde. Er wirkt ein wenig zerbrechlich, ein bisschen traurig und scheu. Nur wenn Sie ihm in die Augen blicken würden, bekämen Sie eine Ahnung von den enormen PSI-Kräften dieses

Mannes. Er ist ein Show-Business-Mogul mit beispiellosem Erfolg, Amerikas »Mr. Television« und der erfolgreichste unabhängige Fernsehfilmproduzent der Welt. Er ist der König von Hollywood.

Auf welche Weise verhalf ihm die PSI-Energie zu einem so unglaublichen Erfolg in diesem Metier? Ich werde es Ihnen verraten. Er war der vierte Sohn eines russischen Emigranten, eines Schneiders, und wuchs in einem Ghetto in Dallas, Texas, auf. Seine Mutter war Näherin. Aaron war ein kränkliches, schwaches Kind. Die stärkeren Kinder piesackten ihn, wo sie nur konnten. Er wurde geschlagen und gedemütigt, getreten und verspottet. Mit sieben Jahren erlitt er einen Nervenzusammenbruch und blieb lieber zwei Jahre im Bett, als sich von den anderen Kindern weiterhin drangsalieren zu lassen. Als Aaron nach Hollywood kam, war er gerade nur knapp dem Tode entronnen, was seine PSI-Sinne nur noch mehr schärfte. Es geschah während seines Armeedienstes. Man holte ihn zwei Minuten vor dem Start aus einem Flugzeug, das dann in Ohio abstürzte und alle Insassen in den Tod riss. In Hollywood erhielt er Filmrollen, doch sie entsprachen nicht seiner Vorstellung. Er wurde immer wieder als »Außenseiter« besetzt. Sein Leben änderte sich erst, als er die Rolle wechselte und Drehbuchautor und Produzent wurde. Er wusste, was er wollte: beim Fernsehen Geld verdienen. Also wählte er dieses Ziel und verfolgte es.

Er wird im Guinness-Buch der Rekorde erwähnt, weil er bisher über 2000 Stunden Fernsehunterhaltung produziert hat. Fast alle seine Shows wurden phänomenale Erfolge, wie beispielsweise »Drei Engel für Charlie«, »T. J. Hooker«, »Hart aber herzlich«, »Starsky und Hutch«…

Obwohl sein Bankguthaben mit jeder Minute steigt, gibt der Milliardär Aaron sein Geld weise aus. Alle seine Investitionen sind grundsolide. Wie der lupenreine 40-Karat-Diamant, den er seiner schönen Frau Candy kaufte. Er gehörte dem verstorbenen Schah von Persien und ist eines der begehrtesten Schmuckstücke der Welt. Außerdem bezahlten die Spellings über zehn Millionen Dollar in bar für Bing Crosbys ehemaliges Haus, nur um es abzureißen und wieder neu aufzubauen. Doch alte Gewohnheiten sind hartnäckig. Wenn es Aaron nicht gut geht, bleibt er im Bett, und er befürchtet oft, sein Imperium könnte über Nacht einstürzen. Die Käufer seiner Fernsehserien denken anders darüber und stellen riesige Summen für seine neuen Shows bereit. Aarons positives PSI ist stärker als sein natürlicher Pessimismus. Er hat sich innerlich darauf programmiert, erfolgreich zu sein. Als er seine ersten Drehbücher einreichte, wurde er drei Jahre lang zurückgewiesen, doch er machte weiter.

Während Aaron sein Imperium auf der einen Seite des Atlantiks aufbaute, errichtete sein Pendant und späterer Freund, Sir Lew Grade, das seine auf der anderen Seite des Ozeans, in England. Beide stammen aus ähnlichen Verhältnissen, sind jedoch vom Temperament her sehr verschieden. Der Zigarren paffende Tycoon Sir Lew Grade floh im Jahre 1912 mit seiner Familie aus Russland. Er war einer von drei Brüdern, die alle reich und berühmt werden sollten. Das Leben im Londoner East End war hart für die Jungen. Lew verließ die Schule mit vierzehn und half eine Zeit lang seinem Vater Isaac in dessen Bekleidungsgeschäft aus. Sein Leben änderte sich, als er einen Preis in einem Charleston-Wettbewerb gewann und professioneller Tänzer wurde. Mit seiner ungeheuren Energie und positiven PSI-Kraft erkannte Lew, dass er sich in verschiedenen Zweigen des Show-Business engagieren musste, wenn er wirklich erfolgreich sein wollte. Er wurde Agent, stand morgens um fünf Uhr auf und arbeitete bis zum späten Abend – eine Gewohnheit, die er während seines ganzen Berufslebens nicht mehr ablegen sollte. In seiner Zeit als Agent half er einer ums Überleben kämpfenden Fernsehgesellschaft, auf die Straße des Erfolgs zu kommen. Er übernahm *ATV* und wurde zum wichtigsten Mann des kommerziellen Fernsehens in Großbritannien. Wie Aaron Spelling wusste auch er instinktiv, was das Publikum wollte, und gab es ihm. Auch er wollte bei allem, was er tat, einer der Besten sein und seine Positivität und sein ausgeprägter PSI-Sinn waren ein unschätzbares Kapital. Wie viele andere erfolgreiche Menschen auch schaute Sir Lew – der zum Baron, Lord Grade, ernannt wurde – nie auf vergangene Fehler zurück. Es war nicht seine Art, Dinge nachträglich zu erörtern oder zu bedauern. Selbst beim Addieren von Zahlen blieb er der ewige Optimist. Auf die Frage, was zwei und zwei ergibt, erwiderte er verschmitzt: »Wollen Sie kaufen oder verkaufen?«

Wie alle großartigen Verkäufer und Künstler verfügte er über einen starken PSI-Sinn für Spaß und Drama. Seine »Opfer« sagten über ihn: »Sein Repertoire war so umfangreich wie das eines Kinoklavierspielers und er konnte alle Register ziehen – sentimental, drohend, bittend, bewundernd. Seine beste Szene war die, wenn er auf die Knie fiel, die Arme in die Luft warf und mit einer Hand immer noch die Zigarre festhielt.«

Sie müssen nicht so reich und erfolgreich werden wie Aaron Spelling oder Sir Lew Grade, um glücklich zu sein, aber vielleicht können Sie von deren Art zu leben und der Motivation, die hinter ihrem Erfolg steckt, etwas lernen. Wie stark ist Ihre Motivation, Star im Showgeschäft oder Entertainer zu werden?

Sind Sie ein Showtalent?

Beantworten Sie folgende Fragen mit »Ja«, »Weiß nicht« oder »Nein«:

1. Lieben Sie es, anderen Menschen herausfordernde Fragen zu stellen?
2. Interessiert es Sie, wie andere auf das, was Sie tun, reagieren?
3. Erzählen Sie anderen Menschen oft von seltsamen Erfahrungen, die Sie gemacht haben?
4. Benutzen Sie manchmal Begriffe, deren Bedeutung andere Leute nicht verstehen?
5. Geben Sie in Gesellschaft gerne an?
6. Kleiden Sie sich gerne so, dass Sie anderen Menschen auffallen?
7. Genießen Sie es, im Mittelpunkt zu stehen?
8. Versuchen Sie immer, andere zum Lachen zu bringen?
9. Putzen Sie sich immer heraus, wenn Sie ausgehen oder als Unterhalter fungieren?
10. Ist Ihre Stimme laut und klar, wenn Sie in einer Gruppe sprechen?
11. Genießen Sie es, andere Gäste auf einer Party zu unterhalten?
12. Stellen Sie häufig fest, dass Sie mit anderen über sich selbst sprechen?
13. Betrachten Sie sich oft im Spiegel?
14. Sind Sie am glücklichsten, wenn man Ihnen Komplimente macht?
15. Ist es Ihnen wichtig, was andere Leute über Sie denken?

Auswertung:
Geben Sie sich 2 Punkte für jedes »Ja«, 1 Punkt für jedes »Weiß nicht« und 0 Punkte für jedes »Nein« und zählen Sie Ihre Punkte zusammen.

Eine Punktzahl von **11 oder mehr** könnte darauf hinweisen, dass Sie das geborene Showtalent sind. Sie genießen es, kluge und witzige Sprüche von sich zu geben und Sie kleiden sich gerne so, dass andere auf Sie aufmerksam werden. Sie stehen gerne im Mittelpunkt.

Eine Punktzahl **unter 11** bedeutet nicht, dass Sie es im Showgeschäft nicht schaffen können. Sie könnten ein »Aaron Spelling« sein, jemand, der im Kontakt mit anderen ein bisschen unsicher ist, aber dennoch fantastische PSI-Fähigkeiten besitzt und deshalb zum Star werden kann. Diejenigen, die unter 11 Punkten liegen, könnten versuchen, ihre Träume, ein Star zu werden, durch das Schreiben von Drehbüchern oder Theaterstücken auszuleben. Versuchen Sie es! Vielleicht stellen Sie fest, dass Sie ein unentdecktes Talent dafür besitzen.

Mit PSI zum Star werden

Die Schauspielerei ist ein hartes, konkurrenzorientiertes Geschäft. Sie müssen ständig »auf Draht« sein, wie talentiert Sie auch sein mögen. Lesen Sie immer wieder das Kapitel über Kommunikation (siehe S. 81 ff.) durch. Sie müssen sich alle Kommunikationstechniken aneignen und sie auch effektiv anwenden können. Nutzen Sie Ihre PSI-Kraft zur Meditation und zum Planen Ihrer Rollen. Beobachten Sie sich oft im Spiegel. Sprechen Sie mit sich selbst. Tauschen Sie die Rollen. Schlüpfen Sie in die Rolle des Publikums. Sie müssen eine positive PSI-Verbindung zum Publikum haben. Stellen Sie sich vor, dass nicht Sie auf der Bühne stehen, sondern jemand anders. Sie stecken in der Haut und der Persönlichkeit von jemand anderem. Sie zeigen dem Publikum nichts von sich selbst und deshalb macht es Ihnen nichts aus.

Wenn Sie nur eine kleine Rolle haben, können Sie sich sagen, dass Sie das mit Ihrer Präsenz wettmachen werden. Sie können der Star sein und die Leute werden Sie sehen und hören wollen. Geben Sie ihnen eine Kostprobe von Ihrem PSI-Charisma, die ihre Aufmerksamkeit in Ihre Richtung lenken wird. Gehen Sie mit dem Gefühl auf die Bühne, dass *Sie* der Star sind.

Wenn Sie in einer TV-Show auftreten, versuchen Sie vor der Kamera Ihr Bestes zu geben. Stellen Sie sich vor, die auf Sie gerichtete Kamera sei das Publikum, das Ihnen zusieht. Stellen Sie sich die Gesichter der Zuschauer vor und sagen Sie der Kamera unterschwellig, dass Sie der beste Schauspieler/die beste Schauspielerin sind. Das Publikum muss Ihnen seine ungeteilte Aufmerksamkeit schenken. Sie fesseln das Publikum mit Ihrer Präsenz. Sie sind von einer Aura umgeben, die die Menschen sehen wollen.

Ich habe viele Freunde im Showgeschäft, mit denen ich mich über die Frage unterhalten habe, was einem Menschen Starqualitäten verleiht. Schauspieler sind heutzutage nicht mehr auf die Bühne beschränkt. Es gibt viele Leute in der Politik, die Schauspieler sind und erfolgreiche Stars hätten werden können. Manche machen es andersherum und werden zuerst Schauspieler und dann Politiker, wie beispielsweise Präsident Reagan. Andere begnügen sich damit, das Parlament oder den Kongress zu ihrer Bühne zu machen. Und es gibt viele Menschen im Justizwesen und in der Geschäftswelt, die »Vollzeitschauspieler« sind.

Allen gemeinsam ist das Bedürfnis, zu kommunizieren, sich an ein Publikum zu wenden und auf einer »Bühne« gesehen zu werden. In welchem Maße es ihnen gelingt, dieses Bedürfnis zu befriedigen, hängt weitgehend von ihrer positiven Einstellung ab – geformt durch Training und die Weiterentwicklung ihrer PSI-Kommunikationsfähigkeiten. Sie müssen auch ein intuitives Gespür für ihr Publikum besitzen, damit sie gut ankommen.

Britische Premierminister sind bekannt für ihre exzellente Bühnenpräsenz. Der Tory-Veteran »Supermac« Harold MacMillan wurde auf seinen Vortragsreisen durch Amerika für seine Fähigkeit gerühmt, die Stimmungen seines Publikums zu »erspüren«. Er wusste immer genau, an welchem Punkt seiner Rede er seinen Helfern sagen musste, dass sie lachen oder weinen sollten.

Der frühere Labour-Abgeordnete Harold Wilson war ein so guter Schauspieler, dass man ihn bat, in verschiedenen Fernsehproduktionen sich selbst zu spielen. Auch er war äußerst beliebt in amerikanischen Vortragskreisen und seine Auftritte wurden bewundert. Wenn er im Oberhaus bei einem Glas Wein ein privates Gespräch unter Freunden führt, sind alle von seiner Art der Konversation fasziniert.

Ich denke auch, dass Mrs. Thatcher eine besondere Auszeichnung für ihre großartigen Auftritte verdient gehabt hätte. Sie war eine erfahrene Schauspielerin und trug ihre ausgefeilten Reden mit unerschütterlicher Selbstsicherheit vor. Mit Hilfe ihrer PSI-Fähigkeiten, die ziemlich außergewöhnlich sind, konnte sie sich trotz mehrerer unpopulärer Maßnahmen an der Macht halten. Sie projizierte das Bild einer Person nach außen, die vollkommen überzeugt von ihrer Rolle als Premierministerin war, und auf diese Weise gelang es ihr, großes Vertrauen zu gewinnen.

Präsident Reagan lernte seine ganzen Tricks und den Umgang mit seiner PSI-Energie vor vielen Jahren, als er noch Schauspieler war. Deshalb gelang ihm der Wechsel auf die politische Bühne so mühelos. Seine Fähigkeit, die Stimmung der Menschen zu erfassen und sie durch positive PSI-Ausstrahlung für sich einzunehmen sowie das von ihm projizierte Bild eines bescheidenen, humorvollen, fürsorglichen Präsidenten, verschaffte ihm große Sympathien in der Bevölkerung. Er war sogar bei den Leuten beliebt, die nicht viel von seiner Parteimaschinerie hielten. Dasselbe gilt für Präsident Carter und natürlich für Präsident Clinton, der es meisterhaft verstand, sein Charisma und seinen Charme einzusetzen.

Michail Gorbatschow war so anpassungsfähig, dass er es wahrscheinlich in jedem politischen System an die Spitze geschafft hätte. Er besitzt die natürliche Fähigkeit, auf die PSI-Schwingungen anderer zu reagieren und seine eigenen effektiv zu übertragen. Sein persönlicher Charme blieb der westlichen Welt nicht verborgen und noch heute verdient er mit Vortragsreisen in aller Welt viel Geld.

Der ermordete Präsident John F. Kennedy ist das klassische Beispiel für einen Menschen, der durch die Unterstützung seiner Familie an die Macht kam. Der Kennedy-Clan verfügte und verfügt noch heute über ein beachtliches Reservoir an PSI-Kraft. Die Kennedys liegen alle auf derselben Wellenlänge, was ihnen große mentale Kraft verleiht. Indem sie diese Kraft nutzten, gelang es ihnen, JFK in Rekordzeit auf den Präsidentenstuhl zu hieven. Auch John F. Kennedy selbst hatte eine enorme PSI-Ausstrahlung. Er war in der Lage, das Bild eines aufrichtigen, charmanten Mannes zu vermitteln – und die Welt fraß ihm praktisch aus der Hand. Indem er seine persönliche Anziehungskraft einsetzte – einen extrem hohen PSI-Faktor –, wuchs seine Popularität unaufhörlich. Wäre er Schauspieler gewesen, hätte er sich mit Sicherheit noch größerer Popularität erfreut als Robert Redford.

Es war unvermeidlich, dass er mit einer Frau zusammenkam, deren sexuelle Ausstrahlung ebenso stark war wie seine eigene. Diese Frau war Marilyn Monroe, damals die begehrenswerteste Frau der Welt, die für immer im Gedächtnis der Menschheit bleiben wird – nicht als Geliebte John F. Kennedys, sondern als Persönlichkeit mit einer besonderen und intensiven sexuellen Ausstrahlung. Sie starb am 5. August 1962 an einer Überdosis Tabletten. Sie war erst 36 Jahre alt und es gab einige Männer, die für sie Berge versetzt hätten. Ihre PSI-Fähigkeit, sexuelle Anziehung zu erzeugen, war legendär. Und sie setzte sie auf verlockende und gleichzeitig geschmackvolle Art und Weise ein. Sie war sicher nicht die schönste Frau der Welt, doch sie wusste genau, wann sie ihre sexuelle Ausstrahlung einsetzen musste, um die Herzen mächtiger Männer zu erobern. Unter ihren zahlreichen Geliebten war auch der Bruder des Präsidenten, Senator Robert Kennedy, der ebenfalls einem Attentat zum Opfer fiel.

John Lennon, mit dem mich eine enge Freundschaft verband, war fasziniert von PSI-Phänomenen und wollte jeden erdenklichen Aspekt der natürlichen, spirituellen und übernatürlichen Welt erforschen. Er war ein wandelndes PSI-Kraftwerk. Er wollte alles Gewöhnliche und Banale transzendieren und in eine Welt der grenzenlosen Möglichkeiten und neuen Erfahrungen eintauchen. Er glaubte an die Möglichkeit außerkörperlicher Erfahrung, an Substanzen, die die Beschränkungen von Zeit und Realität aufheben können. Er versuchte, seine PSI-Kräfte weit über das übliche Maß eines Darstellers und Songschreibers hinaus einzusetzen. Er wollte in eine andere Dimension vordringen und von diesem »wunderbaren Ort« eine neue Bedeutung für seine Lyrik und Musik mitbringen.

Mit seiner Frau Yoko Ono hatte er einen ganz besonderen Menschen an seiner Seite. Sie hüllte ihn ein – er lebte in ihrer Seele und sie in seiner. Sie ist fast so medial wie John und erinnert mich an eine weiße Hexe. Sie verstand es, seine PSI-Liebe zu erwidern, konnte ihn führen und ihm all die Annehmlichkeiten geben, die er in diesem Leben brauchte. Doch sie waren vor allem durch ihre Liebe verbunden und John war fast berauscht davon. Es war eine spirituelle Verbindung, wie ich noch keine gesehen habe. John war an meiner Philosophie interessiert und wollte von mir etwas über extraterrestrische Verbindungen erfahren. Er wollte etwas über ein anderes Leben wissen, so als würde er es bald selbst kennen lernen. Ich glaube, er wusste, dass irgendetwas passieren würde. Ich hatte damals das Gefühl, dass er für irgendeine Art von Übergang bereit war. Und dieser ereignete sich an dem Tag, an dem er erschossen wurde. Er wurde in etwas anderes umgewandelt und gelangte an einen anderen Ort, in eine andere Dimension.

Das Traurige in Bezug auf John war seine Abhängigkeit von Drogen, mit denen er der Realität zu entfliehen versuchte. Er hatte LSD probiert und glaubte, er könne auf diese Weise eine Welt finden, die jener ähnelte, welche er einmal in einem halluzinatorischen Zustand erlebt hatte – eine Welt voller grüner Bäume, Blumen in allen Regenbogenfarben, süß duftender Luft und reiner Klänge, die von keinem Horizont begrenzt wurde. Er wollte die Realität nicht. Er wollte diesen paradiesischen Zustand nicht verlieren. Doch ich glaube, dass es ihm später gelang, von den Drogen loszukommen.

Elvis Presley mag äußerlich wie ein ziemlich unkomplizierter Mensch gewirkt haben, doch in Wirklichkeit war er ein wandelnder Widerspruch. Er war ein unglücklicher Mensch, dessen PSI-Kräfte sich am Ende gegen ihn wandten, da er seinen Körper schrecklich missbraucht hatte. Auf dem Höhepunkt seiner Popularität war er ein faszinierender Entertainer, der seine PSI-Talente unter Kontrolle hatte und seine Zuhörer mit seiner

Körpersprache und seiner wilden Ausstrahlung mitriss. Seine telepathischen Fähigkeiten waren so stark ausgeprägt, dass er genau wahrnahm, was die Menge wollte – und er gab es ihr. Ich glaube, dass er in Verbindung mit seinem verstorbenen Zwillingsbruder stand und dass ihn auch das sehr unglücklich machte. Ich werde nie den Moment vergessen, da ich ihm zum ersten Mal begegnete – er strahlte so viel positive Energie aus. Humphrey Bogart war ein Meister der Illusion. Er war in der Lage, das Bild von sich in die Welt hinaus zu projizieren, das die Menschen sehen wollten – anstelle des wirklichen Bildes, das nicht besonders attraktiv war. Und doch waren die Frauen auf Grund seiner starken sexuellen Ausstrahlung von ihm beeindruckt. Niemand kann das Phänomen wirklich erklären, das diese Legende entstehen ließ, doch meiner Meinung nach liegt der Grund für seinen Erfolg darin, dass er durch seine PSI-Kräfte einen Traum einfing und ihn dann dem Mann und der Frau auf der Straße zur Identifikation anbot.

Grace Kellys PSI-Energie war mit ihrer physischen Schönheit, ihrer Stimme, ihrer Art, sich zu kleiden und ihrer aristokratischen Erscheinung und Haltung verbunden. Sie besaß ihre königliche Ausstrahlung bereits, bevor sie Prinzessin wurde. Sie wusste instinktiv, wie sie die Kluft zwischen Realität und Fantasie überbrücken musste. Die Männer waren verrückt nach ihr. Sie besaß jene unschuldige Schönheit, die das Herz eines Prinzen eroberte, und sie wusste, dass sie einen Traum leben, dass ein Märchen wahr werden würde. Als sie dann eine echte Prinzessin war, half ihre PSI-Kraft ihr dabei, ihre Pflichten vornehm und würdevoll zu erfüllen – so als sei sie für diese Aufgabe geboren worden.

Mein PSI-Porträt von Robert Redford ist das eines sehr zurückhaltenden Mannes, der seine PSI-Fähigkeiten nutzt, um mit dem Publikum zu flirten und mit der Kamera zu kommunizieren. Er besitzt die unglaubliche Fähigkeit, seine unwiderstehliche Anziehungskraft in die Welt zu projizieren und sich selbst ein ganz gewöhnliches Image zu verleihen – das des netten, gut aussehenden Jungen von nebenan. Er setzt sein Aussehen sehr vorteilhaft ein, ist außerordentlich attraktiv und charismatisch und löst bei anderen Menschen, insbesondere Frauen, eine tiefe Sehnsucht aus.

Der phänomenale Erfolg von Harrison Ford ist meiner Meinung nach ein direktes Resultat aus seiner PSI-Energie, die er dazu nutzt, das Bild des einfachen, robusten, durch und durch amerikanischen Mannes zu repräsentieren. Harrison ist vielleicht ein Abenteurer, doch er lässt das so spielerisch aussehen, dass die Leute glauben, sie könnten es ihm gleichtun. Er bezaubert Frauen mit seiner harten und gleichzeitig zärtlichen Art. Seine starke PSI-Ausstrahlung verleiht seiner Stimme zusätzliche Attraktivität und er hat in seinen Rollen alles unter Kontrolle, anders als viele seiner Kollegen, die sich genau an die Anweisungen des Filmregisseurs halten müssen. Er beugt sich dem Regisseur nicht. Er ist ein Naturbursche und kann die Schwingungen der Menschen um ihn herum aufnehmen und damit seine eigene Energie um ein Vielfaches verstärken.

Bob Geldof ist ein politischer Aktivist, ein Mann, dessen innere Kraft sich in seinen Liedern und seiner Lyrik ausdrückt, die immer auch Veränderungen in der Welt bewirken wollen. Er ist ein interessantes »Studienobjekt« für die Entwicklung von PSI-Kraft. Bob wurde in Dublin geboren, stammte aus bescheidenen Verhältnissen und begann seine Karriere als Sänger der Band *Boomtown Rats*. Die Welt hat ihn inzwischen als einen ehrlichen Menschen akzeptiert, der anderen zu helfen versucht. Was für ein schlauer Einsatz von PSI: sich der Welt einfach so zu zeigen, wie man ist. Und so wird dieser Mann nun vom »Big Business« und berühmten Musikern bei seinem wichtigen Ziel unterstützt, Kinder in Afrika zu retten. Mit seiner Energie wirkte er Wunder bei seinem Versuch, die Herzen der Menschen in der westlichen Welt zu erreichen und ihre Geldbörsen zu öffnen.

Auch der Sänger Bono engagiert sich stark für Dritte-Welt-Länder. Er ist Leadsänger der Gruppe U2 und hat ebenfalls sehr dazu beigetragen, uns die Völker der Dritten Welt ins Bewusstsein zu rufen. Seine Bemühungen begannen mit den Live-Aid-Konzerten im Jahre 1985. Er hat sowohl seinen Namen als auch sein Talent großzügig dafür eingesetzt, den vergessenen Kindern Afrikas – den heimatlosen Waisen, die dort an Aids sterben – Hilfe zu bringen. Er hat auch viel Zeit in äthiopischen Pflegeheimen verbracht, um sich ein Bild von der Hilfsbedürftigkeit der Sterbenden und Verzweifelten zu machen. Er unterstützt jene politische Gruppe, die sich für einen Schuldenerlass für afrikanische Länder einsetzt. Dabei sollen die reichsten Nationen der Erde dazu gebracht werden, auf ca. 90 Milliarden Dollar zu verzichten. Bonos großzügige Haltung wurde sogar von Bill Clinton persönlich gewürdigt, der ihn für seine Arbeit in Bezug auf den Schuldenerlass lobte.

Barbra Streisand ist untrennbar mit ihrer zauberhaften Darbietung in dem Film »Funny Girl« verbunden. Sie ist eine der reichsten Selfmade-Millionärinnen der Welt und das hat sie ihrer starken PSI-Ausstrahlung zu verdanken. Sie ist eine Frau, die ihre ganze Kraft auf ein Ziel ausrichtete: Sie wollte groß herauskommen – ganz groß – und sie hat es geschafft. Ihr einziges Kapital waren ihre Stimme und ihr Charisma und eine Menge positive Gefühle. Mit Gedankenkraft arbeitete sie an ihrer Vision, ein Star zu werden. Wenn sie singt, nehme ich in jedem Ton eine PSI-Energie wahr, die mich tief im Inneren berührt. Ihre Musik verwandelt die Atmosphäre um sie herum und bringt sie auf eine höhere Schwingungsebene. Auch als

Schauspielerin ist sie ein Naturtalent. Barbra stammt aus einer armen Familie und hat sich trotz ihres großen Erfolgs die Fähigkeit bewahrt, ganz natürlich zu bleiben. Sie weiß, was es bedeutet, ganz unten zu sein. Und sie besitzt genügend PSI-Instinkt, um Ihr Vermögen zu bewahren!

Im Beverly Wilshire Hotel in Los Angeles stieß ich einmal mit John Wayne zusammen. Draußen vor dem Hotel wartete eine Reihe kleiner amerikanischer Ladys, viele mit bläulich gefärbtem Haar und rosig bemalten Wangen, auf sein Erscheinen. Als ich gleichzeitig mit John das Hotel verließ, zupfte mich eine der netten alten Damen am Ärmel und fragte: »Ist er das? John Wayne? Ist er nicht wunderschön?! Er ist mein durch und durch amerikanischer Junge!« Diese Worte gaben den Eindruck wieder, den er auf mich machte: Er strahlte eine enorme PSI-Kraft aus, verbunden mit den positiven Eigenschaften, die dem Helden, dem amerikanischen Macho zugeschrieben werden. Wayne verstand es, »das Gute« auf eine Weise zu verkörpern, dass alles, was weniger als gut war, zum Schlechten wurde. Seine PSI-Projektion war »Idealismus«. Obwohl er damals schon über 60 war, sah jede dieser älteren Damen ihren Sohn in ihm.

Raquel Welch ist ein klassisches Beispiel für eine Hausfrau, die durch PSI zu etwas Besonderem wurde. Vielleicht war sie in Wirklichkeit nie eine »gewöhnliche« Hausfrau, doch jeder, der ihr auf der Straße begegnete, dachte, sie sei eine gewöhnliche, wenn auch recht attraktive Mutter, die zu Hause für ihre Kinder sorgt. Ihre PSI-Kraft veränderte dieses Bild. Indem sie ihre Energien und Talente bündelte, wurde sie zu einem Sexsymbol. Es ist schwer, die eigene Persönlichkeit zu verändern, aber ihr gelang es. Sie ist außerdem Meisterin der Illusion: Ich hatte das Bild einer Amazone im Kopf, doch als ich ihr dann im wirklichen Leben begegnete, stellte ich überrascht fest, wie klein sie in Wahrheit ist. Sie sieht auch heute noch fantastisch aus.

Bereits in sehr jungen Jahren lernte der brillante Filmemacher Steven Spielberg alles über PSI und andere Dimensionen. Er war von diesem Wissen so fasziniert, dass ein Teil von ihm für immer Kind bleiben wollte. Er hat seine Fantasien auf die Kinoleinwand projiziert und besitzt ein Gefühl für perfektes Timing. Er ist wie ein cineastischer Schwamm, der den Geschmack des Publikums aufsaugt und ihm dann das entsprechende köstliche Mahl serviert. Jeder seiner Filme spielte mindestens 200 Millionen Dollar ein und seine Knüller »E.T.«, »Indiana Jones«, »Der weiße Hai« und »Unheimliche Begegnungen der dritten Art« spielten zusammen drei Milliarden Dollar ein! Auf »Das Reich der Sonne« folgte »Die Farbe Lila« und im Jahre 1991 drehte er »Hook«. 1993 brachte Spielberg zwei Filme heraus, die die Welt bewegten: zuerst »Jurassic Park«, einen Film mit spektakulären, computer-animierten Dinosauriern, der damals zum Kassenschlager wurde, und dann im selben Jahr »Schindlers Liste«, ein Schwarz-Weiß-Epos über den Holocaust, mit dem Spielberg einmal mehr sein großes Können und seine Sensibilität als Regisseur unter Beweis stellte. Dieser Film gewann zwei Oscars, einen für den besten Regisseur und einen für den besten Film. Einen weiteren Oscar für die beste Regieführung bekam er für den Film »Der Soldat James Ryan«.

Die Krimiautorin Patricia Cornwell wurde als Kind von Ruth Graham, Billy Grahams Frau, zum Schreiben ermutigt. Während ihrer Zeit am College begann sie für die College-Zeitung und ein Literatur-Magazin zu schreiben und nahm danach einen Teilzeit-Job bei einer Lokalzeitung an. Sie pickte sich am liebsten jene Aufträge heraus, die dazu führten, dass man sie bei der Zeitung irgendwann zur Polizeireporterin ernannte. Ihr wachsendes Interesse am Thema Kriminalität lieferte ihr das notwendige Material für ihre Kriminalromane. Sie musste in ihrem Leben mit vielen persönlichen Problemen und Herausforderungen fertig werden, unter anderem mit Anorexie und Bulimie, einer manischen Depression, einer Vergewaltigung durch einen Polizeioffizier und einem Autounfall infolge von Trunkenheit am Steuer. Sie nennt den Unfall eine »notwendige Erfahrung«, die schließlich dazu führte, dass sie vom Alkohol loskam. Vieles, was sie bei ihrer Arbeit beobachtete, fand Eingang in ihren ersten Bestseller »Postmortem«. Sie wird mit folgenden Worten zitiert: »Es ist wichtig für mich, in der Welt zu leben, über die ich schreibe.« Nach dem großen Erfolg dieses Romans gab Cornwell ihren Job auf, um hauptberufliche Schriftstellerin zu werden. Sie ist die einzige Amerikanerin, die je in England den *Gold Dagger* verliehen bekam, den prestigeträchtigsten Preis der Welt für Kriminalliteratur.

Patricia Cornwell engagiert sich in vielen Projekten und kämpft unter anderem für die Verabschiedung einer Gesetzesvorlage im amerikanischen Senat, deren Ziel die Erhöhung der finanziellen Mittel für die Kriminallabore in den Vereinigten Staaten ist. Sie ist noch heute in vielen Bereichen aktiv und trägt dazu bei, das öffentliche Bewusstsein für Verbrechensverhütung zu schärfen. Auch ihre Überzeugung, dass man der Gesellschaft etwas zurückgeben muss, stieß auf ein positives öffentliches Echo. So engagiert sie sich zeitlich und finanziell in mehreren Hilfsorganisationen, einschließlich des Vereins, der Blindenpferde vermittelt, sowie in verschiedenen forensischen und pathologischen Einrichtungen und in Gesundheits- und Bildungszentren für Kinder. »Das Beste, was ich tun kann, um etwas zurückzugeben, ist meiner Meinung nach die Unterstützung der Opfer«, sagt sie.

Als das brasilianische Fußballteam zum fünften Mal die Weltmeisterschaft gewann, war der Fußballspieler Ronaldo der

Star, denn er hatte die für den Sieg entscheidenden Tore erzielt. Dieser junge Mann stammte aus einer benachteiligten Familie. Seine Eltern hatten sich wegen des Alkoholmissbrauchs des Vaters scheiden lassen, als Ronaldo 14 Jahre alt war. Damals hatten Fußball-Scouts schon ein Auge auf ihn geworfen, denn sein großes Talent hatte sich ziemlich früh gezeigt. »Mit 13 wusste ich, dass ich der Beste sein könnte«, erinnert sich Ronaldo, doch die Straße zum Erfolg war alles andere als eben. Sein erster Vertrag platzte, weil er nicht das Geld für die Busfahrkarte zum Trainingsplatz aufbringen konnte. Nachdem er aufgestiegen war und es zu Ruhm und Geld gebracht hatte, wurde er von einer Reihe von Knieverletzungen heimgesucht, die so schwerwiegend waren, dass er sich mehreren Operationen unterziehen musste und ziemlich litt. Die öffentliche Meinung war damals, dass Ronaldo am Ende sei und nie wieder Profi-Fußball spielen könne. Doch Ronaldo glaubte so fest an sich, dass er einfach nicht aufgeben konnte, und es war dieser feste Glaube, der ihn trug und zu einem der größten Fußballprofis unserer Zeit werden ließ.

Es war Ronaldos innere Kraft – seine Positivität und der Glaube an sich selbst –, die eine so wunderbare Wendung seines Schicksals bewirkte. Ich glaube, dass wir alle über ein solches Energiereservoir verfügen, das wir anzapfen können, um unser Leben sowohl auf der physisch-materiellen als auch auf der geistigen Ebene schöner, harmonischer und friedlicher zu gestalten.

Was macht David Blaine seit Jahren zum erstaunlichsten und aufregendsten Selbstdarsteller der Unterhaltungsbranche? Dieser junge Mann überlebte drei Tage eingefroren in einen Eisblock, war sieben Tage lebendig in einem Glassarg begraben und stand 35 Stunden auf einer 55 Quadratzentimeter großen Plattform in 33 Metern Höhe – wobei der einzige Weg, wieder nach unten zu kommen, einen Sprung in einen riesigen Haufen Pappkartons darstellte. Kürzlich ließ er sich in eine Plastikbox einschließen und harrte darin 44 Tage lang ohne Nahrung über der Themse hängend aus! David wuchs in New York in bescheidenen Verhältnissen bei seiner allein stehenden Mutter auf. Seine Faszination für Zaubertricks nahm ihren Anfang, als er mit vier Jahren einen Straßenkünstler in der New Yorker U-Bahn beobachtete. Er ist ein sehr spiritueller Mensch und hat keine Angst vor dem Sterben, denn er glaubt fest daran, dass wir nach dem physischen Tod als Energieform weiter existieren. Tatsächlich sind seine todesverachtenden Stunts für ihn fast zu einem Lebensstil geworden – jedenfalls sind sie sein Weg, sich ganz lebendig und wach zu fühlen. Er liebt die Gefahr, das Wandeln auf der Grenze zwischen Leben und Tod. Er nutzt seine Konzentration, um absolut im gegenwärtigen Augenblick zu leben. Er weiß, dass wir kaum begonnen haben, die verborgenen Kräfte unseres Geistes anzuzapfen, und er ist bereit, körperlich und geistig bis an die äußersten Grenzen zu gehen – was sehr weit von dem entfernt ist, was wir normalerweise auf uns nehmen. Er nutzt die Kraft seines Geistes, um auszuloten, was er aushalten kann. Seine Botschaft besteht darin, dass – wenn wir zugeben müssen, dass er all diese unglaublichen Dinge tun kann – wir gezwungen sind, zuzugeben, dass auch wir mit unserem Geist Großes erreichen können.

Gesundheit und Glück durch PSI-Kraft

Ich wundere mich immer wieder über die selbstzufriedene Einstellung von Menschen, die sich »sicher« fühlen, nur weil sie für ein umfassendes medizinisches Versicherungspaket bezahlt haben. Sie sind überzeugt, dass sie sich aus diesem Grund keine Gedanken über ihre Gesundheit zu machen brauchen, denn die Versicherung übernimmt ja alle Kosten, sollten sie einmal ins Krankenhaus müssen. Doch das kann ein tödlicher Irrtum sein. Die beste und billigste Versicherung gegen Krankenhauskosten ist die, gut auf den eigenen Körper zu achten. Sie kostet überhaupt nichts. Leben Sie gesund und missbrauchen Sie Ihren Körper nicht. Wenn Sie das tun, ist es höchst unwahrscheinlich, dass Sie überhaupt eine teure medizinische Behandlung brauchen. Ich will damit nicht sagen, dass Sie nun sofort Ihre Krankenkasse kündigen sollten. Sorgen Sie dafür, dass Sie gegen Unfälle oder schwere Erkrankungen, über die Sie keine Kontrolle haben, versichert sind, doch vernachlässigen Sie deshalb nicht Ihren Körper. Wussten Sie, dass die zwei häufigsten Gründe für einen Besuch beim Hausarzt Probleme mit der Atmung (Husten und Erkältungen) und nervöse Beschwerden (emotionale Probleme) sind? Beides können Sie selbst behandeln. Mit Hilfe Ihrer PSI-Kraft können Sie gesundheitliche Probleme in den Griff bekommen, bevor sie sich zu schwereren oder komplizierteren Erkrankungen entwickeln. Falls die Symptome fortbestehen, sollten Sie natürlich einen Arzt aufsuchen, und sei es nur, um sich bestätigen zu lassen, dass es nichts Ernstes ist.

Ich bin ein absoluter Befürworter der Ganzheitsmedizin, die ja voraussetzt, dass der Arzt im Hinblick auf seinen Behandlungsansatz aufgeschlossen ist und den Patienten als »ein Ganzes« betrachtet und nicht bloß eine Krankheit oder einen bestimmten Körperteil behandelt. Überall auf der Welt öffnen sich immer mehr Ärzte für ganzheitliche Therapiekonzepte. Sucht ein Patient beispielsweise einen Arzt wegen häufig auftretender Kopfschmerzen oder Migräneanfälle auf, bekommt er vielleicht ein stark wirkendes Medikament verschrieben, um die Schmerzen zu lindern. Doch damit behandelt der Arzt lediglich das Symptom, anstatt der Ursache auf den Grund zu gehen, die möglicherweise einfach auf emotionalen Stress zurückzuführen ist. Beim ganzheitlichen Behandlungsansatz würde man zunächst versuchen, etwas über den allgemeinen mentalen und physischen Zustand des Patienten herauszufinden. Der Arzt würde den Patienten fragen, ob er am Arbeitsplatz oder zu Hause unter Druck steht oder häufig Stresssituationen ausgesetzt ist. Vielleicht würde er überhaupt keine Schmerztabletten verschreiben, sondern dem Patienten zeigen, wie dieser sich mental entspannen und mit Ängsten und Stresssituationen umgehen kann. So würden die Kopfschmerzen möglicherweise ohne jegliche Medikamente geheilt.

Wie gesund sind Sie?

Machen Sie den folgenden Gesundheitstest und beantworten Sie die Fragen wieder mit »Ja«, »Weiß nicht« oder »Nein«:

1. Fühlen Sie sich nur selten angespannt oder unruhig?
2. Sind Sie ein zuversichtlicher Typ?
3. Ernähren Sie sich abwechslungsreich und ausgewogen?
4. Mögen Sie am liebsten gesunde Nahrungsmittel?

5. Haben Sie sich vorgenommen, täglich mindestens 1,5 bis 2 Kilometer zu gehen?
6. Nehmen Sie noch an sportlichen Aktivitäten teil?
7. Sind Sie eher ein entspannter, lockerer Persönlichkeitstyp?
8. Schlafen Sie abends schnell ein?
9. Sind Sie normalgewichtig?
10. Vermeiden Sie ganz bewusst ein Übermaß an Fett oder Zucker bei Ihrer Ernährung?
11. Fühlen Sie sich nach anstrengender sportlicher Betätigung wohl?
12. Empfinden Sie ein sinnliches Vergnügen bei physischen Aktivitäten?
13. Mögen Sie Ferien, die mit Aktivitäten gespickt sind?
14. Fühlen Sie sich morgens frisch und energiegeladen?
15. Fühlen Sie sich jünger, als Sie sind?

Auswertung:

Geben Sie sich 2 Punkte für jedes »Ja«, 1 Punkt für jedes »Weiß nicht« und 0 Punkte für jedes »Nein« und zählen Sie die Punkte zusammen.

16 Punkte oder mehr weisen darauf hin, dass Sie gesundheitsbewusst leben und gut für Ihren Körper sorgen. Mit dieser Einstellung sollte Ihr Gesundheitszustand zumindest durchschnittlich sein. Ein guter Allgemeinzustand zeigt sich darin, dass man entspannt, gut genährt, aber nicht übergewichtig, und aktiv ist. Ein Ergebnis von **22 Punkten oder mehr** zeigt, dass Sie wirklich nach körperlicher Fitness und Gesundheit streben und wahrscheinlich nur sehr selten einen Arzt brauchen. Sie sind außerdem ein guter PSI-Kandidat!

Ein Ergebnis von **15 Punkten oder weniger** bedeutet entweder, dass Sie einer jener glücklichen Menschen sind, die sich von Natur aus einer guten Gesundheit erfreuen, ohne allzu viel dafür tun zu müssen, oder dass Sie anfangen sollten, sich Gedanken über Ihren körperlichen Zustand zu machen. Sollte Letzteres zutreffen, rate ich Ihnen, einen Arzt aufzusuchen und sich ausführlich in Bezug auf Ernährung und Bewegung beraten zu lassen.

Verschiedene Studien weisen darauf hin, dass PSI-Fähigkeiten eng mit einem Zustand innerer Entspannung verknüpft sind. Ein innerlich ausgeglichener Mensch findet leichter Zugang zu geistigen und übersinnlichen Kräften.

Da ich daran glaube, dass der Geist stärker ist als die Materie oder der Körper, bin ich überzeugt davon, dass wir uns in vielen Fällen selbst heilen können, in denen die Schulmedizin versagt oder nur das Symptom und nicht die Ursache behandelt. Ein guter Arzt weiß um die natürlichen Heilkräfte in jedem von uns, und wenn Sie sich Sorgen über Ihre Gesundheit machen, sollten Sie immer zuerst Ihren Arzt aufsuchen. Sie sollten keinesfalls auf die Möglichkeiten der konventionellen Medizin verzichten. Ganz im Gegenteil, ich empfehle Ihnen, sich einmal jährlich gründlich durchchecken zu lassen.

Wie Sie von Ihrem Arzt die volle Unterstützung erhalten

Nutzen Sie Ihr PSI-Wissen über Kommunikation, wenn Sie mit Ihrem Hausarzt sprechen. Um ihm angstfrei Fragen stellen oder mit ihm über Ihre Ängste und Befürchtungen sprechen zu können, sollten Sie ihn nicht auf ein Podest stellen. Vergessen Sie nicht, dass es seine Aufgabe ist, Ihnen zu helfen. Sie profitieren allerdings mehr von Ihrem Arzt, wenn Sie auch seine Bedürfnisse in Betracht ziehen und erkennen, unter welchem

Druck er oft steht. In Großbritannien sind Ärzte zum Beispiel oft überarbeitet und manchmal sogar unterbezahlt, während Ärzte in Amerika nicht selten überbezahlt und unterfordert sind. Sie sollten bei Ihrer Konsultation also die Situation Ihres Hausarztes im Hinterkopf haben.

In einer hektischen chirurgischen Ambulanz wird ein Arzt wahrscheinlich zügig eine lange Liste von Patienten abfertigen und jedem Einzelnen nur ein paar Minuten widmen. Wenn Sie der Meinung sind, mehr Zeit zu brauchen, um Ihre Probleme zu erklären, lassen Sie sich nicht »abspeisen«, sonst haben Sie hinterher das Gefühl, dass Ihnen nicht geholfen wurde. Das wird Ihren Zustand nur verschlechtern und Sie möglicherweise sehr deprimieren. Planen Sie Ihr Arztgespräch vor der Konsultation. Überlegen Sie sich, was Sie sagen wollen, was Sie als Ihr medizinisches Problem betrachten und wodurch Ihre Krankheit Ihrer Meinung nach verursacht sein könnte. Notieren Sie alles auf einem Blatt Papier, damit Sie nichts vergessen. Eine wohl überlegte Erklärung des Patienten wird dem Arzt sofort das Gefühl geben, dass er es mit einer ernst zu nehmenden Person zu tun hat, die eine konkrete Beschwerde vorzubringen hat, und dass er Ihnen zuhören und helfen muss. Sie haben bei ihm sofort einen Stein im Brett, weil er Sie nicht als jemanden einstuft, der ihm nur die Zeit stiehlt. Sagen Sie zu Ihrem Arzt: »Ich weiß, dass Sie sehr beschäftigt sind, und ich will Ihre Zeit nicht über Gebühr beanspruchen. Ich habe über meine Krankheit nachgedacht und alle Symptome sowie die möglichen Ursachen notiert. Meinen Sie, dass Sie mir helfen können?« Seien Sie höflich und freundlich zu Ihrem Arzt, verhalten Sie sich so, dass er Ihnen gerne helfen möchte. Indem Sie Ihrem Arzt Ihren Fall so vortragen, wie ich es Ihnen empfohlen habe, bieten Sie ihm auch eine Herausforderung, die er wahrscheinlich viel interessanter findet, als das Ausstellen eines weiteren Rezepts für eine Nullachtfünfzehn-Beschwerde. Sorgen Sie also dafür, dass der Arzt auf Ihr positives PSI reagiert. Stellen Sie einen guten Kontakt her. Begegnen Sie Ihrem Arzt auf Augenhöhe. Nehmen Sie Blickkontakt auf und sorgen Sie dafür, dass Ihr Arzt Sie als angenehmen Patienten empfindet, dem er gerne helfen möchte. Stehlen Sie ihm keine Zeit, sonst werden Sie wenig Sympathie ernten und nicht viel Hilfe erhalten. Auch könnte die weitere Beziehung zu diesem Arzt darunter leiden, wenn er Sie als einen Patienten dieser Sorte einstuft. Rufen Sie Ihren Arzt nicht wegen geringfügiger Beschwerden an, mit denen Sie auch leicht allein fertig werden.

Ein Arzt weiß nicht immer, was einem Patienten fehlt. Sie haben das Recht, den Arzt zu fragen, ob er Ihnen etwas Konkretes im Hinblick auf die Diagnose sagen kann, doch Sie sollten nicht erwarten, dass er immer Recht hat oder Bescheid weiß! Ein ehrlicher Arzt wird es Ihnen sagen, wenn er keine genaue Diagnose stellen kann. In diesem Fall sollten Sie entweder um eine Überweisung zu einem Spezialisten bitten oder es mit einem anderen Arzt oder einer anderen Behandlungsmethode versuchen. Kommt Ihr Arzt zu dem Schluss, dass Sie ernsthaft erkrankt sind und eine Operation benötigen, empfehle ich Ihnen, noch zwei oder drei andere Meinungen einzuholen. Die erste Diagnose ist nicht immer korrekt. So haben sich beispielsweise viele Frauen einer Gebärmutteroperation unterzogen, obwohl es nicht nötig gewesen wäre.

Wenn Sie oder ein Familienmitglied operiert werden sollen und Sie deswegen besorgt sind, haben Sie das Recht, mit den Ärzten über Ihre diesbezüglichen Befürchtungen zu sprechen. Richten Sie Ihre Fragen an den Arzt, der die Operation durchführen wird. Falls die Operation an einer Universitätsklinik durchgeführt wird, kann es sein, dass Sie an einen relativ unerfahrenen Arzt geraten, der noch dabei ist, sein Handwerk zu lernen. Die Krankenhausverwaltung versucht vielleicht, Ihre Bedenken zu zerstreuen, indem sie Ihnen versichert, dass der junge Arzt von einem erfahrenen Experten überwacht wird und dass Sie sich keine Sorgen zu machen brauchen. Beruhigt Sie diese Aussage nicht, sollten Sie klarstellen, dass Sie nicht glücklich darüber sind, dass ein Arzt in der Ausbildung die Operation durchführen soll, und alle Gründe für Ihre Besorgnis nennen. Es geht um Ihren Körper und es ist Ihr gutes Recht, sich Sorgen zu machen. Treten Sie bestimmt auf und denken Sie positiv. Solange Sie keine persönliche Beziehung zu dem Chirurg oder Arzt aufbauen, ist Ihr Körper nur ein weiterer anonymer »Fall« auf dem Operationstisch und der Arzt hat überhaupt keine Veranlassung, ihn anders zu behandeln. Haben Sie jedoch mit dem Arzt über Ihre Sorgen gesprochen und ihm gesagt, dass Sie sich wünschen, dass die Operation mit größter Sorgfalt durchgeführt wird, erhält der »Fall« eine gewisse Bedeutung und das könnte sich positiv auf das Ergebnis auswirken.

Ich kenne viele Fälle, in denen Ärzte nicht in der Lage waren, Patienten zu helfen, die unter schrecklichen Krankheiten – einschließlich Krebs – litten. Und dennoch begegnete ich einer ganzen Reihe berühmter Männer und Frauen, die mir die Narben ihrer Krebsoperationen zeigten. Sie erzählten mir, die Ärzte hätten ihnen seinerzeit nur noch eine bestimmte Zeit zu leben gegeben, und trotzdem konnten sich diese Leute noch 20 Jahre später mit mir darüber unterhalten. Manche hatten ihre Ernährung umgestellt, aber alle hatten ihre geistige Haltung geändert. Sie hatten den Krebs mit einer positiven inneren Kraft besiegt – entweder in einer Gruppe oder auf sich allein gestellt.

Schauen Sie einmal auf Ihr Leben zurück und denken Sie an all die Menschen, die Sie gekannt haben. Schauen Sie sich auch

Ihre eigene Krankengeschichte an. Waren Sie schon immer anfällig für Erkältungen und Grippe? Haben Sie Krankheiten überwunden? Haben Ihre Freunde Krankheiten besiegt? Ist jemand, den Sie kennen, wie durch ein Wunder gesund geworden? Ich bin sicher, dass jeder von uns einige Beispiele für unerklärliche oder wundersame Heilungen aufzählen könnte.

Ich selbst betrachte solche Heilungen nicht als Wunder, sondern als das, was sie sind: Die Kontrolle des Geistes über den Körper. Mein guter Freund Byron Janis, ein klassischer Pianist und Komponist, der mit seiner Frau Maria in New York lebt, ist auf seine Hände angewiesen, um seinen Lebensunterhalt zu verdienen. Wiederholt wurde er gebeten, im Weißen Haus zu spielen, und ist für die Präsidenten Reagan, Carter, Clinton und Bush aufgetreten. Er war auch der erste amerikanische Pianist, der im Rahmen eines kulturellen Austauschprogramms nach Moskau ging. Seine Frau Maria ist die Tochter des berühmten Filmschauspielers Gary Cooper.

Vor langer Zeit erzählte mir Byron im Vertrauen, dass er an Arthritis in den Händen leidet. Viele Jahre hatte er dies geheim gehalten. Er tat mir so Leid. Erstens war er mir ein wirklicher Freund – als ich nach New York kam, hatte er mir 40 000 Dollar für meinen ersten Hausstand geliehen – und zweitens betrübte es mich zutiefst, dass dieses große musikalische Talent und diese einmalige Karriere durch eine grausame Wendung des Schicksals bedroht sein könnten. »Byron«, sagte ich zu ihm, »lass uns das Problem lösen – uns beide gemeinsam. Lass uns die Arthritis mit unserer Gedankenkraft bekämpfen. Bring sie zum Verschwinden. Sie wird dir nichts anhaben. Du wirst nicht zulassen, dass die Arthritis die Kontrolle übernimmt und deine wunderbare Karriere zerstört.«

Es funktionierte! Byron glaubt an die PSI-Kraft und unsere gemeinsamen Bemühungen halten die Arthritis seit vielen Jahren unter Kontrolle. Immer wenn sie aufzuflammen droht, ruft er mich an – egal wo er gerade auftritt – und dann denken wir beide positiv, und sie verschwindet. Sein Vertrauen in PSI ist unerschütterlich und meine Funktion ist die eines Katalysators, der die positiven anti-arthritischen Reaktionen in ihm auslöst.

Die Ehefrau eines Botschafters heilte sich ebenfalls selbst, nachdem ich positive Gedanken in ihrem Geist ausgelöst hatte. Sie hatte so schwere Arthritis, dass sie nicht ohne fremde Hilfe gehen konnte. Als sie mich einmal im Fernsehen Metallgegenstände verbiegen sah, sagte sie sich, dass ich, wenn ich Löffel verbiegen könnte, doch auch in der Lage sein müsste, etwas für ihre Beine zu tun. Am folgenden Morgen sprang sie aus dem Bett und tanzte in ihrem Zimmer herum. Sie war geheilt. Es war ihrem positiven PSI gelungen, ihre körperlichen Fehlfunktionen zu überwinden. Geist über Materie!

Und sie ist nur einer von unzähligen ähnlichen Fällen.

Ich weiß von einer Frau in London, die plötzlich von einer sehr bösartigen Krebsart heimgesucht wurde. Gill hatte zwei Kinder, die gerade zu Teenagern heranreiften, und einen liebevollen, aber völlig verstörten Ehemann. Die Spezialisten im Krankenhaus empfahlen eine große Operation, stellten ihr aber nur eine sehr geringe Überlebenschance in Aussicht. Man zog sogar ihren eigenen Bruder, einen Krebsspezialisten aus Deutschland, hinzu. Doch auch er kam zu dem Schluss, dass es kaum Hoffnung gab. So akzeptierte sie bald die Vorstellung, dass ihr Tod unmittelbar bevorstand. Dann dachte Gill an ihren Sohn, ihre Tochter und ihren Mann. Und sie beschloss: »Zur Hölle damit, ich werde die Krankheit besiegen, ich werde nicht sterben«, als sie bereits bewegungsunfähig, dem Tode nahe mit furchtbaren Schmerzen im Krankenhaus lag. Das Resultat: Gill überlebte die Operation. Sie wurde immer stärker, ihr schönes Haar, das sie durch die Behandlung verloren hatte, wuchs wieder nach und sie kehrte geheilt zu ihrer Familie zurück. Die Chirurgen und ihr Bruder wunderten sich sehr. Gills innere Kraft hatte gesiegt.

Als junger Mann schaute ich mir gerne Horrorfilme an und träumte davon, in einem dieser Filme als Graf Dracula der Star zu sein. Aus diesem Grund war ich unglaublich aufgeregt, als sich mir die Chance bot, den berühmten Christopher Lee zu treffen. Er war mein Held. Kürzlich besuchte er mich und erzählte mir, dass er am offenen Herzen operiert werden müsse. Er hatte große Angst vor der Operation und war sehr deprimiert. Ich riet ihm, innerlich auf seine PSI-Kraft »umzuschalten« und positiv zu denken. »Deine Operation wird erfolgreich verlaufen und du wirst schnell gesund werden,« sagte ich zu ihm. »Sage dir, dass alles gut gehen wird. Dein Geist wird die Kontrolle über deinen Körper haben. Bringe dich innerlich zu der Überzeugung, dass bei deiner Operation alles gut gehen wird.« Und das tat Christopher. Er konzentrierte sich vor dem Eingriff ganz auf diese positiven Gedanken und die Operation verlief erfolgreich. Er rief mich hinterher an, um mir das mitzuteilen. Ich sagte ihm, dass er sich nun auf die nächste Phase konzentrieren müsse: den postoperativen Schmerz. Ich erklärte ihm, wie der Geist den Schmerz unter Kontrolle halten oder zumindest mildern kann. Und er hatte tatsächlich viel weniger Schmerzen, als es sonst nach solchen Operationen üblich ist.

Selbstdiagnose

Sie sind inzwischen mit der Technik vertraut, Ihr wahres Selbst zu betrachten. Nun möchte ich, dass Sie sich Ihren Körper einmal ganz objektiv ansehen. Machen Sie zunächst einige Entspannungsübungen und meditieren Sie über Ihren allgemeinen Gesundheitszustand. Nehmen Sie sich viel Zeit für die Entspannung und sagen Sie sich dann, dass Sie nun eine ehrliche Bestandsaufnahme Ihres physischen und mentalen Zustands machen werden. Ziehen Sie sich aus und stellen Sie sich vor den Spiegel. Sehen Sie einen gesunden Menschen? Oder sehen Sie etwas, das nicht in Ordnung ist und das Sie gerne ändern würden? Stellen Sie sich folgende Fragen über Ihren Körper:

1. Bin ich zu dick oder zu dünn?
2. Wirken meine Augen wach und strahlend oder müde und leblos?
3. Sieht mein Haar gesund aus?
4. In welchem Zustand ist meine Haut? Habe ich viele Pickel oder einen Ausschlag? Könnte ich etwas zur Verbesserung meines Hautbildes tun?
5. Könnte meinem Körper ein wenig mehr Fitness gut tun?
6. Wie stehe ich normalerweise da? Ist meine Haltung schlaff oder stehe ich aufrecht?
7. Wie halte ich den Kopf?
8. Mache ich auf andere Menschen im Allgemeinen den Eindruck, dass ich ein gesunder Mensch bin?
9. In welchem Zustand befinden sich meine Fingernägel? Sind sie gepflegt?
10. Gefällt mir das, was ich im Spiegel sehe?

Notieren Sie alles, was Sie an Ihrem Körper mögen oder nicht mögen. Falls Sie Narben oder Muttermale haben, an denen Sie nichts ändern können, sollten Sie das nicht als Minuspunkt verbuchen. Sie müssen lernen, damit zu leben und sollten nicht das Gefühl haben, dadurch in irgendeiner Weise beeinträchtigt zu sein. Sagen Sie sich, dass diese Dinge Ihre Attraktivität nicht mindern und dass Ihre Persönlichkeit, Ihr Charme und Ihr gesamtes Erscheinungsbild sehr anziehend sind.

Nachdem Sie alle Verbesserungen notiert haben, die im Bereich des Möglichen sind, sagen Sie sich, dass Sie von diesem Augenblick an das Bild, das Sie gesehen haben, verbessern werden. Sagen Sie sich, dass alles, was Sie nicht mochten, nicht Ihr wahres Selbst ist. Es ist ein vorübergehender Zustand, den Sie in sehr kurzer Zeit verändern werden. Sagen Sie sich: »Wenn mir nicht gefällt, was ich da sehe, gefällt es anderen auch nicht.« Wenn Sie jedoch vollkommen zufrieden mit Ihrem Körper sind, auch wenn er eigentlich zu dick oder zu dünn ist, dann sollten Sie auch nicht versuchen, etwas daran zu ändern. Es hat keinen Einfluss auf Ihre soziale Akzeptanz, da Sie eine so starke und positive PSI-Persönlichkeit haben, dass man Ihre Unzulänglichkeiten übersehen wird.

Außerdem sollten Sie sich ein paar Fragen zu Ihrem allgemeinen Gesundheitszustand stellen:
1. Bin ich anfällig für Stress und Ängste?
2. Wie oft bin ich angespannt oder gestresst?
3. Bewege ich mich ausreichend?
4. Was tue ich, wenn ich mich gestresst fühle?
5. Rauche ich zu viel?
6. Trinke ich zu viel?
7. Nehme ich gute, gesunde Nahrung zu mir?
8. Esse ich langsam und entspannt oder schlinge ich mein Essen hinunter?
9. Bin ich oft erkältet?
10. Habe ich häufig Kopfschmerzen oder Migräneanfälle?
11. Bin ich reizbar gegenüber anderen Menschen?
12. Werde ich oft laut oder schreie andere an?
13. Werde ich schnell wütend?
14. Langweile ich mich oft über längere Zeit?
15. Leide ich unter Konzentrationsschwierigkeiten?

16. Warte ich immer darauf, dass in meinem Leben etwas passiert?
17. Leide ich unter wiederkehrenden Schmerzen oder fühle ich mich unwohl?
18. Werde ich schnell müde?
19. Machen ich mir Sorgen über Dinge, bevor sie geschehen?
20. Habe ich einen gesunden Schlaf?

Beantworten Sie die oben stehenden Fragen und notieren Sie alle negativen Punkte in Bezug auf Ihren allgemeinen Gesundheitszustand sowie die Dinge, die Sie verbessern können. Seien Sie ganz ehrlich. Sie wissen genau, ob einige der oben genannten Probleme auf Sie zutreffen und in welchem Maße Sie davon beeinträchtigt werden. Warten Sie nicht länger. Tun Sie etwas dagegen. Jetzt! Fangen Sie noch in diesem Augenblick an, Ihren ungesunden Lebensstil zu ändern. Denken Sie positiv. Die meisten von uns leiden oder litten unter einem oder allen der oben aufgeführten negativen Aspekte. Denken Sie sich in einen guten Gesundheitszustand hinein!

Emotionale Probleme

Hier geht es um unsere Ängste. Versuchen Sie, sich zu entspannen, indem Sie sich sagen, dass Ihre Ängste unbegründet sind und dass Ihr Geist keine Notiz davon nehmen wird.
Mitte der 70er-Jahre stand ich unter extremem Druck und war ständig angespannt. Ich litt unter Angstzuständen und Panikattacken. Ich war sehr reizbar und verlor die Fassung, wenn die Dinge nicht so liefen, wie ich es mir vorgestellt hatte. Heute ist mir klar, dass mein damaliger Zustand viel mit Stress und dem Wunsch, erfolgreich zu sein, zu tun hatte. Als ich dann lernte, mich zu entspannen und meine PSI-Energien einzusetzen, um

meine Emotionen unter Kontrolle zu bringen, wurde ich zu einem viel ausgeglicheneren, glücklicheren Menschen. Wenn ich heute feststelle, dass ich wahrscheinlich zu spät zu einem Termin oder einer Verabredung kommen werde, lasse ich mich nicht mehr aus der Ruhe bringen. Ich kann nichts daran ändern und mir ist bewusst, dass es völlig sinnlos ist, sich aufzuregen.

Scheuen Sie sich nicht, über Ihre tiefsten Ängste zu sprechen. Wenn Sie Ihre Probleme für sich behalten, machen Sie sie nur noch schlimmer und geraten noch tiefer in emotionale Schwierigkeiten. Falls Sie sexuelle Probleme haben oder glauben, dass Ihre Sexualität von der Norm abweicht, sollten Sie Ihr Problem mit einem gut ausgebildeten Therapeuten oder den Mitarbeitern einer Beratungsstelle besprechen. Viele gesundheitliche Probleme bei Männern und Frauen sind auf sexuelle Unsicherheit oder die verborgene Angst, homosexuell zu sein, zurückzuführen. Heutzutage stellt die furchtbare Krankheit Aids ein zusätzliches Problem dar.

Aids

Die Menschheit wurde schon immer von Ängsten geplagt, die sich auf die Sexualität beziehen und sich in den unterschiedlichsten körperlichen Beschwerden und Krankheiten niederschlagen. Diese Ängste existieren auch heute noch. Dazu gehören die Angst vor ungewollter Schwangerschaft, Ängste in Bezug auf Masturbation und Schuldgefühle auf Grund von außerehelichem Sex. Diese alltäglichen Ängste, die wir als Teil des normalen Risikos in zwischenmenschlichen Beziehungen akzeptiert haben, verblassen heute bis zur Bedeutungslosigkeit angesichts der furchtbaren Bedrohung durch Aids. Es ist die furchterregendste sexuell übertragbare Krankheit, die wir kennen. Aus ihren immer zahlreicher werdenden Opfern könnten Außenseitergruppen entstehen, die an die ausgestoßenen Notgemeinschaften der Leprakranken erinnern. Diese Krankheit schürt Ängste auf Grund der Art und Weise, in der sie ihre ahnungslosen Opfer befällt. Wenn man es am wenigsten erwartet, trifft sie plötzlich einen guten Freund. Das verschlimmert Ihre Angst natürlich besonders dann, wenn Sie mit diesem Freund zusammenlebten oder engen Kontakt hatten.

Ob es uns passt oder nicht – wir alle werden mit Aids leben müssen, bis ein Heilmittel oder ein Impfstoff dagegen gefunden wird. Ein besonders erschreckender Aspekt des Aids-Virus, der die Immunabwehr des Körpers zusammenbrechen lässt, ist der, dass sich eine große Anzahl unglücklicher Opfer mit einem vordatierten Todesurteil konfrontiert sieht. Das Virus hat bereits Millionen infiziert und ist zu einer globalen Bedrohung geworden.

Während Sie dies lesen, machen Hunderttausende von Menschen in aller Welt eine quälende Zeit der Ungewissheit und Verzweiflung durch und fragen sich, ob sie infiziert sind. Machen Sie nicht den Fehler, zu glauben, von dieser Krankheit seien nur Homosexuelle betroffen. Inzwischen müssen auch einige bigotte Leute, die Aids bisher als eine Art göttliches Strafgericht für Homosexuelle betrachteten, verzweifelt feststellen, dass Mitglieder ihrer eigenen Familien an Aids erkrankt sind. Es ist eine Krankheit, die Heterosexuelle, Ehefrauen, Ehemänner, Töchter und Söhne gleichermaßen befällt und dies in immer größerem Umfang. Einer der Gründe dafür, dass die Krankheit unter Homosexuellen stärker verbreitet ist, ist die Tatsache, dass Homosexuelle in der Regel mehr Sexualpartner haben als Heterosexuelle. Wie kann die PSI-Kraft hier also helfen?

Die Ungewissheit loswerden

An welcher Krankheit Sie auch leiden, eine positive geistige Einstellung wird Ihnen helfen, gegen sie anzukämpfen oder damit umzugehen. Die PSI-Kraft verhilft Ihnen zu der positiven inneren Haltung, die Sie nach Alternativen suchen und das Beste aus guten und schlechten Situationen machen lässt. Verzweifeln Sie nicht, wenn Sie vermuten, dass Sie oder ein Ihnen nahe stehender Mensch mit HIV infiziert ist. Sie können das Aids-Virus in sich tragen und trotzdem ein normales Leben führen. Damit Sie niemanden anstecken, der dann vielleicht wegen Ihres Egoismus und Ihrer Rücksichtslosigkeit sterben muss, empfehle ich Ihnen, Ihren Arzt aufzusuchen und mit ihm über Ihre Ängste in Bezug auf Aids zu sprechen. Viele Menschen weigern sich, zum Arzt zu gehen und verschlimmern ihren Zustand durch die extreme Furcht, die sie plagt und wiederum dazu beitragen kann, dass sich gefährliche Symptome manifestieren. Ich bin auch der Meinung, dass Sie es Ihrem Partner oder Ihren Freunden – und sich selbst – schuldig sind, herauszufinden, ob Sie die Krankheit wirklich in sich tragen oder nicht. Wie erleichtert werden Sie sein, wenn der Test negativ ist! Sie können sich wieder frohen Herzens normalen und gesunden Aktivitäten zuwenden, anstatt Wochen und Monate vor Angst wie gelähmt zu sein. In Zukunft sollten Sie dann allerdings jede erdenkliche Vorsichtsmaßnahme gegen Infektionen treffen. Benutzen Sie immer ein Kondom oder eine andere Schutzmaßnahme, wenn Sie sich in Bezug auf Ihren Partner nicht völlig sicher sind. Sollte sich jedoch herausstellen, dass der Test positiv ist und Sie mit HIV infiziert sind, müssen Sie die Situation gründlich von allen Seiten betrachten. Durch verantwortungsvolles Verhalten können Sie vermeiden, das Virus auf Freunde zu übertragen. Es besteht eine realisti-

sche Chance, dass die Krankheit in Ihrem Körper nicht fort-
schreiten wird. In vielen Fällen können wirkungsvolle Medikamente oder Medikamenten-Cocktails die Infektion in Schach
halten. Widerstehen Sie ihren schlimmsten Auswirkungen mit
der Kraft Ihrer Gedanken. Sagen Sie sich, dass Sie wissen, dass
Sie das Virus in sich tragen, aber das ist alles. Es wird in Ihrem
Körper bleiben, doch es wird Ihnen keinen Schaden zufügen.
Sagen Sie sich, wie verantwortungsvoll Sie in Bezug auf Ihre
Freunde sind und waren und dass das Leben immer noch le-
benswert sein kann. Ihr verantwortungsvolles Handeln wird
Ihnen viel Trost und Selbstachtung schenken.

Sich mit dem Risiko auseinander setzen

Ich hoffe, dass Sie zu der großen Mehrheit der Menschen gehören, die nicht HIV-infiziert ist. Denken Sie also das nächste
Mal an sich und Ihre Familie, bevor Sie sich auf Sex mit einem
relativ fremden Menschen einlassen. Es ist eine ziemlich traurige Entwicklung, dass junge Menschen, die in unserer modernen westlichen Gesellschaft nicht mehr dafür verurteilt werden, Liebesbeziehungen außerhalb der Ehe einzugehen, jetzt
in einem erschreckenden Vabanquespiel mit dem Schicksal
konfrontiert werden, wenn sie sich einer ganz natürlichen und
schönen Aktivität hingeben wollen. Deshalb möchte ich noch
einmal darauf hinweisen, dass der sicherste Sexualpartner Ihre
Ehefrau, Ihr Ehemann oder der Mensch ist, mit dem Sie schon
viele Jahre zusammenleben.
Aber was, wenn Ihr Partner auf Abwege kam? Ich rate Ihnen,
sich mit diesem Problem auseinander zu setzen und ganz ehrlich mit Ihrem Partner oder mit der Person, mit der Sie eine Beziehung eingehen möchten, zu sprechen. Reden Sie offen mit
ihm/ihr über Ihre diesbezüglichen Ängste. Er oder sie sollte ge-

nauso denken und fühlen. Hinterfragen Sie Ihre Vergangenheit und verwenden Sie ein Kondom, wenn auch nur der geringste Zweifel aufkommen sollte. Ist ein kurzer Augenblick des Vergnügens es wert, sein Leben aufs Spiel zu setzen? Falls Sie sich in Bezug auf die andere Person unsicher fühlen, sollten Sie Sex strikt ablehnen. Wenn Ihnen Ihr inneres Selbst sagt, dass das, was Sie vorhaben, rücksichtslos und dumm ist, dann hören Sie auf damit! Lassen Sie sich nicht auf Sex ein, wenn irgendwelche Ängste damit verbunden sind. Masturbation ist für Jung und Alt eine gesunde Alternative.

Das Schicksal annehmen

Falls das Virus bereits Ihre Gesundheit angegriffen hat, ist es sinnlos, daran zu verzweifeln. Sie können Hilfe und Unterstützung von Beratern und Freunden erhalten. Bewahren Sie sich trotz allem eine positive Haltung. Nehmen Sie Ihr Schicksal an. Blicken Sie auf die glücklichen Zeiten Ihres Lebens zurück und schauen Sie, ob Sie es den Menschen, die Sie lieben und mit denen Sie seit so vielen Jahren verbunden sind, vielleicht ein wenig leichter machen können. Diese Menschen leiden auch. Zeigen Sie ihnen, dass Sie positiv eingestellt sind. Versuchen Sie auch anderen zu helfen, die in derselben Situation sind. Denken Sie daran, dass Sie nicht allein sind, dass Sie immer noch eine Hilfe für andere sein können und dass Sie sich der guten Gesellschaft anderer Menschen erfreuen können. Die Wissenschaft sucht unablässig nach einem Heilmittel oder einem Medikament, das die Krankheit aufhalten kann. Vergessen Sie nie: Es geschehen immer wieder Wunder und positives Denken ist hilfreich!

Süchte

Falls Sie an einer Sucht leiden, gibt es dafür vielleicht einen ganz simplen Grund, und es könnte sein, dass Sie Ihr Problem mit professioneller Hilfe relativ leicht lösen können. Liegen die Ursachen jedoch tiefer, sollten Sie versuchen, den verschiedenen Faktoren auf den Grund zu gehen. Tun Sie dies mit Hilfe der PSI-Meditation (siehe S. 52 f.). Stellen Sie sich Fragen über Ihren Lebensstil. Fragen Sie sich, warum Sie Ihren Körper missbrauchen. Suchen Sie auf jeden Fall professionelle Hilfe.

Rauchen

Besiegen Sie diese gefährliche Angewohnheit durch Liebe. Sagen Sie sich:»Ich beeinträchtige die Gesundheit der Menschen, die ich liebe, indem ich sie zwinge, diesen tödlichen Rauch einzuatmen. Es schadet ihrem und meinem Körper. Ich höre jetzt damit auf!« Besiegen Sie die Sucht mit der Kraft Ihrer Gedanken. Zeichnen Sie jedes Mal, wenn Sie das Verlangen nach einer Zigarette überkommt, ein Monster und zerstören Sie es. Treiben Sie Sport, anstatt zu rauchen. Atmen Sie tief ein und sagen Sie sich, wie wunderbar es ist, frische Luft in der Lunge zu haben. Denken Sie daran, dass die Zigaretten Sie höchstwahrscheinlich früher oder später umbringen werden. Im nächsten Kapitel werden wir uns noch eingehender mit Methoden beschäftigen, die den Verzicht auf das Rauchen erleichtern.

Drogen

Drogen zerstören Sie! Versuchen Sie, auf jegliche Drogen zu verzichten. Falls Sie abhängig von Betäubungsmitteln sind, nehmen Sie professionelle Hilfe in Anspruch und holen Sie sich Unterstützung bei den Menschen, die Sie lieben. Sagen Sie ihnen, dass Sie süchtig sind und dass Sie Hilfe brauchen. Versuchen Sie, mit Gedankenkraft dem Verlangen nach mehr zu widerstehen. Machen Sie sich klar, dass die Drogen Sie umbringen werden und dass Sie sie nicht genießen, sondern dass Sie in einer Traumwelt leben. Gehen Sie in eine Selbsthilfegruppe und hören Sie sich die positiven Berichte von Menschen an, die ihre Sucht überwunden haben.

Alkohol

Im Übermaß genossen ist Alkohol genauso schädlich wie Zigaretten und andere Drogen. Denken Sie darüber nach, warum Sie so viel trinken. Sagen Sie sich, dass Sie Ihrem Körper damit Schaden zufügen und dass Sie sich selbst und sogar andere Menschen dadurch töten können. Hören Sie auf zu trinken, entspannen Sie sich und meditieren Sie. Forschen Sie nach den Ursachen für Ihre Alkoholsucht und unternehmen Sie dann konstruktive Schritte, um Ihr Problem zu lösen. Nehmen Sie an Selbsthilfegruppen teil und bitten Sie auch Ihren Hausarzt und Ihre Freunde um Hilfe. Andere Menschen können eine große Stütze sein, wenn man sie um Hilfe bittet. Wenn Sie sich weigern, etwas gegen Ihre Sucht zu unternehmen, riskieren Sie den Verlust Ihrer Freunde, Ihres Arbeitsplatzes und ein Zerwürfnis mit Ihrer Familie.

Sport

Genießen Sie die Bewegung! Wenn Ihr Körper durchtrainiert ist, bekommt Ihre ganze Persönlichkeit etwas Strahlendes, Sie sind geistig wach und Ihre PSI-Sinne werden geschärft. Regelmäßiges körperliches Training erfrischt den Geist und verbessert Ihr Allgemeinbefinden. Bewegung, die mit einem gewissen Kraftaufwand einhergeht, hilft Ihnen auch, sich besser zu entspannen. Welche Sportart Sie auch wählen, Sie müssen sie mögen, denn sonst ist die Wahrscheinlichkeit groß, dass Sie sie bald wieder aufgeben.

Aerobe Übungen sind meiner Meinung nach am besten geeignet, um das Herz, die Lunge und den Kreislauf zu trainieren und das allgemeine Wohlbefinden zu steigern. Sie könnten schwimmen, joggen, rudern, Fahrrad fahren oder tanzen. Von all diesen Trainingsmethoden scheint mir das Schwimmen am effektivsten zu sein. Aber Sie können auch seilspringen, wenn es Ihnen Spaß macht oder wenn Sie sich vorrübergehend auf ein Hotelzimmer beschränken müssen. Ich betrachte ein zwanzigminütiges Training drei Mal pro Woche als ausreichend, um in den Genuss der positiven Auswirkungen zu kommen. Das Wichtigste dabei ist, den Puls auf eine dem Alter angemessene Zielfrequenz zu bringen. Konsultieren Sie bitte immer zuerst einen Arzt, bevor Sie mit anstrengenden Übungen beginnen. Lassen Sie sich von ihm in Bezug auf Ihre optimale Trainings-Herzfrequenz beraten. Sie können Ihren Körper sogar in beengten Verhältnissen, wie beispielsweise einem Zugabteil oder einer Flugzeugkabine, trainieren:

- Lehnen Sie sich in Ihrem Sitz zurück, entspannen Sie sich und beginnen Sie dann mit Ihren Übungen.
- Spannen Sie nacheinander alle Körperteile an und entspannen Sie sie dann wieder.
- Fangen Sie bei den Zehen an und arbeiten Sie sich bis zum Kopf hoch. Spannen Sie die Zehen an und entspannen Sie sie, machen Sie dasselbe dann mit den Waden, den Oberschenkelmuskeln, dem Gesäß, dem Bauch.
- Machen Sie den Rücken und die Schultern gerade und ziehen Sie den Bauch ein.

- Konzentrieren Sie sich dann auf die Brustmuskeln, die Armmuskeln und den Nacken.
- Strecken Sie anschließend den Körper so weit wie möglich und entspannen Sie sich wieder. Machen Sie diese Übungen so lange wie möglich.

Schlaf

Einschlafprobleme können auf mangelnde Bewegung, aber auch auf Sorgen über bestimmte Aspekte Ihres Lebens zurückzuführen sein. Wir haben uns bereits mit einer mentalen Technik beschäftigt, bei der man die Sorgen ausblendet, um Schlaf zu finden. Falls es Ihnen schwer fällt, sich zu konzentrieren oder zu lernen, sollten Sie ein kurzes Nickerchen machen. Meditieren Sie, entspannen Sie sich und nehmen Sie sich vor, nun 15 bis 30 Minuten zu schlafen. So regeneriert sich Ihr gesamter Organismus! Winston Churchill, der große Staatsmann, war dafür bekannt, dass er mehrmals am Tag ein kurzes Nickerchen machte. So war er in der Lage, bis in die frühen Morgenstunden wach zu bleiben, während seine Gegner erschöpft waren.

Geistheiler

Ich bin fest davon überzeugt, dass der Geist den Körper heilen kann, und ich glaube an die Kräfte von Geistheilern. Ich habe schon einige bei ihrer Arbeit beobachtet. Doch ich bin sehr skeptisch in Bezug auf Menschen mit dubiosem Hintergrund, die für ihre »Heilbehandlungen« Geld nehmen. Es gibt viele Scharlatane auf der Welt, die Versprechungen machen, an die sich kranke Menschen verzweifelt klammern. Es ist bekannt, dass sich der Patient in solchen Fällen oft geistig in einen Zustand versetzt, in welchem er bereit ist, an eine Heilung und ein Wunder zu glauben. Obwohl der Heilungserfolg auf die PSI-Kraft des Patienten zurückzuführen ist, bedurfte es eines Katalysators, um den Funken zu zünden. Da der Kranke normalerweise durch seinen eigenen Glauben geheilt wird, würde ich zunächst versuchen, mit traditioneller Behandlung und dem Einsatz der eigenen PSI-Kräfte eine Heilung zu erzielen. Denken Sie nur einmal daran, wie manche Menschen ihre Körper mit Hilfe von Geisteskraft beherrschen. Feuerläufer gehen tatsächlich über glühende Kohlen, ohne den geringsten Schmerz zu verspüren. Manche Menschen ließen sich ohne Narkose operieren und waren dabei durch geistige Kontrolle völlig schmerzfrei. Das ist möglich. Viele Patienten bewirken auch einfach durch ihren Willen Heilungen, die von Ärzten oft als »Wunderheilungen« bezeichnet werden. Ich glaube, dass einige Ärzte von Natur aus »Heiler« sind, und obwohl ihnen das vielleicht gar nicht bewusst ist, offenbart ein Blick in ihre Kartei oft eine wunderbare Erfolgsgeschichte in Bezug auf ihre Patienten.

Sollten Sie unglücklicherweise an einer Krankheit leiden, die normalerweise unheilbar ist und die allen konventionellen Behandlungsmethoden trotzt, sollten Sie sich für die Behandlung entscheiden, die Ihrer Meinung nach am meisten für Sie tun kann. Falls Sie einen Heilpraktiker bevorzugen, dann konsultieren Sie einen. Glauben Sie, dass Akupunktur Ihnen helfen kann, dann versuchen Sie, einen guten Akupunkteur zu finden. Achten Sie aber unbedingt darauf, dass nur Einwegnadeln oder sorgfältig sterilisierte Nadeln verwendet werden. Unsterile Nadeln sind eine der Infektionsquellen für HIV. Im Hinblick auf Aids muss man auch bei medizinischen Behandlungen in Entwicklungsländern äußerst vorsichtig sein. Achten Sie darauf, dass Ärzte oder Zahnärzte ihre Nadeln und andere medizinische Instrumente vor der Behandlung sorgfältig sterilisieren. Scheuen Sie sich nicht, zu fragen, welche Sterilisationsmethoden angewandt wurden. Es könnte Ihr Leben retten!

Musik und Heilung

Musik kann stark auf unsere Psyche einwirken, sie kann unsere Stimmung und unser Verhalten beeinflussen. Sie kann Menschen miteinander verbinden, kann uns glücklich oder traurig stimmen oder uns beruhigen. Erfolgreiche Musiker haben einen sehr ausgeprägten PSI-Sinn und können mit ihrer Kreativität ganz unterschiedliche Gefühle wachrufen. Der Londoner Komponist Lawrence Ball ist davon überzeugt, dass seine PSI-Kraft ihm half, die Kassetten mit »Heilenden Klängen« zu schaffen, die inzwischen von Anwendern der »Alexander-Technik« bei Sitzungen benutzt werden. Diese Technik ist in weiten Kreisen als wirkungsvolle Methode gegen Stress anerkannt. Lawrence stellte fest, dass seine Kompositionen eine Energie erzeugen, die eine starke heilende Schwingung hervorruft, welche er auf diese Weise auf seine Schüler übertragen kann. Andere setzen seine Musik in der Bewegungstherapie oder bei der Behandlung von geistig oder körperlich behinderten Menschen ein.

Die heilsame Kraft des Lachens

Ich glaube, Humor und Lachen sind sehr gut für unsere Gesundheit. Wenn Sie niedergeschlagen oder deprimiert, gestresst, traurig oder krank sind, kann Lachen Ihnen helfen, sich besser zu fühlen. In den vergangenen 30 Jahren kam die medizinische Forschung zu dem Ergebnis, dass Humor und Lachen in vielen Fällen einen wertvollen Beitrag zur Schmerzbekämpfung leisten können und besonders bei Kindern den Heilungsprozess fördern. Das Anschauen witziger Kinofilme, Videos, DVDs oder das Erzählen lustiger Begebenheiten trägt dazu bei, Schmerzen zu lindern.

Die Forscher entdeckten, dass Lachen anscheinend eine Entspannungsreaktion im autonomen Nervensystem bewirkt. Kinder, die während einer schmerzhaften Untersuchung oder medizinischen Behandlung lustige Videofilme anschauten, brauchten während und nach der Prozedur weniger Schmerzmittel als sonst üblich.

Lachen hat folgende positive Auswirkungen:

- Es unterstützt die Muskelentspannung.
- Es drosselt die Produktion von Stresshormonen.
- Lachen und eine positive Lebenseinstellung stärken das Immunsystem.
- Lachen hilft, einen hohen Blutdruck zu senken.

Lachen hat noch viele andere positive Auswirkungen, doch es ist natürlich kein Ersatz für eine medizinische Behandlung. In vielen Fällen kann es allerdings die medizinische Behandlung unterstützen. Hier ist noch viel Forschung nötig, um das ganze Potenzial der gesundheitsfördernden Wirkungen des Lachens auszuloten.

Meine ganz persönlichen Empfehlungen für ein gesundes Leben

Hier nun eine Zusammenfassung meiner persönlichen Formel für Gesundheit. Ich denke, Sie sollten meine Ratschläge beherzigen, sicherheitshalber jedoch auch mit Ihrem Arzt darüber sprechen. Und lassen Sie sich einmal pro Jahr gründlich durchchecken!

1. Rauchen Sie nicht.
2. Trinken Sie Alkohol nur in Maßen. Trinken Sie täglich mehrere Gläser Wasser.
3. Essen Sie wenige oder überhaupt keine Eier. Eiweiß ist in Ordnung.
4. Essen Sie kein rotes Fleisch.
5. Meiden Sie Nahrungsmittel mit einem hohen Anteil an tierischen Fetten.
6. Essen Sie viel Gemüse und Obst.
7. Komplexe Kohlenhydrate in Form von Brot, Nudeln und Kartoffeln sind in vernünftigem Maß genossen gesund. Vermeiden Sie übermäßigen Zuckerkonsum.
8. Verwenden Sie Olivenöl anstelle von Butter.
9. Sorgen Sie für ausreichend Bewegung. Trainieren Sie mindestens drei Mal pro Woche 20 Minuten lang. Achten Sie darauf, dass sich Ihr Puls auf der für Ihr Alter angemessenen Frequenz einpendelt.
10. Falls Sie nervös oder angespannt sind, sollten Sie sich mit sanften Entspannungsmethoden zur Ruhe bringen. Sie werden innerlich ausgeglichener und gesünder.
11. Gehen Sie nicht in die pralle Sonne.
12. Schnallen Sie sich im Auto immer an.
13. Tragen Sie beim Fahrradfahren immer einen Helm.
14. Waschen Sie sich oft die Hände.
15. Praktizieren Sie Safersex.
16. Seien Sie positiv, optimistisch, motiviert. Versuchen Sie, inneren Frieden zu finden, haben Sie Vertrauen.

Vergessen Sie nicht, dass positives Denken eine sehr starke Kraft ist. Sie können damit Ihren Gesundheitszustand verbessern, Krankheiten bekämpfen und sich nach Operationen schneller erholen. Es wurde inzwischen wissenschaftlich nachgewiesen, dass Optimisten im Falle einer schweren Erkrankung länger am Leben bleiben. Laut neuerer medizinischer Studien häufen sich die Beweise, dass das »Wohlfühldenken« tatsächlich hilfreich ist. Eine im »Journal of Personality and Social Psychology« veröffentlichte Studie weist darauf hin, dass sich bei Menschen, die stressige Situationen optimistisch, das heißt mit Zuversicht und positiver Erwartungshaltung angehen, die Anzahl der Abwehrzellen im Körper erhöht und dass diese Zellen leistungsfähiger sind. Das ist die erste Studie, die einen Zusammenhang zwischen Optimismus und gesteigerter Immunabwehr bei gesunden Menschen herstellt.

In eine gesündere Zukunft blicken

Was du heute kannst besorgen, das verschiebe nicht auf morgen.

Wir alle haben dieses alte Sprichwort schon gehört – vielleicht von unserer Mutter oder von einem Lehrer. Im Hinblick auf Ihre Gesundheit sind diese Worte allerdings nur allzu wahr. Die Neigung, Dinge aufzuschieben, kann zum ärgsten Feind eines Menschen werden, wenn es um das Aufrechterhalten eines optimalen Gesundheitszustandes und die Verhütung ernster Gesundheitsprobleme oder Erkrankungen geht. Viele Menschen neigen dazu, alles, was mit der Gesundheit zu tun hat, beiseite zu schieben. Vielleicht sind sie zu beschäftigt, um einen Arzttermin zu vereinbaren, oder sie fühlen sich einigermaßen gesund und sind der Meinung, keine Routineuntersuchung zu benötigen. Manche Menschen ziehen es außerdem einfach vor, nicht zu wissen, ob da irgendein Problem existiert.

Regelmäßige Routineuntersuchungen können entscheidend sein, denn sie können dazu beitragen, ein ernstes Gesundheitsproblem frühzeitig zu erkennen, anstatt es unbemerkt schwelen zu lassen, bis es ein fortgeschritteneres Stadium erreicht hat. Wir wollen nun einen Blick auf die häufigsten Gesundheitsprobleme werfen und uns ansehen, was Sie tun können, um Ihr Risiko möglichst gering zu halten.

Herzkrankheiten

Herzkrankheiten sind die häufigste Todesursache bei Männern und Frauen, obwohl bei Männern solche Krankheiten zehn bis 15 Jahre früher auftreten. Ein gesunder Lebensstil kann dazu beitragen, das Risiko, Opfer der koronaren Herzkrankheit zu werden, zu senken oder die Schäden im Falle einer Erkrankung zu minimieren.

Ein »herzfreundlicher Lebensstil« umfasst:

- das Halten des Normal- oder Idealgewichts;
- regelmäßig ausreichende Bewegung;
- Verzicht auf das Rauchen;
- das Minimieren von Stress;
- eine gesunde, das heißt ausgewogene und vitalstoffreiche Ernährung, die arm an gesättigten Fetten, Transfettsäuren, Cholesterin und Salz ist, dafür jedoch viel Obst, Gemüse und Vollkornprodukte enthält.

Es ist außerdem wichtig, alle Einflüsse, die das Herz schädigen könnten, wie Bluthochdruck, hohen Cholesterinspiegel und Diabetes, angemessen behandeln zu lassen.

Nahrungsergänzungsstoffe können ebenfalls eine Rolle bei der Gesunderhaltung des Herzens spielen. Verschiedene Studien weisen darauf hin, dass Antioxidanzien, wie die Vitamine C und E, dazu beitragen können, das Risiko von Herzerkrankungen zu senken. Auch Hafer, Ballaststoffe, bestimmte Fischsorten, Leinöl, Policosanol und roter Reis wirken sich offenbar positiv auf das Herz aus und helfen, es gesund zu erhalten. Eine neue Studie, die im »American Journal of Clinical Nutrition« veröffentlicht wurde, weist darauf hin, dass Männer, die mehr Kleie verzehren, ein geringeres Risiko von Herzerkrankungen haben. Bei Versuchspersonen, die mindestens sieben Gramm Kleie pro Tag zu sich nahmen, sank das Risiko einer koronaren Herzkrankheit um 30 Prozent gegenüber den Probanden, die keine Kleie verzehrten. Die Forscher vermuten, dass der Schutzeffekt nicht allein auf die Ballaststoffe der Kleie zurückzuführen ist, sondern auch auf ihren Gehalt an Vitaminen, Mineralstoffen, Pflanzenhormonen (Pythoöstrogen) und Antioxidanzien.

Krebs

Krebs ist die zweithäufigste Todesursache bei Männern und Frauen. Die häufigste Krebsart bei beiden Geschlechtern ist der helle Hautkrebs, der bei früher Behandlung relativ gut heilbar ist. Bei Männern ist die zweithäufigste Krebsart der Prostatakrebs, gefolgt von Lungenkrebs und Enddarmkrebs.

Auch hier können Nahrungsergänzungsstoffe eine wichtige Rolle spielen. Lykopen, Selen, Vitamin E, Sägepalme und Pygeum africanum werden oft zur Gesunderhaltung der Prostata empfohlen. Betakarotin, Kalzium, Selen sowie die Vitamine C und E wirken sich positiv auf die Gesundheit des Darmes aus.

Schlaganfall

Ein hoher Blutdruck ist eine der Hauptursachen für Schlaganfälle – kann jedoch glücklicherweise unter Kontrolle gebracht werden. Andere Risikofaktoren sind Rauchen, Diabetes, Vererbung, Alter und Lebensweise. Es ist lebenswichtig, die Aufnahme von Cholesterin und gesättigten Fetten zu senken. Falls Sie Raucher sind: Hören Sie auf zu rauchen! Falls Sie Diabetespatient sind, können Sie Ihr Schlaganfallrisiko senken, indem Sie Ihre Blutzuckerwerte unter Kontrolle halten. Außerdem ist es wichtig, dass Sie auf Ihr Körpergewicht achten, sich regelmäßig bewegen, angemessen mit Stress umgehen und Ihren Alkoholkonsum einschränken.

Chronisch obstruktive Atemwegserkrankung

Diese Bezeichnung bezieht sich eigentlich auf eine Gruppe chronischer Atemwegserkrankungen, zu denen das Lungenemphysem und die chronische Bronchitis gehören. Die unmittelbare Lektion: Hören Sie auf zu rauchen! Versuchen Sie auch Passivrauchen so weit wie möglich zu vermeiden.

Diabetes

Zu den durch Diabetes verursachten Komplikationen und Folgeerkrankungen zählen Herzkrankheiten, Schlaganfälle, Nierenerkrankungen, Erblindung und andere schwere Krankheitsbilder. Diabetes ist zwar nicht heilbar, doch man kann sie unter Kontrolle bringen und so das Risiko, an anderen schweren Leiden zu erkranken, erheblich senken. Zu viel Körperfett ist einer der Hauptrisikofaktoren für diese Krankheit. Deshalb ist es so wichtig, auf ein gesundes Körpergewicht zu achten. Regelmäßige Bewegung und eine ausgewogene Ernährung mit viel Obst und Gemüse sind ebenfalls wichtige Maßnahmen. Außerdem sollten Sie regelmäßig Ihren Blutzuckerspiegel testen lassen. Natürlich müssen Sie auch wissen, ob es in Ihrer Familie bereits Fälle von Diabetes gab und mit Ihrem Arzt darüber sprechen.

Arthritis und Gelenkgesundheit

Die am häufigsten auftretende Form der Arthritis ist die Osteoarthritis oder degenerative Erkrankung der Gelenke, die normalerweise eine auf Verschleiß beruhende Alterserscheinung ist. Regelmäßige Bewegung ist eine sehr wichtige Vorbeugungsmaßnahme – vor allem körperliche Aktivitäten, bei denen eine starke Belastung der Knie und Hüftgelenke vermieden wird. Da auch Arthritis durch Übergewicht begünstigt wird, ist es wichtig, auf das Körpergewicht zu achten.

Bei allen oben genannten Gesundheitsproblemen treten immer wieder dieselben Themen in den Vordergrund: regelmäßige Bewegung, ausgewogene Ernährung, Verzicht auf das Rauchen und – ob es Ihnen behagt oder nicht – regelmäßige Routine- und Vorsorgeuntersuchungen bei Ihrem Arzt. Wenn es um Ihre Gesundheit geht, sollten Sie die wichtigen Schritte, die Sie heute tun können, nicht auf morgen verschieben. Ändern Sie Ihren Lebensstil jetzt und übernehmen Sie die Kontrolle über Ihren Gesundheitszustand… damit Sie sich in Zukunft wohler fühlen.

Die Willenskraft

Wie oft haben Sie sich schon etwas Bestimmtes vorgenommen und es dann noch nicht einmal versucht und gesagt: »Ich könnte das – wenn ich nur genug Willenskraft hätte«. Woher stammt diese Verhaltensweise? Wieso geben Sie auf, bevor Sie es überhaupt versucht haben? Sie haben genug Willenskraft! Jeder von uns besitzt ungeheure Willenskraft, doch nicht jeder weiß, wie man sie richtig einsetzt. Deshalb sind manche Menschen in der Lage, schier Unglaubliches zu vollbringen, während andere nur erstaunt zusehen können. Sie wissen nicht, dass sie es auch können! Das Aktivieren der eigenen Willenskraft könnte man mit dem Aufladen einer Autobatterie vergleichen. Wenn die Batterie verbraucht ist, bleibt das Auto stehen und man braucht eine Starthilfe. Die Starthilfe für Ihre Willenskraft sind Hingabe, Disziplin, Entschlossenheit und Leidenschaft. Ich kann Ihnen jetzt schon versichern, dass Sie nirgendwo ankommen werden, wenn Sie nicht die innere Überzeugung haben, dass Sie Ihre Ziele erreichen werden. Willenskraft und Halbherzigkeit passen nicht zusammen. Willenskraft setzt die Ausrichtung auf das Ziel voraus – und zwar absolut!

Faulheit ist der große Feind der Willenskraft. Bedauerlicherweise gehen die meisten von uns so in ihrem Alltag auf, dass sie sich überhaupt nicht bemühen, ihre Willenskraft zu wecken: jene Energie, die es uns ermöglicht, viele positive Dinge zu tun. Es ist einfacher, sich zu sagen, dass man ja morgen noch mit dem Rauchen aufhören kann oder dass viele Leute Übergewicht haben oder dass ein Schokoladenplätzchen mehr oder weniger schon nicht schaden wird oder dass man doch besser den Bus nehmen sollte, weil es ja regnet, obwohl man sich fest vorgenommen hat, sich mehr zu bewegen. Wir alle haben das schon gemacht – ich auch. Doch das ist vorbei. Als ich erst einmal entdeckt hatte, was meine Willenskraft für mich tun kann, wollte ich nie mehr in meine alten, trägen Verhaltensweisen zurückfallen.

Wie Sie Ihre Willenskraft aktivieren

Als Erstes müssen Sie sich fragen: »Was will ich erreichen?« Wollen Sie abnehmen? Wollen Sie Erfolg im Leben haben? Wollen Sie aufhören zu rauchen? Wollen Sie von Drogen loskommen? Wollen Sie aufhören zu trinken? Wollen Sie aufhören, Nägel zu kauen? Wollen Sie Ihre Faulheit, Ihre Apathie, Ihr mangelndes Verantwortungsgefühl für sich selbst überwinden? Wenn Sie sich klar gemacht haben, was Sie wollen, können Sie anfangen, auf Ihr Ziel hinzuarbeiten. Es gibt bestimmte Wege und Strategien für jedes Ziel und ich werde einige davon in diesem Kapitel beschreiben.

Als nächsten Schritt sollten Sie einen positiven Vorsatz, ein Mantra oder eine Affirmation formulieren. Das hilft Ihnen dabei, Ihr Ziel zu erreichen. Wenn Sie aufhören wollen, übermäßig zu essen, könnte Ihr Mantra lauten: »Ich esse, wenn ich hungrig bin« oder »ich esse keine in Fett gebratenen Lebensmittel.« Wählen Sie eine Affirmation, die Ihren Bedürfnissen entspricht und seien Sie bereit, sie zu ändern, wann immer es die Situation erfordert. Das ist eine großartige Technik: Sie müssen Ihr Mantra nur zwei- oder dreimal in Gedanken oder (falls möglich) laut wiederholen. Aktivieren Sie Ihre schlummernde Willenskraft und lassen Sie sie für sich arbeiten. Das häufige Wiederholen Ihres Mantras funktioniert, weil das Gehirn sich wie ein Muskel verhält: Es muss regelmäßig trainiert oder programmiert werden.

Beim Formulieren Ihrer Mantras oder Affirmationen können Sie auf bestimmte Techniken zurückgreifen, damit die Worte so wirksam wie möglich sind. Sie sollten z. B. die Worte »mich« oder »ich« enthalten, damit sie so persönlich wie möglich klingen. Auf diese Weise regen sie das Unterbewusstsein sofort dazu an, die in Ihrer Affirmation enthaltene Botschaft in die Realität umzusetzen. Anstatt ein Mantra zu wiederholen, das sich auf die Zukunft bezieht, wie beispielsweise »in einem Monat werde ich sieben Kilo weniger wiegen«, sollten Sie eines wählen, das Ihre Botschaft im Präsens ausdrückt, beispielsweise: »Ich erreiche jetzt mein Wunschgewicht.« Denken Sie auch daran, dass die Formulierung so positiv wie möglich sein sollte. Versuchen Sie, sich nicht auf das Negative der Situation zu konzentrieren. Sagen Sie beispielsweise nicht »ich bin nicht mehr dick«, sondern »ich bin jetzt schlank und gesund«.

Sie können Ihre Affirmation beim Autofahren, beim Gehen, Arbeiten, Wäschewaschen oder Duschen wiederholen – oder immer dann, wenn Sie an einer Konditorei vorbeikommen und das starke Verlangen nach etwas Süßem verspüren. Es reicht bereits aus, das Mantra eine Minute oder auch nur ein paar Sekunden zu wiederholen. Es kommt auf die Wiederholung der Botschaft an, denn sie ist der Schlüssel, der die Tür zu Ihrer Willenskraft aufschließt. Und wenn Sie diese Tür erst einmal aufgeschlossen haben, können Sie alles erreichen. Doch Sie müssen Geduld haben. Wenn Sie so etwas noch nie gemacht haben, fällt es Ihnen anfangs vielleicht schwer, besonders an schlechten Tagen, wenn die Versuchung schier unwiderstehlich scheint. Üben Sie sich in Geduld und sagen Sie sich gleichzeitig, dass Sie es schaffen. Blenden Sie negative Stimmen in Ihrem Kopf aus, die Ihnen etwas anderes einflüstern. Es könnte auch hilfreich sein, die Botschaft »Alle meine Affirmationen sind wirksam« als Mantra zu wählen. Es hilft auch, sich abzulenken, wenn das Verlangen nach einer Zigarette, einem Schokoriegel oder einer Einkaufsorgie allzu stark wird. Tun Sie etwas anderes, blenden Sie die Versuchung aus, denken Sie an andere Dinge. Mit der Zeit fällt Ihnen das immer leichter und Sie werden bald feststellen, dass Sie stunden- oder sogar tagelang überhaupt kein Verlangen nach den betreffenden Dingen mehr verspüren.

Bevor wir fortfahren, möchte ich Ihnen noch einen Rat geben. Ich finde es zwar traurig, dass ich ihn überhaupt geben muss, doch er ist sehr wichtig: Seien Sie vorsichtig und überlegen Sie gut, mit wem Sie über Ihr Vorhaben, Ihre Willenskraft gegen das Rauchen oder andere Dinge einzusetzen, sprechen können. Wenn Sie einer Person davon erzählen, die negativ eingestellt oder neidisch ist, da sie eigentlich dasselbe erreichen möchte, jedoch zu faul dazu ist, wird sie versuchen, Sie von Ihrem Ziel abzubringen. Die Negativität solcher Leute wird Sie daran hindern, Ihr Ziel zu erreichen. Konzentrieren Sie sich zuerst auf Ihre Ziele und erzählen Sie dann allen Leuten, wie Sie es geschafft haben. Vielleicht sind die anderen dann immer noch neidisch, doch das ist dann nicht Ihr Problem.

Das Rauchen aufgeben

Viele Raucher haben überhaupt keine Vorstellung davon, welchen immensen Schaden Zigaretten in ihrem Körper anrichten. Gehören Sie auch zu diesen Menschen? Sie lesen vielleicht alarmierende Artikel in Zeitungen und Zeitschriften, doch wenn Sie sich dann eine Weile Sorgen gemacht haben, sagen Sie sich, dass es besser ist, solche Artikel zu vergessen, und denken an jemanden aus Ihrem Bekanntenkreis, der sein Leben lang geraucht hat und trotzdem ganz gesund zu sein scheint.

Es ist ziemlich einfach, Ausreden zu finden, um nicht aufhören zu müssen. Ich habe nie geraucht, doch ich habe vielen Rauchern geholfen, diese furchtbare Angewohnheit zu überwinden. Und ich habe die Erfahrung gemacht, dass das am besten gelingt, wenn man ihnen zeigt, was das Rauchen tatsächlich in ihrem Körper anrichtet.

Bei meinen öffentlichen Vorträgen frage ich normalerweise: »Wer will heute Abend das Rauchen aufgeben?« Ich sehe immer Hunderte von Leuten die Hand heben. Dann ziehe ich eine Zigarette aus der Tasche, zünde sie an, paffe ein bisschen und blase den Rauch in ein weißes Taschentuch. Dieses von Teerrückständen dunkel verfärbte Tuch zeige ich dem Publikum und sage: »Schauen Sie, was Sie sich antun.« Dann sage ich den Leuten, was ich von ihnen will. Ich zähle bis drei und dann müssen sie rufen: »Ich höre heute Abend auf zu rauchen.« Mit diesem einfachen Satz gelingt es mir, die Willenskraft von etwa einem Viertel der Raucher im Publikum zu aktivieren, und diese Leute geben noch am selben Tag das Rauchen auf. Das funktioniert, weil sie nun zu sich selbst sprechen können und immer diesen Satz hören werden.

Ein weiterer wichtiger Aspekt beim Aufgeben des Rauchens ist der Gedanke daran, wie sich meine Sucht auf die Menschen in meiner Umgebung auswirkt. Es ist wissenschaftlich erwiesen, dass Zigarettenrauch auch Nichtraucher schädigt, die gezwungen sind, den Rauch einzuatmen. Wollen Sie also wirklich den Menschen, die Sie lieben, Schaden zufügen, indem Sie sie mit Zigarettenqualm einnebeln? Wenn Ihnen erst einmal bewusst geworden ist, dass Sie andere Menschen mit Ihrem Zigarettenrauch schädigen, wird es Ihnen leichter fallen, dem Verlangen nach einer Zigarette zu widerstehen.

Kinder werden nicht nur deshalb zu Rauchern, weil sie ihre Eltern nachahmen, sondern auch, weil ihre Lunge zu Hause auf den Rauch »konditioniert« wird. Das so genannte Passivrauchen kann manche Kinder physisch so programmieren, dass sie später zu süchtigen Rauchern werden. Je mehr Nikotin ein Kind bis zum neunten Lebensjahr aufnimmt, desto höher ist die Wahrscheinlichkeit, dass es später selbst zum Raucher wird. Diese Information stammt aus einer Studie des *Montréal Chest Institute* in Kanada. Die Forschungsergebnisse weisen darauf hin, dass Eltern weitaus mehr Schaden anrichten, als ihnen bewusst ist, wenn sie in Anwesenheit ihrer Kinder rauchen.

Sie geben nicht nur ein Beispiel, sondern bringen ihre Kinder auch auf den »Geschmack«, was die Wahrscheinlichkeit erhöht, dass diese Kinder später zu Rauchern werden.

Meiner Meinung nach sind die meisten Raucher Verlierer. Viele Leute sind beleidigt, wenn ich ihnen sage, dass sie Verlierer sind, und gewöhnlich versuchen sie mich dann davon zu überzeugen, wie erfolgreich sie sind. Doch wenn sie nach Hause gehen, fangen sie an, darüber nachzudenken und erkennen, dass ich Recht hatte – sie sind Verlierer, weil sie ihrem Körper etwas Schlimmes antun. Sie mögen intelligent sein, doch sie verhalten sich dumm. Um mit dem Rauchen aufzuhören, können Sie sich immer wieder sagen: »Ich will kein Verlierer sein; ich will ein Gewinner sein.« Gewinner sind normalerweise intelligente Menschen, die das Leben kennen, gut ausgebildet und belesen sind. Wie kann ein Gewinner rauchen? Ja, es gibt Leute, die erfolgreich sind und rauchen, doch ihnen bleiben vielleicht nicht viele Jahre, um ihren Wohlstand und Erfolg zu genießen, weil sie möglicherweise an Krebs, Schlaganfall, Herzinfarkt oder einer anderen durch das Rauchen verursachten Krankheit sterben.

Viele Leute schrecken außerdem davor zurück, das Rauchen aufzugeben, weil sie befürchten, dass sie stark zunehmen würden. Falls Sie zu dieser Kategorie gehören, wird Sie der nächste Abschnitt sicher interessieren!

Tipps für alle, die das Rauchen aufgeben wollen

- Blasen Sie Ihren Zigarettenrauch in ein weißes Taschentuch, betrachten Sie es und machen Sie sich klar, dass Ihre Lunge mit denselben Teer- und Nikotinrückständen überzogen ist – nur in viel größerem Ausmaß.
- Werfen Sie alle Zigaretten weg, die bei Ihnen zu Hause herumliegen.
- Wiederholen Sie Ihre Affirmation mehrmals täglich.
- Sagen Sie sich, dass Sie ein Gewinner und kein Verlierer sein wollen.
- Riechen Sie an einem Aschenbecher voller Zigarettenkippen. Fragen Sie sich, ob Sie wirklich wollen, dass Ihr Atem, Ihr Haar und Ihre Kleidung weiterhin so riechen.
- Machen Sie sich bewusst, dass Sie der Gesundheit Ihrer Lieben, besonders Ihrer Kinder, schaden, wenn Sie in ihrer Gegenwart rauchen.
- Visualisieren Sie sich als jemanden, der nicht mehr rauchen will. Stellen Sie sich vor, wie Sie eine angebotene Zigarette ablehnen. Machen Sie diese Visualisierungsübung jeden Tag, besonders bevor Sie zu einer Party oder in ein Restaurant gehen, wo Sie wahrscheinlich in Versuchung geraten werden.
- Stellen Sie sich vor, wie gesund und energiegeladen Sie sich fühlen werden, wenn Ihr Körper das Nikotin und alle anderen Toxine, die Sie durch das Rauchen aufgenommen haben, ausgeschieden hat.
- Stellen Sie sich vor, dass Ihre Lunge und Ihr Herz rosig und gesund aussehen.

Gewichtskontrolle

Es gibt nur eine Sache, die uns dick macht: Essen. Wenn Sie zu viel essen und mehr Kalorien aufnehmen, als Ihr Körper verbrennen kann, nehmen Sie unweigerlich zu. Entspricht die aufgenommene Kalorienmenge der Menge, die Ihr Körper verbraucht, bleibt Ihr Gewicht konstant. Nehmen Sie weniger Kalorien zu sich, als Ihr Körper verbrennt, nehmen Sie ab. So einfach ist das. Im Hinblick auf die Nahrungsaufnahme gibt es zwei Arten von Menschen: diejenigen, die essen, um zu leben, und diejenigen, die leben, um zu essen. Menschen der ersten Kategorie sind selten übergewichtig, denn sie sind in der Lage, die Botschaften ihres Körpers wahrzunehmen und sich danach zu richten. Sie essen, wenn sie hungrig sind, und hören auf, wenn sie satt sind. Sie genießen ihre Mahlzeiten, doch das Essen bestimmt nicht ihr Leben. Sie haben die Kontrolle darüber. Im Gegensatz dazu haben diejenigen, die leben, um zu essen, die Kontrolle über ihre Nahrungsaufnahme verloren. Sie sind oft übergewichtig und essen trotzdem weiterhin zu viel, ganz nach dem Motto »Man lebt nur einmal«.
Unglücklicherweise kann das zu einer deutlichen Verkürzung der Lebensspanne führen, weil Übergewichtige ein viel höheres Risiko haben, an hohem Blutdruck, Diabetes oder Gallenleiden zu erkranken. Darüber hinaus belasten sie ihr Herz auf gefährliche Weise, indem sie so viel Gewicht mit sich herumschleppen. Probleme mit den Gelenken, wie beispielsweise Arthritis, verschlimmern sich ebenfalls durch Übergewicht. Und es gibt noch viele andere negative Auswirkungen: die Kleidung sitzt nicht gut, man gerät schnell außer Atem, man sieht nackt nicht gerade attraktiv aus, man hat keine Kondition, man muss sich durchs Leben schleppen und teilt vielleicht sogar die negative Meinung anderer über sich selbst, weil man es

zugelassen hat, so dick zu werden. Und doch sagt man sich vielleicht: »Ich bin nicht willensstark genug, um abzunehmen«, während man nach einem weiteren Stück Kuchen greift oder noch ein dickes Stück Butter auf seine Kartoffeln schmiert. Nun, falls Sie sich angesprochen fühlen, kann ich Ihnen versichern, dass Sie die Willenskraft besitzen! Jeder besitzt die Willenskraft. Sie müssen nur den Schlüssel finden, mit dem Sie sie entwickeln können – und dabei kann Sie dieses Buch unterstützen.

Alle in diesem Abschnitt enthaltenen Informationen beruhen auf gesundem Menschenverstand. Dennoch sollten Sie Ihren Arzt zu Rate ziehen, bevor Sie mit einer Diät beginnen oder Ihre Ernährungsgewohnheiten ändern, besonders wenn Sie gesundheitliche Beschwerden haben, in kurzer Zeit sehr viel zugenommen haben, an chronischen Krankheiten leiden, vor kurzem operiert wurden oder ein Problem mit dem Herzen haben. Außerdem sollten Sie Ihren Arzt konsultieren, falls Sie vorhaben, sich viel zu bewegen oder Sport zu treiben und nicht daran gewöhnt sind.

Wenn Sie den Wunsch haben, Ihr Gewicht unter Kontrolle zu bringen, brauchen Sie zunächst einen Spiegel, in dem Sie Ihren ganzen Körper sehen können. Ziehen Sie sich aus und stellen Sie sich bei guten Lichtverhältnissen vor den Spiegel. Machen Sie dies zu einem Ritual, das Sie jeden Morgen durchführen – nicht am Abend, wenn Ihr Bauch wahrscheinlich noch voll vom Abendessen ist. Betrachten Sie Ihren Körper lange und aufmerksam, zuerst Ihr Gesicht und dann alle anderen Körperteile, bis hinunter zu den Zehen. Was gefällt Ihnen an Ihrem Körper? Vielleicht haben Sie schöne Augen, breite Schultern oder eine wohlgeformte Taille. Nehmen Sie sich Zeit, um diese positiven Seiten zu würdigen. Schauen Sie sich nun die Körperpartien an, die Sie weniger mögen. (Vergessen Sie nicht,

Ihren Körper auch im Profil zu betrachten!) Vielleicht erblicken Sie ein beginnendes Doppelkinn oder Ihr Bauch ist viel dicker als früher oder Ihre Figur, die früher an eine Sanduhr erinnerte, sieht jetzt eher wie ein Mehlsack aus. Bevor Sie nun ob Ihres gegenwärtigen Zustands in Depressionen verfallen, stellen Sie sich lieber vor, wie Sie aussehen werden, wenn Sie etwas Gewicht verloren oder Ihre Hüften wiederentdeckt oder diesen wenig schmeichelhaften Rettungsring um die Taille zum Verschwinden gebracht haben. Stellen Sie sich vor, wie gut Sie sich mit sich selbst fühlen werden, wie gut Ihre Kleidung sitzen wird, wie wunderbar es sich anfühlen wird, wenn der Hosen- oder Rockbund nicht mehr kneift und wie Sie es genießen werden, wieder jene Kleidungsstücke zu tragen, die jetzt ganz hinten im Schrank hängen, weil Sie sich nicht mehr hineinzwängen können. Behalten Sie diese Vorstellungen im Hinterkopf, denn sie sind die anspornenden Gedanken, die Ihnen helfen werden, Zugang zu Ihrer Willenskraft zu finden.

Als Nächstes sollten Sie sich ein Ziel setzen. Legen Sie fest, wie viele Pfunde Sie verlieren wollen. Ihr Ziel muss allerdings realistisch sein, weil Sie sonst sehr schnell entmutigt werden. Sie müssen einen Schritt nach dem anderen machen. Haben Sie beispielsweise 30 Pfund Übergewicht, sollten Sie sich zunächst vornehmen, zehn Pfund abzunehmen – am besten nicht mehr als zwei Pfund pro Woche. (Eine Gewichtsabnahme um mehr als zwei Pfund pro Woche ohne ärztliche Aufsicht kann Ihnen am Ende mehr schaden als nützen.) Wenn Sie dann Ihre erste Etappe erreicht und zehn Pfund abgenommen haben, können Sie sich herzlich gratulieren und sich ein neues Ziel setzen – nämlich weitere zehn Pfund abzunehmen. Haben Sie auch das erreicht, können Sie sich wirklich auf die Schulter klopfen und sich daranmachen, nun auch noch die letzten zehn Pfund abzunehmen. Das klingt doch viel realistischer als der Vorsatz, 30 Pfund auf einmal abzunehmen, nicht wahr? Wenn Sie sich am Anfang ein so hohes Ziel setzen, ist die Chance, es zu erreichen, viel geringer, denn es wird Ihnen unerreichbar erscheinen.

Es gibt noch einen weiteren wichtigen Punkt, den Sie bedenken sollten. Vielleicht träumen Sie davon, einen Körper wie Halle Berry oder Brad Pitt zu haben, doch es wird Ihnen nie gelingen, wie Ihr Vorbild auszusehen, wenn Sie 160 Zentimeter groß sind, schwere Knochen, ein breites Becken und schmale Schultern haben. Leider würde alle Willenskraft der Welt nicht ausreichen, um Ihre angeborene Körperform zu verändern. Doch das heißt nicht, dass Sie nicht das Beste aus dem machen können, was Sie mitbekommen haben, und so gut wie möglich aussehen können.

Wie setzen Sie nun Ihre Willenskraft ein, um abzunehmen? Sie müssen zunächst drei bis vier Mal am Tag zu Ihrem Unterbewusstsein sprechen, das heißt, ein Mantra oder eine Affirmation wiederholen, die Ihren Bedürfnissen entspricht. Sagen Sie etwa: »Ich esse keine Schokolade mehr.« Oder: »Ich esse keine Lebensmittel, von denen ich weiß, dass sie mich dick machen.« Sagen Sie: »Ich bleibe bei meiner Diät. Ich bleibe bei meiner Diät. Sie funktioniert für mich.« Nur wenige Menschen arbeiten mit solchen Affirmationen, da die meisten nicht wissen, wie wirkungsvoll diese Art von Selbstgespräch sein kann. Falls Sie jetzt denken: ›Für Uri ist das ja alles kein Problem, er ist schlank‹, möchte ich Ihnen verraten, dass ich einst ein übergewichtiger Stubenhocker war und dass ich durch Willenskraft und PSI-Einsatz meine Probleme überwand und gesund und fit wurde. Es hat bei mir funktioniert und es wird auch bei Ihnen funktionieren.

Wiederholen Sie Ihr Mantra täglich. Halten Sie sich daran, respektieren Sie es, glauben Sie daran. Visualisieren Sie Ihr schlankes Selbst. Nach ein paar Wochen werden Glauben und Sehen ein und dasselbe sein, weil Sie die Resultate mit eigenen Augen im Spiegel betrachten können. Dann können Sie sich kleine Belohnungen gönnen, wie beispielsweise ein neues T-Shirt oder einen neuen Pullover, und sich auf diese Weise zum Weitermachen anspornen. Denken Sie sich schlank! Stärken Sie Ihre Gedankenkraft, wecken Sie Ihre Willenskraft und Disziplin.

Wenn Sie Ihr Ziel erreicht haben, sollten Sie sich als Erstes gratulieren und als Zweites überlegen, wie Sie von nun an Ihr Gewicht halten werden. Hier kommt die Liebe zu sich selbst ins Spiel. Wenn Sie sich lieben, werden Sie auch Ihr neues Selbst lieben. Sagen Sie sich: »Heute beginnt die Existenz meines neuen Selbst. So gefalle ich mir. Und so werde ich für den Rest meines Lebens bleiben.« Wiederholen Sie diese Affirmation mehrmals täglich und lassen Sie weiterhin Ihre Willenskraft für sich arbeiten. Sie wird Ihnen helfen, Ihr Idealgewicht zu halten, und verhindern, dass Sie wieder zunehmen.

So seltsam es Ihnen auch erscheinen mag: Nicht alle werden so begeistert über Ihre neue schlanke Figur sein wie Sie. Vielleicht bekommen Sie den Neid mancher Leute zu spüren – Ihrer Arbeitskollegen, so genannter Freunde oder sogar Ihres Partners. Hören Sie nicht auf Neider! Wenn Sie sich lieben, werden Sie sich vor Leuten schützen, die Sie abwerten wollen.

Tipps zum Abnehmen

- Wiederholen Sie Ihre Affirmation mehrmals täglich.
- Gratulieren Sie sich, wenn Sie Fortschritte machen.
- Bewegen Sie sich täglich. Rasches Gehen ist eine der besten Methoden, Gewicht zu verlieren. Stellen Sie sich immer wieder vor, wie Sie aussehen werden, wenn Sie Ihr Wunschgewicht erreicht haben.

- Freuen Sie sich darüber, dass Sie nun endlich die Kontrolle über Ihren Körper haben. Sagen Sie sich, dass Sie nie wieder zulassen werden, dass Ihr Körper Sie unter Kontrolle hat.
- Wenn Sie in Versuchung geraten, sich voll zu stopfen oder etwas zu essen, das Ihre Diät unterbrechen würde, sagen Sie sich: »Ich werde das nicht essen. Ich muss das nicht essen.«
- Wenn Sie ein schreckliches Verlangen nach einem Stück Schokoladenkuchen oder einem großen Stück Käse verspüren, stellen Sie sich einfach vor, dass Sie es essen. Sehen Sie es vor sich, riechen Sie es und stellen Sie sich dann vor, wie Sie es in den Mund stecken. Konzentrieren Sie sich auf sein Aroma und seine Beschaffenheit. Schwelgen Sie darin. Kauen und schlucken Sie Ihre imaginären Leckerbissen. Sagen Sie sich, dass Sie nun Ihr Verlangen gestillt haben, und wenden Sie sich dann Dingen oder Aktivitäten zu, die nichts mit Essen zu tun haben. Es funktioniert!
- Denken Sie sich schlank.
- Kaufen Sie nie Lebensmittel ein, wenn Sie hungrig sind. Sie werden mehr einkaufen, als Sie brauchen und vielleicht kaufen Sie außerdem noch eine kalorienreiche Nascherei für den Heimweg.
- Nehmen Sie nur so viel Geld mit, wie Sie für Ihren Lebensmitteleinkauf benötigen. Wenn Sie mehr Geld einstecken, geraten Sie leicht in Versuchung, »verbotene« Nahrungsmittel einzukaufen.
- Essen Sie nie im Stehen oder beim Fernsehen. Setzen Sie sich immer an Ihren Küchen- oder Esszimmertisch und konzentrieren Sie sich auf Ihr Essen, damit Sie Ihren Gaumen wirklich befriedigen.
- Kauen Sie jeden Bissen langsam und gründlich.
- Wenn Sie vom Tisch aufstehen, sollten Sie immer das Gefühl haben, dass noch etwas Platz in Ihrem Magen ist.

- Besorgen Sie sich eine zuverlässige Kalorientabelle.
- Verzichten Sie auf Snacks und Zwischenmahlzeiten und essen Sie keine Reste, wenn Sie den Tisch abräumen. Sie können bis zu 1000 Kalorien extra aufnehmen, wenn Sie zwischen den Mahlzeiten naschen oder Snacks essen.
- Lesen Sie die Etiketten auf abgepackten Lebensmitteln und meiden Sie solche mit hohem verborgenen Zucker-, Salz- oder Fettgehalt.
- Wenn Sie ein Sandwich zubereiten, sollten Sie nur eine Seite mit Butter bestreichen oder die Butter ganz weglassen, falls Sie das Sandwich mit Erdnussbutter oder Weichkäse bestreichen.

PSI und die kosmischen Kräfte

Wenn wir unseren Horizont erweitern und das ganze Universum in unsere Wahrnehmungswelt einbeziehen, können wir eine fantastische Reise antreten, auf der wir neue und aufregende geistige Erfahrungen sammeln können. Indem wir die Vorhänge zu einer anderen Dimension zurückschieben, stellen wir überdies fest, dass wir diese Erfahrungen ganz praktisch im Alltagsleben anwenden können. Phänomene wie schwarze Löcher im All wurden der breiten Öffentlichkeit erst vor relativ kurzer Zeit bekannt, obwohl Wissenschaftler sich schon seit langem intensiv damit beschäftigen. Die Menschen sind heute viel aufgeschlossener gegenüber Theorien über »Zeitzonen« und »Zeitlosigkeit« als früher. Die streng definierten Grenzen der Physik werden immer mehr in Frage gestellt und Wissensgebiete wie Astrologie oder Numerologie werden kaum noch belächelt. Auch sind heute weniger Menschen bereit, über Theorien oder Phänomene, wie die Kommunikation mit anderen Lebensformen und andere unerklärliche Dinge, zu spotten, die wir in Science-Fiction-Filmen und Büchern ohne Probleme akzeptieren.

Wie kann das auf einer praktischen Ebene von Nutzen sein? Nun, die Bereitschaft, sich geistig zu öffnen und empfänglich für neue Ideen und Gedanken zu sein, wird Ihnen helfen, sich an eine sich ständig verändernde Welt anzupassen. Man wird Sie nicht als »festgefahren« betrachten und das wird es Ihnen leichter machen, mit jüngeren Generationen Schritt zu halten, deren Denkmuster vielleicht aufregender und abenteuerlicher sind als jene, von denen Sie in Ihrer Jugend umgeben waren. Offen für neue Theorien und Ideen zu sein heißt nicht, dass man an sie glauben muss. Wenn eine neue Idee oder Vorstellung gegenwärtig nicht akzeptabel ist oder im Kontext unseres bisherigen Wissens unerhört erscheint, sollten wir sie dennoch sorgfältig und wissenschaftlich untersuchen. Weisen Sie nie etwas von vornerein zurück. Denken Sie an die Sturheit jener Menschen, die einst darauf beharrten, dass die Erde eine Scheibe sei, und sich weigerten zu glauben, dass sie rund sein könnte.

Im ersten Kapitel dieses Buches erwähnte ich Arthur Koestler, einen großartigen Autor und Philosophen unserer Zeit. Er und seine ihm treu ergebene Frau Cynthia, die einundzwanzig Jahre jünger war als er, begingen im Jahre 1983 in ihrer Wohnung im Londoner Stadtteil Knightsbridge mit einer Überdosis Barbituraten und Alkohol Selbstmord. Arthur, mit dem ich befreundet war, ging es gesundheitlich schlecht und er wollte ein qualvolles Ende vermeiden. Wir kannten einander seit einigen Jahren und er glaubte inzwischen fest an ein Leben nach dem Tod. Er interessierte sich auch sehr für Reinkarnation und behauptete, in einem anderen Leben ein Geistheiler gewesen zu sein.

Bei mehreren Gelegenheiten erzählte er mir im Vertrauen, dass er sich teilweise auf Grund meiner übersinnlichen Kräfte entschlossen hatte, sein Geld einer britischen Universität für die Einrichtung eines Lehrstuhles für Parapsychologie zu hinterlassen. Er sprach mit mir auch über den Tod und deutete ein paar Mal an, dass er sich das Leben nehmen würde. Er hatte keine Angst vor dem Tod als solchem und betrachtete ihn als einen Übergang in eine andere Existenzform, doch er fürchtete sich vor dem »Schmerz und der Entwürdigung« in der Phase, die dem Tod vorausgeht. Er hatte seine Arbeit auf diesem Planeten zum größten Teil beendet und war deprimiert über den Zustand unserer heutigen Gesellschaft und ihre Wertvorstellungen. Er war überzeugt, dass auf einer anderen Ebene eine andere Aufgabe auf ihn wartete. Ich dachte damals nicht, dass er sich schon sechs Monate nach diesen vertraulichen Enthüllungen umbringen würde. Seine Frau war noch relativ jung und ich dachte bei mir, dass sie vielleicht gerne noch länger gelebt hätte. Doch sie waren aus dem gleichen Holz geschnitzt und es war klar, dass sie nicht ohne ihn auf diesem Planeten bleiben und sich dem Leben allein stellen würde.

Auf Grund des hohen Ansehens, das Koestler in der britischen Gesellschaft genoss, hatte er Zugang zu vielen Berichten über unerklärliche Ereignisse, die er mutig veröffentlichte, um die Akzeptanz von PSI zu fördern. Wie viele von uns hatte auch Arthur persönliche Erfahrungen mit den Auswirkungen der PSI-Kraft gemacht und die folgende Geschichte trug dazu bei, ihn davon zu überzeugen, dass so etwas wie Telepathie tatsächlich existiert: Als er im spanischen Bürgerkrieg gegen die Faschisten kämpfte, geriet er in Gefangenschaft und war sicher, dass man ihn hinrichten würde. Als er meinte, dass ihn nur noch ein paar Stunden von seinem Tod trennten, kam ihm ein Buch in den Sinn, das er einmal gelesen hatte, und zwar eine bestimmte Passage des Romans »Die Buddenbrooks« von Thomas Mann. In dieser Passage liest Thomas Buddenbrook, der weiß, dass er bald sterben muss, ein kleines Büchlein, das ihn tröstet.

Arthur überlebte diese schlimme Episode, und als er aus der Gefangenschaft entlassen wurde, schrieb er Thomas Mann einen Brief, in dem er ihm mitteilte, wie viel Trost er durch sein Buch erfahren hatte. Mann hatte Schopenhauers Essay über den Tod vor 40 Jahren das letzte Mal gelesen, doch aus irgendeinem unerfindlichen Grund verspürte er plötzlich den inneren Drang, es noch einmal zu lesen, und gerade als er nach dem Büchlein greifen wollte, klingelte es an seiner Haustür. Es war der Postbote mit Koestlers Brief. Entweder hatte Koestler seine Gedanken telepathisch übermittelt oder Thomas Mann hatte eine präkognitive Eingebung in Bezug auf den Inhalt von Koestlers Brief. Wie auch immer – die Episode zeigt, dass PSI wirkt.

Die Forschungsabteilung für religiöse Erfahrungen der Universität von Oxford (RERU) öffnete ihre Archive für Koestler und lieferte ihm weitere substanzielle Beweise für die Existenz von Telepathie und außersinnlicher Wahrnehmung. In einem der dokumentierten Fälle hatte ein Vater verzweifelt versucht, seine in Tränen aufgelöste Tochter zu trösten, die zum zweiten Mal von einem Mann sitzen gelassen worden war. Er fand zunächst nicht die richtigen Worte, doch dann hörte er, während er ihr etwas zu trinken holte, eine Stimme sagen: »So wie die Sonne untergeht, geht sie auch wieder auf.« Er wiederholte diese Worte für seine Tochter und sie beruhigte sich. Ein Jahr später heiratete sie und der Empfang fand in einem sehr alten Landhaus statt. In der uralten steinernen Oberschwelle über der Eingangstür stand folgende Inschrift: »So wie die Sonne untergeht, geht sie auch wieder auf.«

In einem anderen Fall, in dem es um Präkognition ging, stürzte ein Mann in einer Londoner U-Bahnstation auf die Schienen, als ein Zug einfuhr. Im Inneren des Zuges zog ein Fahrgast plötzlich und scheinbar völlig grundlos die Notbremse und brachte so den Zug vorzeitig zum Stehen. Er rettete damit dem Mann das Leben. Der Fahrgast konnte allerdings überhaupt nicht wissen, dass ein Mann auf den Schienen lag, und der Vorfall kam nur ans Licht, als der betreffende Fahrgast von der Londoner Bahnpolizei über die Gründe für sein Verhalten befragt wurde und wegen unerlaubter Betätigung der Notbremse angezeigt werden sollte.

Arthur war auch fasziniert vom sechsten Sinn der Menschen, Tiere und Pflanzen. Die Russen hatten im Rahmen ihres Raumfahrtprogramms mit außersinnlicher Wahrnehmung experimentiert. Bei einem der durchgeführten Tests ging es um den Nachweis der telepathischen Verbindung zwischen Müttern und Neugeborenen. Man untersuchte die Reaktionen von Mutterkaninchen, deren Neugeborene Tausende von Meilen entfernt auf einem U-Boot getötet wurden. Die Wissenschaftler registrierten bei den Muttertieren eine Schockreaktion, die exakt im Augenblick des Todes ihrer Jungen eintrat.

Westliche und östliche Geheimdienste würden sich PSI nur allzu gerne für ihre Spionage zunutze machen. Sie schließen nicht aus, dass der Mensch in der Lage sein könnte, gedanklich die Bahn von Raketen zu beeinflussen oder Informationen der höchsten Geheimhaltungsstufe in Computern zu verändern oder die Gedanken einflussreicher Menschen zu lesen. Das geheime Budget des Kremls für Mind-Power-Experimente wird auf etwa 30 Millionen Dollar geschätzt, während das Pentagon nur etwa ein Zehntel dieser Summe für ähnliche Experimente ausgibt. Nach den Terroranschlägen des 11. September wurden die meisten Hellseher reaktiviert, die bereits mit der US-Regierung zusammengearbeitet hatten, um Top-Terroristen aufzuspüren.

Ich kann verständlicherweise nicht allzu viel dazu sagen, doch ich wurde gebeten, an mehreren Forschungsprogrammen über strategische Verteidigung teilzunehmen. Verraten kann ich Ihnen nur, was öffentlich über die Ergebnisse einiger dieser Tests enthüllt wurde. Andere übersinnlich Begabte wie ich waren in der Lage, ihre Gedanken telepathisch über Tausende von Meilen zu Schiffen und Flugzeugen zu übertragen und den jeweiligen Kommandeuren Instruktionen zu geben. Es gelang ihnen darüber hinaus, die Positionen von Raketenbasen, Unterseebooten und Schiffen zu orten und in Militärstützpunkte der höchsten Sicherheitsstufe »hinein zu schauen«.

Leider können nur sehr bekannte Persönlichkeiten mit einem hohen Glaubwürdigkeitsfaktor ungewöhnliche Ereignisse beschreiben, ohne verspottet zu werden. Die amerikanische Schauspielerin Shirley McLaine hatte kurz vor Peter Sellers Tod eine Vorahnung, dass ihm etwas zugestoßen war.

Lindsay Wagner, die Schauspielerin, die die Hauptrolle in »Das 6 Millionen Dollar Girl« spielte, hatte am 25. Mai 1979 für sich und ihre Mutter einen Flug gebucht, der in Chicago starten sollte. Etwa zehn Minuten bevor die Passagiere das Flugzeug bestiegen, sagte sie ihren Flug ab, da sie das schreckliche Gefühl nicht loswurde, dass irgendetwas nicht stimmte. Die DC-10 stürzte ab und riss über 270 Menschen in den Tod. Lindsay hatte auch schon früher hellseherische Fähigkeiten bewiesen: Mit 14 Jahren »sah« sie das Haus, in dem sie später mit ihrem Ehemann leben würde.

Fernsehstar Erik Estrada drehte gerade die erfolgreiche Serie »CHIPs«, als er in einen Motorradunfall verwickelt wurde, bei dem er fast ums Leben kam. Hätte er auf die Warnung seiner Mutter gehört, hätte der Unfall vermieden werden können. Seine Mutter Carmen hatte ihn drei Tage zuvor angerufen und ihm erzählt, sie habe geträumt, dass er sie besucht habe. Sie hatte das Gefühl, dass irgendetwas passieren würde und bat ihn, besonders beim Fahren vorsichtig zu sein. Direkt nach dem Unfall fühlte sich Erik, als würde er seinen Körper verlassen, doch er richtete sein Bewusstsein darauf, dass er zu jung zum Sterben sei.

Die Schauspielerin Rita Tushingham ist davon überzeugt, dass es möglich ist, über ein Medium Kontakt mit Verstorbenen aufzunehmen. Es gelang ihr, mit ihrer Schwester zu kommunizieren, die starb, als Rita gerade sechs Monate alt war.

Peter Sellers Frau Lynne Frederick nahm mehrmals spirituellen Kontakt mit ihrem verstorbenen Mann auf. Eine dieser Sitzungen fand im Beisein eines berühmten Mediums im Hause Michael Bentines statt, der mit Peter Sellers befreundet gewesen war. Während dieser Sitzung sagte Peter zu Lynne: »Ich habe dich nicht wirklich verlassen. Der Tod ist nicht das Ende.« Es ist kein Zufall, dass Lynne für die Sitzung das Haus von Michael Bentine gewählt hatte, einem englischen Komiker, denn es ist allgemein bekannt, dass er übersinnliche Fähigkeiten besitzt. Er sah den Tod seines Sohnes in einem Ultraleichtflugzeug zwölf Wochen vor dem Unfall voraus. Er hatte seinen Sohn Gus damals vor diesem Flug, den er zusammen mit seinem Freund Andy unternahm, gewarnt, da er die Vorahnung hatte, dass beide dabei umkommen würden. Doch die Warnung wurde nicht beachtet und die beiden jungen Freunde waren sofort tot, als ihr Ultraleichtflugzeug, wie von Michael vorausgesehen, abstürzte. Am nächsten Tag spürte Michael eine Hand auf seiner Schulter. Es war sein Sohn Gus, der ihn kurz »besuchte« und ihm zuflüsterte: »Papa, es tut mir schrecklich Leid – es tut mir so Leid.« Es war ein seltsamer Zufall, dass Michael auch den Tod anderer junger Piloten vorausgesagt hatte – während des Krieges. Er war damals Geheimdienst-Offizier gewesen und seine Aufgabe hatte darin bestanden, die Besatzungen auf ihre Einsätze vorzubereiten. Manchmal sah er, wie sich das Gesicht eines jungen Piloten in einen Totenschädel verwandelte. Dann wusste er, dass es der letzte Flug des jungen Mannes sein würde.

Der Schauspieler David Janssen rief sein Lieblingsmedium an, nachdem er seinen eigenen Tod vorausgesehen hatte. Er hatte im Traum gesehen, wie er nach einem Herzanfall aus seinem Haus getragen wurde. Dann sah er, wie er beerdigt wurde. Zwei Tage später hatte er einen schweren Herzanfall und starb.

Ich erwähnte bereits die starke PSI-Kommunikation zwischen Zwillingen. Die folgende Geschichte ist ein tragisches Beispiel für diese enge Verbindung. In diesem Fall ging es um zwei eineiige Zwillinge namens Joy und Margaret. Sie hatten ihr Leben lang stets die Krankheiten der Zwillingsschwester gespürt. Margaret, die zweimal verheiratet gewesen war, lebte und arbeitete in Belgien, ihre Schwester Joy war nach Melbourne ausgewandert. Im Jahre 1984 bekam Joy, die auf der anderen Seite der Erdkugel lebte, wenige Stunden nach dem Tod ihrer Schwester (von dem sie noch nichts wusste) rasende Kopfschmerzen. Die Schmerzen hielten drei Tage an und Joy befiel ein zunehmend ungutes Gefühl in Bezug auf ihre Schwester. Dann kam schließlich die Erklärung: Die Familie erhielt die Nachricht, dass Margaret in Belgien tot in einem Waldstück aufgefunden worden war. Der Mörder hatte ihr zehnmal in den Kopf geschossen.

Barbara Woodhouse, die weltberühmt ist für ihre Fähigkeit, mit Tieren zu kommunizieren und deren Verhalten positiv zu beeinflussen, setzt ihre PSI-Fähigkeiten auch noch anderweitig ein. Sie kann mit Menschen in Kontakt treten, ohne die üblichen Kommunikationseinrichtungen zu benutzen. Ihr Sohn war gerade in Wimbledon und schaute bei einem Tennismatch zu, als zu Hause eine Firma anrief und ein Vorstellungsgespräch mit ihm vereinbaren wollte. Er wollte diesen Job unbedingt haben, daher sandte Barbara ihm eine telepathische Nachricht, dass er zu Hause anrufen solle. Er tat es innerhalb von zehn Minuten. Barbara beklagt sich oft darüber, dass in ihrer Gegenwart elektrische Geräte »ihren Geist aufgeben« und sie ist auch überzeugt davon, dass sie in ihrem Heim in Hertfordshire einen »zahmen«, aber ziemlich schlitzohrigen Geist beherbergt.

Der positive Umgang mit PSI hat der englischen Schauspielerin Diane Langton nach eigener Aussage Gesundheit, Wohlstand und Glück gebracht. Zu jener Zeit, als sie als unbekannte

Schauspielerin Karriere zu machen versuchte, lebte sie in einer heruntergekommenen Wohnung ohne Bad, stellte sich jedoch ständig ein wunderschönes Haus mit Swimmingpool vor. Heute besitzt sie eines, das genauso aussieht wie das, das sie damals visualisiert hatte. Sie beschreibt ihr PSI-Denken folgendermaßen: »Jeden Morgen nach dem Aufwachen stelle ich mir bildlich vor, wie ich im Wembley Stadion oder an einem ähnlichen Ort vor Tausenden von Menschen singe. Ich kann den Applaus hören. Wenn ich einen Rolls-Royce wollte, würde ich mir vorstellen, dass er in meiner Einfahrt steht, und ich würde ihn bekommen.«

Als sie sich von ihrem ersten Ehemann trennen wollte, weigerte er sich, die gemeinsame Wohnung zu verlassen und machte ihr das Leben schwer. Um eine endgültige Trennung zu erreichen, visualisierte sie, wie er ihr zum Abschied winkte und von dannen ging. Das Problem löste sich bald darauf von selbst.

Geistergeschichten sind Teil unserer Tradition und Folklore, doch versuchen Sie einmal, einem Freund mitzuteilen, Sie hätten einen Geist gesehen, und beobachten Sie seine Reaktion. Rufen Sie bei ihm einfach nur ungläubiges Staunen hervor oder denkt er, Sie seien verrückt geworden?

Das Team der Fernsehserie »Dallas«, darunter Schauspielerin Linda Grey und Schauspieler Patrick Duffy, wurde von einem Spuk heimgesucht. Sie sahen die Erscheinung von Schauspieler Jim Davis, der den Jock Ewing gespielt hatte. Er begann schon kurz nach seinem Tod am Set auf harmlose Weise herumzuspuken.

Es gibt Hunderte von Berichten über Geistererscheinungen in Schlössern und alten Häusern. Die königliche Familie ist beispielsweise überzeugt davon, dass in einigen ihrer Anwesen Geister herumspuken.

Der römische Autor Plinius, der als zuverlässiger und akkurater Chronist seiner Zeit gilt, schrieb, dass er eines Nachts in einem Geisterhaus gewartet hatte und einem Geist gefolgt war, der mit viel Kettengerassel an einer bestimmten Stelle plötzlich verschwand. Er markierte die Stelle, an der die Geisterscheinung verschwunden war und ließ sie am nächsten Tag aufgraben. Es stellte sich heraus, dass dort ein Sklave begraben lag. Die sterblichen Überreste wurden noch einmal ordentlich bestattet und von diesem Zeitpunkt an suchte der Geist das Haus nicht mehr heim.

Der englische Psychiater Dr. R. Kenneth McAll behauptete, bei manchen seiner Patienten erstaunliche Heilerfolge mit Hilfe der »Geister« Verstorbener zu erzielen. Seine Theorie lautete, dass viele Frauen extrem darunter litten, ein Kind abgetrieben zu haben, und noch Jahre danach von den Geistern ihrer toten Kinder heimgesucht würden. Er half diesen Geistern, Ruhe zu finden, nachdem er die Patientin exorzisiert und gemeinsam mit ihr um Vergebung gebetet hatte. Er sagte, dass auch verborgene Schuld, die auf einem Vorfahren des Patienten lastet, der Grund für abnormes Verhalten bei einem Patienten sein könne.

Der Glaube an göttliche Vorsehung kam auch einem anderen bemerkenswerten Mann zugute. Dieser Mann hielt sich als Arzt und Missionar in China auf und verbrachte während des Krieges vier Jahre in einem japanischen Gefangenenlager. In dieser Zeit hatte er eine Vision von Jesus Christus, der sich seiner annahm und ihn leitete. Nach seiner Rückkehr nach England betete er um göttlichen Beistand beim Kauf eines Hauses und wurde zu einem Landhaus mit 28 Zimmern geführt, das noch aus der Zeit der Sachsen und Römer stammte und dem berühmten Sherlock-Holmes-Autor Sir Arthur Conan Doyle gehört hatte. Doch er hatte nicht genug Geld, um das Haus zu kaufen, obwohl er es sich von ganzem Herzen wünschte. Sein fester Glaube sorgte dafür, dass sein Wunsch in Erfüllung ging: Ein Patient kaufte ihm das Haus mitsamt dem Inventar, zu dem auch wertvolles Porzellan aus der Ming-Dynastie gehörte. Bald nach seinem Einzug erschien ihm der Geist des Schriftstellers und Dr. McAll trieb ihn aus.

Dr. McAll wurde auch gebeten, unterirdische Gebäude auf den britischen Kanalinseln zu exorzisieren, in denen während des Krieges Lagerinsassen für die Nazis arbeiten mussten. Manche Gefangene waren an Entkräftung gestorben, andere von den Nazis ermordet und einfach in die Betonbauten geworfen worden. Da diese unglücklichen Seelen nicht richtig bestattet worden waren, würden sie seither an diesem Platz herumspuken, behauptete der Psychiater.

Mehrere Menschen berichteten mir von ihren Nahtod-Erlebnissen. Es wurden auch Studien zu diesem Thema durchgeführt, deren Ergebnisse tröstlich für jene Menschen waren, die das Gefühl hatten, derartige Erfahrungen mit niemandem teilen zu können. Wenn man die Berichte der Personen hört, die in diesen anderen Zustand gelangten, fällt es schwer, nicht zu glauben, dass es ein Leben nach dem Tode gibt.

Die meisten Nahtod-Erfahrungen, von denen mir berichtet wurde, waren für die Betroffenen angenehm. Die Betroffenen empfanden tiefen Frieden und waren glücklich in diesem fast ekstatischen Zustand. Manche wurden durch einen dunklen Tunnel gezogen, fanden sich auf der anderen Seite in einem neuartigen, wunderbar fließenden Seinszustand wieder und erblickten ein strahlendes Licht. Andere berichteten von einer Erfahrung, bei der sie den physischen Körper verlassen hatten und für eine Weile nicht recht wussten, ob sie ihn für immer hinter sich lassen oder wieder in ihn zurückkehren würden. Wenige erreichten einen höchsten Zustand des »Wissens« oder der Erkenntnis. Es war ein Zustand der Ganzheit, Harmonie und Allverbundenheit, der bei der »Rückkehr« des Betreffenden wieder aufgehoben wurde.

Natur, Numerologie und kosmische Kräfte

Pflanzen reagieren sehr positiv auf PSI-Energie. Ich spreche immer mit meinen Lieblingspflanzen, streichle sie und fordere sie auf, zu wachsen. Diesbezügliche Tests ergaben, dass sich Pflanzen, denen liebevolle Aufmerksamkeit zuteil wurde, besser entwickeln. An Testpflanzen befestigte Elektroden registrierten Veränderungen, wenn die Pflanzen »emotionale« Schocks erlitten.

Die berühmte Findhorn-Gemeinschaft in Schottland, die von dem ehemaligen Luftwaffenoffizier Peter Caddy gegründet wurde und Leute aus aller Welt anzog, war äußerst erfolgreich bei der Aufzucht von Pflanzen in unwirtlicher Umgebung. Man hatte der Gemeinschaft vorausgesagt, dass auf ihrem windgepeitschten, kargen Land außer den dort heimischen Gräsern kaum etwas wachsen würde. Doch innerhalb kürzester Zeit ernteten die Mitglieder der Gemeinschaft Gemüse von rekordverdächtiger Größe, das in aller Welt großes Interesse erregte. Der stärkste »Dünger«, den sie nach eigener Aussage verwendeten, war die PSI-Kraft. Sie brachten ihr Gemüse mit Gedankenkraft zum Wachsen! Auch die dort lebenden Menschen machten in ihrer persönlichen und spirituellen Entwicklung rasche Fortschritte. Einige Mitglieder der Gemeinschaft stellten fest, dass sie telepathische Botschaften von den Insassen russischer Arbeitslager empfingen und diesen ebenfalls Botschaften senden konnten.

Die alten Zivilisationen waren sich der großen Bedeutung der Zahlen genauso bewusst wie wir modernen Menschen. Doch damals hatte die Numerologie auch eine mystische Bedeutung und war, wie in der hebräischen Kabbala, mit Magie und Philosophie verknüpft. Außerdem war sie immer auch wie die Astrologie, das Tarot, das I Ging, die Runensteine und die Würfel mit dem Blick auf das Schicksal verbunden. Die planetaren Gesetzmäßigkeiten und die Gesetze der Physik und der Mathematik basieren auf der Numerologie. Auch wir sind bei der Arbeit und beim Spiel ständig von Zahlen und mathematischen Gleichungen abhängig.

Nutzen Sie Ihre PSI-Kraft so, dass Zahlen Ihnen Glück bringen! Jeder von uns hat seine Lieblingszahlen. Nutzen Sie sie, um Ihre Ziele zu erreichen. Indem Sie Ihre PSI-Kraft einsetzen und Ihre positive innere Einstellung verstärken, wenn Ihre Glückszahl auftaucht, erhöhen Sie automatisch Ihre Erfolgschancen. Die Numerologie hat an sich nichts mit außersinnlicher Wahrnehmung zu tun. Sie besteht in der Kunst, den Charakter und die Persönlichkeit eines Menschen aus Zahlen »herauszulesen«, wobei es sich gewöhnlich um die Zahlen 1 bis 9 handelt. Ihre Geburtszahl errechnen Sie beispielsweise, indem Sie alle Ziffern Ihres Geburtsdatums addieren und sie dann auf eine Zahl zwischen 1 und 9 reduzieren. Wurden Sie zum Beispiel am 1. Dezember 1968 geboren (1.12.1968), berechnen Sie Ihre Geburtszahl wie folgt:

$1+1+2+1+9+6+8 = 28; 2+8 = 10; 1+0 = 1$

Ihre Geburtszahl ist also die 1. Griechische Philosophen des Altertums, wie zum Beispiel Pythagoras, maßen den Zahlen höchste Bedeutung bei und assoziierten sie mit bestimmten Aussagen, die seither noch erweitert und angepasst wurden. Pythagoras sagte: »Alle Dinge sind Zahlen.« Sie waren die ersten Dinge in der »Gesamtheit der Natur«. Der Himmel war eine Tonleiter und eine Zahl. Zahlen standen für die Essenz der Dinge.

Die Namenszahl

Differenziertere Aussagen über Ihre Persönlichkeit sind möglich, wenn Sie Ihre Namenszahl errechnen, und zu diesem Zweck müssen Sie zunächst Ihren Namen auf folgende Weise in Zahlen umwandeln:

1	2	3	4	5	6	7	8	9
A	B	C	D	E	F	G	H	I
J	K	L	M	N	O	P	Q	R
S	T	U	V	W	X	Y	Z	

Wandeln Sie jeden einzelnen Buchstaben Ihres Namens anhand der oben stehenden Tabelle in eine Zahl um und addieren Sie die Zahlen wie bei der Geburtszahl, bis Sie eine einstellige Zahl erhalten. Wenn Sie Jo Smith heißen, errechnen Sie Ihre Namenszahl wie folgt:

$1 + 6 + 1 + 4 + 9 + 2 + 8 = 31; 3 + 1 = 4$

Jo Smith hat die Namenszahl 4.

Interpretation der Namenszahl:

Mit den Zahlen 1 bis 9 werden folgende Eigenschaften und Attribute assoziiert:

1 Unabhängigkeit, Führungspotenzial, Ehrgeiz, Selbstvertrauen
2 Anpassungsfähigkeit, Gleichgewicht, Harmonie, Diplomatie
3 Kreativität, Freiheit im Denken, Unabhängigkeit
4 Fleiß, Tadellosigkeit, Zuverlässigkeit
5 Wagemut, Tapferkeit, Abenteuerlust, Freiheitsliebe
6 Verantwortungsgefühl, Frieden, Harmonie, Führerschaft
7 Geistige Entwicklung, das Mysterium, Weisheit, Verstehen
8 Materieller und finanzieller Erfolg, Autorität, Gleichgewicht
9 Verwirklichung, Vision, Macht, Souveränität

Ihre Geburts- oder Namenszahl kann eine ganz andere sein als Ihre »Lieblingszahl« oder »Glückszahl«. Meine »Glückszahlen« sind 11, 7 und 17. Ich habe oft bei Verlosungen gewonnen, indem ich die 11 wählte. Mein Sohn wurde um 11 Uhr nachts geboren und für viele meiner Freunde ist die 11 eine wichtige Zahl. Außerdem ist die 11 eine bedeutsame spirituelle Zahl. Zahlen können auch sehr eng mit unserem Schicksal verknüpft sein, wie es beispielsweise bei John Lennon der Fall war. Johns spezielle Zahl war die 9. Er wurde am 9. Oktober 1940 geboren und am 9. November 1961 im Cavern Club in Liverpool von Brian Epstein entdeckt. Im darauf folgenden Jahr, am 9. Mai, unterschrieben die Beatles ihren ersten Schallplattenvertrag und ihr erster Plattentitel »Love Me Do« erschien auf Parlophone R4949. John begegnete Yoko Ono am 9. November 1966. Zu dieser Zeit wohnte sie in der West 72nd Street $(7 + 2 = 9)$ in New York. Als Jugendlicher fuhr John mit dem 72er Bus zu seiner Kunstschule und komponierte unter anderem die Songs »Revolution Nr. 9«, »Number 9 Dream« und »One After 909«. (Den letztgenannten Song schrieb er im Hause seiner Mutter in der Newcastle Road Nr.9 in Liverpool.) Als er auf der Straße vor seinem New Yorker Apartment erschossen wurde, brachte man seinen Leichnam ins Roosevelt Hospital in der Neunten Straße.

Glücksspiel und PSI

Zum Glücksspiel gehört einerseits natürlich Glück und andererseits ein Element des Zufalls, das mit Zahlen berechnet werden kann. Bevor Sie zur Rennbahn oder ins Wettbüro gehen und Ihre Glückszahl testen, sollten Sie die Dinge erst einmal von einer praktischen PSI-Ebene aus betrachten. Fragen Sie sich: »Wer ist reicher – die Buchmacher oder ich«? Falls Sie nicht reicher als diese Leute sind, rate ich Ihnen davon ab, Ihr sauer verdientes Geld zu verspielen. Die anderen sind eindeutig im Vorteil. Es ist ihr Geschäft, und wenn es ums Wetten geht, ist es ziemlich wahrscheinlich, dass diese Leute Sie auf jede erdenkliche Weise überlisten werden. Sollten Sie so reich sein, dass es Ihnen nichts ausmacht, Geld zu verlieren, können Sie ja ein paar Scheinchen riskieren, doch passen Sie auf, dass Sie nicht zu einem besessenen Spieler werden. Glücksspiele können zu einer sehr kostspieligen und gefährlichen Krankheit werden.

Sind Sie eine Spielernatur?

Beantworten Sie die folgenden Fragen entweder mit »Ja«, »Nein« oder »Weiß nicht«:

1. Leben Sie ständig in der Hoffnung, im Lotto zu gewinnen?
2. Haben Sie schon genaue Pläne im Hinblick auf die Verwendung des Geldes gemacht?
3. Kaufen Sie Lotterielose?
4. Macht es Ihnen mehr Spaß, Pferderennen oder ähnliches im Fernsehen anzusehen, wenn Sie Geld gesetzt haben?
5. Gefällt Ihnen die Vorstellung, mit geringem Einsatz ein Vermögen zu gewinnen?
6. Mögen Sie die Atmosphäre in Spielkasinos?
7. Wetten Sie immer beim größten Pferderennen (Boxkampf …) des Jahres?
8. Schließen Sie manchmal eine Wette über den Ausgang eines harmlosen Sportwettkampfes ab, wie beispielsweise Tennis?
9. Würden Sie auf ein Pferd oder einen Sportler setzen, wenn Ihnen sein Name oder eine andere Eigenschaft gefällt?

10. Schließen Sie manchmal mit den Kollegen in Ihrem Büro kleine Wetten ab?
11. Glauben Sie, dass Sie Glück im Spiel haben könnten?
12. Ist es wahrscheinlich, dass Sie sich beim abendlichen Kartenspiel mit Freunden als einer der Letzten verabschieden würden?
13. Finden Sie es besonders aufregend, wenn Sie etwas gewinnen?
14. Wenn Sie zwischen einem Spiel um Geld und einem Freundschaftsspiel, bei dem es nicht um Geld geht, wählen müssten – würden Sie sich für Ersteres entscheiden?
15. Würden Sie eine Partie Poker mit Freunden einem Theaterbesuch vorziehen?

Auswertung:
Geben Sie sich 2 Punkte für jedes »Ja«, 1 Punkt für »Weiß nicht« und 0 Punkte für jedes »Nein«.

Eine Punktzahl **von 26 oder mehr** weist darauf hin, dass Sie ein Problem haben, und ein Besuch bei den »Anonymen Spielern« wäre sicher nicht verkehrt. Ich rate Ihnen, sich von Spielkasinos fern zu halten.

Ein Ergebnis von **12 Punkten oder mehr** weist darauf hin, dass Sie zumindest eine gewisse Neigung zum Spielen haben. In der Persönlichkeitstheorie ist das ein Hinweis darauf, dass Sie empfänglicher für Belohnung als für Bestrafung sind.

Ein Ergebnis von **18 Punkten oder mehr** zeigt, dass Sie definitiv eine Veranlagung zum Spieler haben. Wenn Sie diese Neigung kontrollieren können, könnten Sie ein guter Geschäftsmann werden, da Sie gleichzeitig eine positiv ausgerichtete Persönlichkeit sind.

Ich nehme auf Grund einiger schlechter Erfahrungen nicht gerne an Glücksspielen teil, doch ich würde dennoch auf meine PSI-Fähigkeiten zurückgreifen, sollte mich der »Spieltrieb« einmal überkommen. Ich will Ihnen verraten, was ich in meinen närrischeren Zeiten tat: Eines Abends gewannen Shipi und ich in einem Londoner Kasino eine Menge Geld und am nächsten Morgen fühlte ich mich schrecklich, da ich überzeugt davon war, meine Kräfte falsch eingesetzt zu haben. Die Situation setzte mir so zu, dass ich das Gefühl hatte, sterben zu müssen. Am Ende warf ich das Geld weg – es waren etwa 30 000 Dollar – und fühlte mich sofort befreit. Danach schwor ich mir, dass ich in Zukunft hart für mein Geld arbeiten würde.

Beim Spiel hatte ich folgende Methode angewendet: Ich versuchte, den Lauf der Roulettekugel mit Gedankenkraft zu beeinflussen. Zu diesem Zweck stellte ich mich zunächst in eine ruhigere Ecke und beobachtete das Spiel eine ganze Weile. Dann entspannte ich mich, konzentrierte mich auf die Kugel und visualisierte, wie sie auf bestimmten Zahlen liegen blieb. Ohne Geld einzusetzen, sah ich, wie oft ich sie an die richtige Stelle »denken« konnte. Sobald es jedes Mal funktionierte, begann ich, Geld einzusetzen. Ich legte das Geld erst auf den Tisch, wenn der Croupier das Rad bereits in Bewegung gesetzt hatte. So hatte ich das Gefühl, die Sache besser unter Kontrolle zu haben. Ich wandte den Blick nie von der Kugel ab und brachte sie mit meiner Gedankenkraft dazu, bei einer bestimmten Zahl liegen zu bleiben. Ich achtete auch darauf, dass niemand anders dasselbe an meinem Tisch versuchte, denn sonst hätte es zu einer »übersinnlichen Kollision« kommen können.

Auch wenn dies eine verlockende Methode darstellt, um an Wohlstand zu kommen, ist es dennoch wesentlich befriedigender, hart zu arbeiten und sich dabei die eigene PSI-Kraft und positive Einstellung zunutze zu machen! Ich rate Ihnen: Spielen Sie nicht! Am Ende verlieren die meisten Menschen ihr hart verdientes Geld.

Die Entfaltung Ihrer persönlichen PSI-Kräfte

Sie sind jetzt so weit, dass Sie überprüfen können, ob Ihre Persönlichkeit mit übersinnlichen Kräften vereinbar ist. Ich gehe davon aus, denn die Tatsache, dass Sie dieses Buch gelesen und sich die Mühe gemacht haben, die Testfragen zu beantworten, weist bereits auf Ihre positive Einstellung hin und ich glaube, dass Sie kurz davor sind, in Ihrem Leben eine Wende zum Besseren herbeizuführen.
Der folgende Test wird Ihnen zeigen, wie es um Ihre PSI-Kräfte steht.

Besitzen Sie übersinnliche Fähigkeiten?

Beantworten Sie jede Frage entweder mit »Ja«, »Weiß nicht« oder »Nein«:

1. Sind Sie oft gelangweilt?
2. Sind Sie in den Augen anderer ein lebhafter Mensch?
3. Mögen Sie es, wenn um Sie herum viel los ist?
4. Imitieren Sie manchmal Ihren Chef?
5. Geben Sie am Telefon manchmal vor, jemand anderes zu sein?
6. »Tricksen« Sie manchmal auf Kosten anderer?
7. Haben Sie immer sofort eine Antwort parat, wenn Sie etwas gefragt werden?
8. Fällt es Ihnen schwer, bei Verabredungen pünktlich zu sein?
9. Reden oder lesen Sie lieber?
10. Unterbrechen Sie andere oft?
11. Kleiden Sie sich manchmal ungewöhnlich?

12. Passiert es Ihnen hin und wieder, dass Sie sich hinreißen lassen und Dinge übertreiben?
13. Können Sie gut Witze erzählen?
14. Können Sie eine ganze Gesellschaft unterhalten?
15. Macht es Ihnen Spaß, fremde Menschen einander vorzustellen?
16. Fällt es Ihnen schwer, jemanden zurückzuweisen?
17. Neigen Sie dazu, Kleinigkeiten zu übersehen?
18. Gehen Sie manchmal zu sorglos mit Geld um?
19. Gehen Sie lieber aus als vor dem Fernseher zu sitzen?
20. Sprechen Sie im Urlaub gerne mit Fremden?
21. Ist es für Sie selbstverständlich, anderen Hilfe anzubieten?
22. Neigen Sie dazu, astrologischen Vorhersagen Glauben zu schenken, wenn sie für Sie günstig sind?
23. Neigen Sie dazu, solche Vorhersagen nicht zu glauben, wenn sie für Sie ungünstig ausfallen?
24. Schauen Sie sich gerne Fernsehserien an?
25. Reden Sie lieber als zuzuhören?
26. Sind Sie ein Persönlichkeitstyp, der immer sagt, was er denkt?
27. Geben Sie in einer Gruppe von Menschen schnell Ihre Meinung zum Besten?
28. Neigen Sie zu Notlügen?
29. Versuchen Sie kleinere Beschwerden zu ignorieren?
30. Geben Sie anderen oft eine zweite Chance?

Auswertung:

Geben Sie sich 2 Punkte für jedes »Ja«, 1 Punkt für jedes »Weiß nicht« und 0 Punkte für jedes »Nein«. Wie haben Sie abgeschnitten?

Ein Ergebnis von **36 oder mehr Punkten** weist darauf hin, dass Sie impulsiv, kontaktfreudig und gesellig sind. Sie brauchen

Stimulation und Aufregung und haben gerne Spaß. Sie besitzen außerdem ausgeprägte übersinnliche Fähigkeiten, die Sie weiterentwickeln können, indem Sie zulassen, dass Ihr Geist mediale Botschaften aufnimmt – was ihm wirklich leicht fällt. Ein Ergebnis von **weniger als 35 Punkten** weist darauf hin, dass Sie ein introvertierter, ruhiger und häuslicher Mensch sind. Ihre PSI-Kräfte sind auf jeden Fall vorhanden und Ihr Potenzial, diese weiterzuentwickeln ist enorm, da Sie die Fähigkeit haben, »nach innen zu gehen«.

Der positive Weg

Es liegt nun an Ihnen, Ihr Potential weiterzuentwickeln, um Ihre PSI-Kräfte voll zu entfalten. Daher habe ich noch einmal die wichtigsten Schritte auf diesem Weg für Sie zusammengefasst.

PSI-Meditation und Entspannung

Dies ist der erste und wichtigste Schritt, wenn Sie Ihre PSI-Kräfte positiv nutzen wollen. In welcher Situation Sie sich auch befinden, Sie müssen lernen, Körper und Geist zu entspannen, bevor Sie anfangen, die starke PSI-Energie einzusetzen, die Sie erzeugen können. Wenn Sie das beherrschen, sind Sie in der Lage, Ihre Gefühle und Ihren Körper auch in den schwierigsten Phasen Ihres Lebens zu kontrollieren. Außerdem sind Sie dann fähig, Ihre Gedanken auf Kommando zur Ruhe zu bringen und so Ihr Energiereservoir wieder aufzuladen. Den eigenen Geist zu kontrollieren bedeutet auch, in der Lage zu sein, Probleme sozusagen »von außen« zu betrachten – so als wären Sie ein neutraler Beobachter. Jeder Mensch ist zu Konzentration und Entspannung fähig.

Nutzen Sie Ihre Kräfte

Vergeuden Sie Ihre besonderen Kräfte nicht. Sie sind vorhanden. Vielleicht können Sie sie nicht immer wahrnehmen, doch sie sind da. Arbeiten Sie an allem, was ich Ihnen empfohlen habe, und Sie werden sich schon bald in einem besseren Job wiederfinden und mehr Freude am Leben haben.

Kommunikation

Ich kann nicht genug betonen, wie wichtig es ist, effektiv kommunizieren zu können. Eine gute Kommunikationsfähigkeit ist eines der größten Geschenke im Leben, das den Menschen riesige Vorteile bringt.

Liebesbeziehungen

Lassen Sie Ihrem Partner alles zugute kommen, was Sie hier gelernt haben. Spielen Sie Liebesspiele mit ihm/ihr und Sie werden feststellen, dass er/sie Sie unwiderstehlich findet. Glauben Sie an Ihre Attraktivität.

Denken Sie in großen Dimensionen

Haben Sie keine Angst vor Ihrem Boss oder anderen Autoritätspersonen, die Ihnen scheinbar überlegen sind. Sie sind mindestens genau so wichtig. Diese Leute sind nicht zuletzt dazu da, um Ihnen zu »dienen«. Lassen Sie sich nicht einschüchtern. Stehen Sie für sich ein. Scheuen Sie sich nicht, Entscheidungen zu treffen. Irgendwann werden Sie seine oder ihre Position einnehmen.

Gesundheit

Sorgen Sie gut für Ihren Körper. Verschaffen Sie ihm täglich ausreichend Bewegung und missbrauchen Sie ihn nicht. Halten Sie sich an Sportarten, die Ihnen Spaß machen. Versuchen Sie, dreimal pro Woche mindestens zwanzig Minuten lang zu trainieren. Machen Sie sich nicht zur leichten Beute für Krankheiten. Verbannen Sie sie aus Ihrem Leben. Sagen Sie ihnen, dass sie verschwinden sollen. Bekämpfen Sie Krankheiten mit positiver PSI-Kraft. Vergessen Sie nicht, sich regelmäßig durchchecken zu lassen.

Persönliche Probleme

Lassen Sie sich nicht von Ihren Problemen überwältigen. Es lohnt sich nicht, wegen anderer Leute krank zu werden oder in Stress zu geraten. Diese Menschen werden es nur genießen, Macht über Sie zu haben. Bleiben Sie stark. Geben Sie nicht auf, wenn Sie Geldprobleme haben. Entwickeln Sie eine Strategie, mit der Sie Ihre Schulden in den Griff bekommen. Bitten Sie Ihre Bank um Hilfe. Stellen Sie sich Ihren Problemen, sonst werden Sie sie nie überwinden können.

Wohlstand

Sie können reich werden, wenn Sie sich geistig darauf einstellen. Lesen Sie die Lebensgeschichten anderer Menschen, die allen Widrigkeiten zum Trotz Millionäre wurden. Sagen Sie sich, dass Sie das auch erreichen können. Setzen Sie sich Ziele – zunächst kleine, dann größere –, bis der Erfolg Teil Ihres Lebens geworden ist. Sagen Sie sich, dass Sie bald erfolgreich sein werden und dass es nur noch eine Frage der Zeit ist.

Glauben Sie an sich, und bald werden auch andere an Sie glauben.

Inneres Glück

Das innere Glück sollte Priorität vor allem anderen haben. Wenn Sie ein glücklicher Mensch sind, werden die meisten anderen Dinge ganz von selbst auf Sie zukommen. Stellen Sie sich innerlich darauf ein, glücklich zu sein. Falls Sie unglücklich sind, sollten Sie versuchen, die Gründe dafür herauszufinden. Betrachten Sie sich »von außen«. Sprechen Sie mit Menschen, die Ihnen wichtig sind. Ändern Sie Ihre Lebensweise so, dass Sie Ihre Ziele erreichen können. Sie können es. Glauben Sie daran.

Üben Sie sich in positivem Denken

Wenn Sie fest genug an etwas glauben, stehen die Chancen sehr gut, dass Sie es tatsächlich erreichen werden. Nutzen Sie diese Kraft zusammen mit all Ihren anderen Talenten und Sie machen Ihr Leben zu einer Erfolgsgeschichte.
Machen Sie täglich eine Liste der Dinge, die Sie erreichen möchten. Schreiben Sie Ihren Namen und Ihre Ziele auf. Hier ein paar Beispiele:
- Ich (Name) werde für meine Rechte einstehen.
- Ich (Name) werde die Aufgabe (Sache) unter allen Umständen zu Ende führen.
- Ich (Name) weiß, dass ich attraktiv/liebenswert bin und gemocht werde.
- Ich (Name) werde diese Krankheit besiegen.
- Ich (Name) werde gewinnen, wenn ich das nächste Mal gegen meinen Gegner spiele.

- Ich (Name) lasse mich vom Chef nicht klein machen.
- Ich (Name) werde den Urlaub buchen, den ich mir wünsche.
- Ich (Name) weiß, dass ich immun gegen die Erkältung (Grippe) meines Partners bin.
- Ich (Name) gräme mich nicht über vergangene Dinge.

Jetzt kann eine neue Zeit in Ihrem Leben anbrechen. Sie haben die positive Energie, alles zu erreichen, was Sie möchten. Andere haben es vor Ihnen geschafft. Gesundheit, Wohlstand und Glück warten auf Sie. Es bietet sich Ihnen die wunderbare Gelegenheit, zu experimentieren und sich geistig neue Lebensbereiche zu erschließen. Wie gut Ihnen das gelingt, hängt davon ab, wie Sie die Techniken, die ich Ihnen in diesem Buch beigebracht habe, einsetzen und wie Sie an die Dinge herangehen. Ich wünsche Ihnen Glück auf dieser aufregenden Reise. Und wenn Sie sie genießen, erzählen Sie es Ihren Freunden. Teilen Sie Ihre Freude und Begeisterung, so wie ich sie mit Ihnen geteilt habe! Behalten Sie Ihr Ziel im Auge und genießen Sie die Reise! Vergessen Sie nicht: Denken Sie immer positiv, bleiben Sie optimistisch, geben Sie nie die Hoffnung auf, glauben Sie an sich und vertrauen Sie auf Gott. Ich wünsche Ihnen Gesundheit, Glück und inneren Frieden.

Die Weisheiten der großen Religionen

**Denken Sie positiv.
Seien Sie optimistisch.
Haben Sie Hoffnung
und Vertrauen.**

Über den Frieden

CHRISTENTUM: »Selig sind die, die Frieden stiften, denn sie werden Gottes Kinder heißen.«

KONFUZIANISMUS: »Versuche mit allen deinen Nächsten in Harmonie zu leben… lebe in Frieden mit deinen Brüdern und Schwestern.«

BUDDHISMUS: »Es gibt kein größeres Glück als Frieden.«

HINDUISMUS: »Wo kann Frieden sein ohne Meditation? Wo kann Glück sein ohne Frieden?«

ISLAM: »Gott wird die Menschen zum Frieden geleiten. Wenn sie auf ihn hören, wird er sie aus der Dunkelheit des Krieges ins Licht des Friedens führen.«

TAOISMUS: »Der Weise schätzt Frieden und Ruhe mehr als alles andere.«

SIKHISMUS: »Nur im Namen Gottes finden wir unseren Frieden.«

JUDAISMUS: »Wenn ein Mensch gottgefällig lebt, werden selbst seine Feinde Frieden mit ihm schließen.«

JAINISMUS: »Alle Menschen sollten in Frieden mit ihren Mitmenschen leben. Das ist der Wille des Herrn.«
ZOROASTRISMUS: »Ich werde dem Frieden opfern, dessen Odem freundlich ist.«
BAHÁ'Í: »Krieg bedeutet Tod, Frieden bedeutet Leben.«
SHINTO: »Lass die Erde frei von Sorgen sein und die Menschen in Frieden unter dem Schutz des Göttlichen leben.«

Über die Liebe

CHRISTENTUM: »Geliebte Brüder und Schwestern, lasst uns einander lieben, denn die Liebe ist von Gott, und jeder, der liebt, ist aus Gott geboren und kennt Gott. Wer nicht liebt, kennt Gott nicht, denn Gott ist Liebe.«
KONFUZIANISMUS: »Alle Menschen zu lieben ist die größte Wohltätigkeit.«
BUDDHISMUS: »Ein Mensch sollte Liebe zur ganzen Welt entwickeln.«
HINDUISMUS: »Man kann Gott am besten durch Liebe verehren.«
ISLAM: »Liebe ist, wenn du dich selbst als sehr klein und Gott als sehr groß betrachtest.«
TAOISMUS: »Der Himmel umgibt diejenigen mit Liebe, die er nicht zerstört sehen will.«
SIKHISMUS: »Gott wird die erneuern, in deren Herzen Liebe ist.«
JUDAISMUS: »Du sollst Gott, deinen Herrn, von ganzem Herzen lieben und deinen Nächsten wie dich selbst.«
JAINISMUS: »Der, der aus Liebe handelt, hat am meisten von seinen Tagen.«
ZOROASTRISMUS: »Der Mensch wird von Gott geliebt und sollte ihn im Gegenzug auch lieben.«

BAHÁ'Í: »Liebe mich, auf dass ich dich liebe. Wenn du mich nicht liebst, kann dich meine Liebe auf keine Weise erreichen.«
SHINTO: »Liebe ist die Repräsentantin Gottes.«

Über die Goldene Regel

CHRISTENTUM: »Alles, was ihr euch von den Menschen erwartet, das tut ihnen auch.«
KONFUZIANISMUS: »Was du nicht willst, das man dir tu, das füg auch keinem anderen zu.«
BUDDHISMUS: »Auf fünf Arten sollte ein Mensch seinen Freunden und Mitmenschen dienen – durch Großzügigkeit, Höflichkeit, Wohltätigkeit, indem er sie behandelt, wie er sich selbst behandelt, und indem seine Taten mit seinen Worten übereinstimmen.«
HINDUISMUS: »Tue anderen nichts, das dir Schmerz bereitete, würde es dir getan.«
ISLAM: »Keiner von euch ist ein Gläubiger, solange er nicht für seinen Bruder wünscht, was er für sich selbst begehrt.«
SIKHISMUS: »So wie du dich selbst achtest, so achte andere. Dann wirst du zu einem Partner im Himmel.«
JUDAISMUS: »Tue deinem Mitmenschen nicht an, was dich selbst schmerzt.«
JAINISMUS: »In Glück und Leid, in Freude und Schmerz sollten wir alle Wesen betrachten, wie wir uns selbst betrachten.«
ZOROASTRISMUS: »Nur dessen Natur ist gut, der anderen nicht antut, was nicht gut für ihn selbst wäre.«
TAOISMUS: »Betrachte den Gewinn deines Nächsten als deinen Gewinn und seinen Verlust als deinen Verlust.«

PSI und der Einfluss mentaler Strategien

Es folgen einige Artikel, die ich für verschiedene Zeitungen und Zeitschriften in aller Welt schrieb.

Warum ich an die Kraft des Gebetes glaube

Sie müssen nicht an Gott glauben, um zu glauben, dass beten Sie heilen und Ihnen Kraft geben kann. Vertrauen Sie der Medizin und der Wissenschaft: Das Gebet wirkt im Labor genauso gut wie in einer Kirche, Moschee oder Synagoge.

Hier ein paar Aussagen von Medizinern, die ich willkürlich aus meinen Unterlagen herausgegriffen habe:

- Dr. Dale Matthews vom *Georgetown University Medical Center* ist davon überzeugt, dass seine Gebete seinen Patienten oft genauso sehr helfen wie die von ihm verordneten Medikamente.

- Dr. David Larson, Leiter des *National Institute for Healthcare Research* beruft sich auf eine auf verschiedenen Studien basierende Statistik, die darauf hinzuweisen scheint, dass Menschen, die regelmäßig zum Gottesdienst gehen, gesünder sind und länger leben als ihre atheistischen Mitmenschen.

- Dr. Thomas Oxman, Psychiater an der *Dartmouth Medical School* in New Hampshire, befragte 230 ältere Menschen vor ihrer Operation am offenen Herzen über ihren Glauben. Sechs Monate später waren zehn Prozent von ihnen gestorben, aber alle 37, die sich als »tief religiös« bezeichnet hatten, hatten überlebt.

Ich könnte eine ganze Seite mit solchen Beispielen füllen –

mit Studien, die auf die Remissionsrate bei Krebs hinweisen, Experimenten, bei denen Kirchengemeinden für Patienten beteten, von denen sie nur den Namen kannten, ja sogar von Tests, die Botaniker an Universitäten durchführten und die ergaben, dass Setzlinge schneller wuchsen, wenn man für sie betete.

Wenn beten für Sie ungewohnt ist und Sie sich dabei komisch vorkommen, können Sie es auch »Meditation« nennen. Der Psychologe Richard Friedman, Forschungsleiter am *Harvard Mind/Body Medical Institute* in Boston ist überzeugt, dass das Wiederholen oder »Chanten« religiöser Lieder das Nervensystem beruhigt und sich positiv auf den Gesundheitszustand des Singenden auswirkt. Sein Kollege Gregg Jacobs hat EEG-Aufzeichnungen von 20 Meditierenden ausgewertet und ist überzeugt, dass sich das Chanten oder rituelle Singen spiritueller Lieder sogar bei Menschen, die es zum ersten Mal tun, beruhigend auf den Geist auswirkt. »Sie können die Aktivität in den vorderen Hirnlappen bewusst senken«, sagte er. »Diesen Hirnarealen werden emotionale Selbststeuerung und koordinierte Aktivität im Limbischen System zugeordnet, dem Sitz der emotionalen Empfindungen beim Menschen.«

Ich glaube an Gott. Ich bin davon überzeugt, dass alles, was lebt, miteinander verbunden ist und dass zwischen uns Energie fließt, wenn wir unsere Gedanken intensiv darauf ausrichten. Das nennen wir Gebet. Wir verspüren instinktiv das Bedürfnis zu beten – jeder tut es in Zeiten der Not. Eines der Wunder des Gebets besteht darin, dass man nicht einmal daran glauben muss.

Sie wurden mit PSI geboren

In den ersten Wochen und Monaten nach der Geburt waren Ihr instinktives Gespür für Gefahr und Ihre telepathische Verbindung zu Ihrer Mutter viel stärker ausgeprägt als Ihre Fähigkeit zu sehen und zu hören. Allerdings verloren sich Ihre übersinnlichen Fähigkeiten im Laufe der Jahre. Doch dass Sie nun dieses Buch lesen, ist ein gutes Zeichen dafür, dass Sie bereit sind, Ihre inneren Schätze zu erforschen. Schieben Sie Ihre Zweifel beiseite und öffnen Sie sich für die enormen, bisher ungenutzten Kräfte des Geistes.

Wie Sie feststellen können, ob Sie eine PSI-Begabung haben

Haben Sie schon einmal beim Betreten eines Hauses intuitiv die Atmosphäre wahrgenommen – heiter oder düster, ungesund oder einladend? Wenn dies regelmäßig passiert, besitzen Sie eine große psychometrische Begabung: die Fähigkeit, sich mit Hilfe unbelebter Objekte auf die Vergangenheit einzuschwingen. Vielleicht ist es Ihnen schon mehrmals passiert, dass Sie genau in dem Augenblick den Telefonhörer in die Hand nahmen, um einen geliebten Menschen anzurufen, als diese Person Sie anrief. Oder ein Ort, an dem Sie noch nie zuvor gewesen waren, kam Ihnen ganz vertraut vor. Wahrscheinlich waren Sie sehr erstaunt darüber und nannten es ein Déjà-vu-Erlebnis.

Stürzt Ihr Computer ungewöhnlich oft ab, wenn ein Abgabetermin für eine Arbeit bedrohlich näher rückt? Es könnte sein, dass Ihre durch den Stress verursachte innere Spannung seine elektronischen Bauteile angreift. Lesen Sie dazu die unglaublichen Ergebnisse einer Studie, die Professor Robert Jahn an der *Princeton University* in New Jersey durchführte. Er absolvierte im Laufe von zehn Jahren Tausende von Tests mit ganz gewöhnlichen Menschen, um herauszufinden, ob Zufallsgeneratoren durch Gedankenkraft beeinflusst werden können. Die Probanden, von denen kein Einziger zuvor paranormale Fähigkeiten gezeigt hatte, wurden gebeten, auf einen Computerbildschirm zu blicken, auf dem in zufälliger Abfolge Nullen und Einser erschienen. Die Reihenfolge der Zahlen war also nicht vorprogrammiert. Jahn forderte seine Versuchspersonen auf, willentlich die Zahl Eins öfter auf dem Bildschirm erscheinen zu lassen als die Null. Und Sie erschien öfter! Die Testbedingungen waren sehr streng – Jahn ist schließlich Dekan der *School of Engineering and Applied Science* an einem der fünf renommiertesten akademischen Institute der Welt. Würde er Datenmaterial veröffentlichen, das paranormale Theorien unterstützt, ohne dass seine Testmethoden hieb- und stichfest wären, wäre seine Karriere damit beendet. Die Ergebnisse der *Princeton Engineering Anomalies Research* (PEAR) waren unwiderlegbar.

Diese Studie sollte Sie davon überzeugen, dass an der Kraft des Geistes nichts Unseriöses ist. Und Sie können noch heute anfangen, Ihre eigenen Fähigkeiten auszuloten.

Wie Sie Ihren Geist in Topform bringen

Ich kann meinen Umgang mit Gedankenkraft in zwei Worten zusammenfassen: Sei positiv! Damit meine ich eine positive Einstellung gegenüber guten Ideen aus jeder Quelle und jedem Zeitalter. Vergessen Sie, was »in« ist, vergessen Sie die Zyniker. Sagen Sie laut »Ja«. Sagen Sie es jetzt. Anstatt sich zuerst zu überlegen, wozu Sie Ja sagen, sollten Sie es einfach tun. Erlauben Sie sich, sich gut damit zu fühlen. Ihre PSI-Energien haben jetzt die Erlaubnis, sich wieder auf die Bereiche einzuschwingen, die sich intuitiv richtig anfühlen. Positives Denken ist ein ganzer Werkzeugkasten voller äußerst effektiver Techniken, und das nützlichste Werkzeug von allen ist die Visualisierung. Jeder kann visualisieren – die meisten Menschen nennen es allerdings »Tagträumen«. Wenn Sie Ihre Tagträume bewusst lenken und angenehme Bilder verstärken, programmieren Sie Ihr Unterbewusstsein darauf, Gutes zu erwarten. Und wenn man etwas erwartet, hält man danach Ausschau.

Negatives Denken ist eine psychische Abkürzung in die Katastrophe. Nehmen wir an, Sie machten sich Sorgen über den Geldfluss in Ihrem kleinen Unternehmen – vielleicht sind unter Ihren Kunden einige säumige Zahler. Wenn Sie dasitzen und sich Sorgen machen, fangen Sie an, negative innere Bilder zu erzeugen. Ohne es zu beabsichtigen, programmieren Sie Ihren Geist darauf, sich auf eine düstere Zukunft einzustellen. Positive Visualisierung kann diese Situation sehr schnell verändern. Sie lernen, sich auf Lösungen zu konzentrieren. Sie stellen sich vor, dass das Geld ungehindert fließt. Sie visualisieren, dass Sie einen Scheck für das Finanzamt ausstellen und dabei lachen, weil Sie wissen, dass Sie genug Geld haben! Sie werden sich sehr schnell besser fühlen. Sie haben mehr Energie und Sie sind bereit, nach Lösungen zu suchen. Zu diesem Zweck empfiehlt Professor Herbert Benson vom *Harvard Mind/Body Medical Institute* ein einfaches Konzentrations- und Entspannungsprogramm, um den Geist mit positiven Bildern von Gesundheit und Glück zu erfüllen. Der erste Schritt besteht darin, ein Wort oder einen Satz auszuwählen. Zum Beispiel »Frieden«, »Vater unser« oder »Schalom«. Dann setzt man sich bequem hin, schließt die Augen, entspannt den

Körper, atmet tief ein und aus und konzentriert sich auf das gewählte Wort oder den Satz. Falls die Gedanken abschweifen, lenkt man die Aufmerksamkeit sanft auf das Konzentrationsobjekt zurück. Gar nicht so schwer, oder? In seinem Buch »Timeless Healing« schreibt Dr. Benson: »Diese Aktivitäten führen zu einem entspannten Zustand und lösen gesunde, positive Gefühle aus, welche die Gehirn- und Nervenbahnen dazu anregen, stressbedingte Schäden zu reduzieren und heilsame Impulse zu setzen. Es ist gut, diese Übung vor dem Frühstück und vor dem Abendessen zu machen. Führen Sie sie jeden Tag durch.« Noch unglaublicher ist es, dass unser Geist sogar den Körper eines anderen Menschen beeinflussen kann. Wenn wir für die Menschen beten, die wir lieben – oder sogar für Menschen, denen wir noch nie begegnet sind –, können wir tatsächlich zu ihrer Genesung beitragen. Der Medizinforscher William Harris vom *Saint Luke's Hospital* in Kansas City bat christliche Freiwillige, ein Jahr lang für insgesamt 466 Patienten der kardiologischen Abteilung zu beten, ohne es den Patienten oder deren Ärzten zu sagen. Die Resultate waren positiv und den glücklichen Patienten, für die man gebetet hatte, ging es deutlich besser als den anderen 524 Patienten, für die nicht gebetet worden war. »Wenn die Leute bereit sind, das Resultat eines drastischen Medikamententests zu akzeptieren, müssen sie auch das akzeptieren.« Viele Ärzte erkennen allmählich, dass die Kraft des positiven Denkens, der positiven Absichten, die Kraft des Gebets und die Kraft des Glaubens enorme Heilkräfte freisetzen können. Bei einigen medizinischen Tests wurden Kranken Placebos verabreicht und es zeigte sich, dass diese zur Heilung von Fieberzuständen, Angina, rheumatischer Arthritis und sogar Warzen beitrugen! Je größer und dramatischer die Intervention in der Vorstellung der Versuchspersonen war, desto größer war der

Placeboeffekt. Eine Placebokassette zur Stressbekämpfung funktionierte sehr gut, wenn man den Versuchspersonen sagte, sie sei an Astronauten erprobt worden. Genauso wirken auch meine Kristalle, orangefarbenen Kreise oder meine Handflächen, denn sie fungieren als Instrumente, durch die Ihr Geist Ihren Glauben aktiviert, der in der Tat einige Krankheiten heilen kann. Verstehen Sie mich nicht falsch. Ich rate niemandem dazu, der konventionellen Medizin den Rücken zu kehren. Auf keinen Fall! Ich rate Ihnen sogar dringend, sich einmal im Jahr gründlich durchchecken zu lassen. Parallel dazu glaube ich allerdings an die Heilkraft der positiven Einstellung, des Glaubens, des Gebets und des positiven Denkens. Nutzen auch Sie sie!

Sind Sie ein intuitiver Typ?

Sie können Ihren PSI-Sinn schärfen, indem Sie mit der Telepathie herumexperimentieren. Der erste Schritt zum »Gedankenlesen« besteht darin, zu lernen, die physische Präsenz eines Menschen wahrzunehmen. Schließen Sie die Augen, strecken Sie die Hand aus und bitten Sie Ihren Partner, etwa zwei Zentimeter von Ihrer Handfläche entfernt mit der Fingerspitze ein Viereck, ein Kreuz oder einen Kreis in die Luft zu zeichnen. …Daraufhin beginnt sich ein warmes, elektrisches Kribbeln auf der sensiblen Haut bemerkbar zu machen. Und das Kribbeln nimmt schon bald eine bestimmte Form an … als Viereck, Kreuz oder Kreis… Mit zunehmender Erfahrung können Sie versuchen, die Figur wahrzunehmen, wenn Ihr Partner sich diese nur vorstellt, anstatt sie zu zeichnen. Versuchen Sie sich in Psychometrie. Seien Sie mutig. Bitten Sie einen Freund, Ihnen einen Gegenstand zu geben, der mit einer persönlichen

Geschichte verknüpft ist – die Sie nicht kennen. Ein Buch, ein Schmuckstück, ein Küchenutensil – was auch immer. Nehmen Sie es in die Hand und versuchen Sie, ihm sein Geheimnis zu entlocken. Das ist Psychometrie und macht eine Menge Spaß. Menschen, die zuerst über diese Vorstellung lachen, sind im nächsten Moment begeistert, wenn sie abrufen, was ihnen alles in den Sinn kommt. Das Unglaubliche dabei ist, dass Neulinge auf dem Gebiet der Psychometrie oft unheimlich genaue Resultate erzielen. Das ist mehr als Anfängerglück – PSI funktioniert am besten bei Leuten, die sich nicht allzu sehr darum bemühen, die einfach Spaß dabei haben. Und tun Sie Déjà-vu-Erlebnisse nicht ab. Déjà-vu, jene übersinnliche Erfahrung, die vielleicht am weitesten verbreitet ist, ist auch eine der mysteriösesten. Die Standarderklärung der Zweifler lautet, dass es sich bei diesem Phänomen – bei dem wir das Gefühl haben, an einem bestimmten Ort schon einmal gewesen zu sein oder eine Situation schon einmal erlebt zu haben – um eine Fehlfunktion des Gehirns handelt. Für viele Leute klingt diese Erklärung vernünftiger als die Vorstellung, dass wir schon einmal gelebt und einen bestimmten Ort in einem früheren Leben schon einmal besucht haben. Mir fällt es schwer, die Vorstellung von Reinkarnation zu akzeptieren, doch ich werde nie vergessen, wie ich einmal mit meiner Familie durch Exeter fuhr und mein Sohn selbstsicher alle Straßen und Gebäude beschrieb, bevor wir sie passierten – obwohl er in seinem ganzen Leben noch nie in Exeter gewesen war. Hatte er im letzten Leben dort gewohnt?

Als Carl Gustav Jung zum ersten Mal Afrika bereiste, hatte er das Gefühl, auf den Kontinent seiner Vergangenheit zurückzukehren – einer fünftausend Jahre alten Vergangenheit. Er nannte Déjà-vu-Erlebnisse »das Wiedererkennen des seit undenklichen Zeiten Gewussten.« Wenn Sie diesen Zustand das nächste Mal erleben, dann ignorieren Sie ihn nicht einfach. Betrachten Sie ihn als Weckruf für Ihre geistigen Kräfte.

»Ich glaube, dass wir alle mit einem unsichtbaren spirituellen Band miteinander verbunden sind, durch das wir einander Informationen, Gedanken und Gefühle senden können, selbst wenn wir einander noch nie begegnet sind. Nutzen Sie diesen Kanal, um Menschen und Tieren Unterstützung, Gebete, Liebe und positive Gedanken zu schicken.«

Denken Sie Ihren Körper fit

Gute Neuigkeiten für Stubenhocker: Laut Aussage des Psychologieprofessors Ian Robertson vom *Trinity College* in Dublin können Sie sich durch bloßes Denken an anstrengende Aktivitäten fit halten. In seinem Buch *Mind Sculpture* beschreibt er, wie Studienteilnehmer gebeten wurden, sich vorzustellen, sie würden einen Finger der linken Hand ununterbrochen beugen und ausstrecken. Nach vier Wochen täglichen Trainings hatte die Kraft des Fingers um 22 Prozent zugenommen. Auch für Sportler stellt dies ein wichtiges Forschungsergebnis dar, denn das mentale Trainingszentrum hat nie geschlossen. Sind Sie verletzt, krank oder befinden sich auf einem 16-Stunden-Flug? Treiben Sie ein bisschen Sport im Kopf.

Professor Robertson vertritt auch die Ansicht, dass man durch Einsatz des Körpers die Intelligenz steigern kann. Das zeigt sich eindeutig bei Kindern, die ein Musikinstrument lernen. »Die linke Gehirnhälfte«, sagt Professor Robertson, »ist bei Musikern größer als bei Nichtmusikern.« Das ist auch jener Teil des Gehirns, in welchem Wörter und verbale Erinnerungen verarbeitet werden. Junge Musiker haben also einen Startvorteil gegenüber ihren unmusikalischen Freunden. EEG-Aufzeichnungen zeigen, dass die Schüler, die mental am weitesten entwickelt sind, zwar nicht unbedingt die besten Musiker sind, jedoch am frühesten damit angefangen haben, ein Instrument zu lernen.

Dr. Andrew Weil, ein amerikanischer Gesundheitsguru, ist davon überzeugt, dass wir mit den einfachsten Übungen unser Gehirn heilen können. Dr. Fulford, Weils Mentor, bringt seinen Patienten oft bei, ihre inneren Heilkräfte zu wecken, indem er sie auffordert, wie Kleinkinder zu krabbeln. Dadurch werden an beide Gehirnhälften Signale übertragen – zuerst die Bewegung der rechten Hand und des linken Knies und dann die Bewegung der linken Hand und des rechten Knies. »Diese Überkreuzbewegung erzeugt elektrische Aktivität im Gehirn, die sich harmonisierend auf das Zentralnervensystem auswirkt.« Da es einem Erwachsenen in den meisten Alltagssituationen kaum möglich ist, am Boden zu krabbeln, ohne peinliche Erklärungen abgeben zu müssen, schlägt Dr. Weil in seinem Buch »Spontaneous Healing« eine weniger exzentrische Form der Körperübung vor. Dabei lässt man den linken Arm schwingen, während man mit dem rechten Bein ausschreitet und umgekehrt. Andere Forscher kommen zu denselben Ergebnissen wie Robertson und Weil. Dr. Rune Timerdal aus Schweden teilte 909 Personen in drei Gruppen ein. Eine Gruppe machte Aerobic, die nächste Gewichtheben und Bodybuilding und die letzte Gruppe bewegte sich überhaupt nicht. EEG-Aufzeichnungen, mit denen vor und nach den sechsmonatigen Programmen 16 verschiedene mentale Funktionen gemessen wurden, zeigten, dass unterschiedliche Übungen unterschiedliche Gehirnareale trainierten. Jogging, Rad fahren, Seilspringen und Aerobic wirkten sich signifikant auf die Aktivität der linken Hirnhälfte und somit auf Fähigkeiten wie Mathematik, logisches Denken und Sprachkompetenz aus, während Bodybuilding die rechte Hirnhälfte aktivierte, die mit Intuition, abstraktem Denken und sogar übersinnlichen Fähigkeiten assoziiert wird. Wenn das keine bemerkenswerten Resultate sind!

Trainingsrunde

Sie werden zu dem, was Sie sind, und Sie sind, was Sie denken. Es folgt eine »Trainingsrunde« in unserem mentalen Sportstudio:

- Stellen Sie sich vor, dass Sie auf ein Sprungbrett steigen, die Arme über den Kopf heben und die Handflächen gegeneinander pressen.
- Spüren Sie in Ihrer Vorstellung, wie Ihre Sehnen sich dehnen und warm werden.
- Wippen Sie auf den Fußballen.
- Jetzt springen Sie und tauchen in die kalte, träge Flüssigkeit ein. Sie bewegt sich so langsam wie Quecksilber.
- Sie treten mit den Beinen gegen das dickflüssige Wasser, werfen die Arme nach vorne und ziehen sie durchs Wasser. Es leistet jeder Bewegung Widerstand, doch Sie geben nicht auf, und die Dichte des Wassers beginnt Ihnen Spaß zu machen – ein Widerstand, der Sie nicht erschöpft.
- Ihre Muskeln arbeiten hart und Ihr Körper erzeugt eine Wärme, die die Kälte des Wassers zu einer angenehmen Erfrischung werden lässt.
- Sie ziehen sich am Rand des Pools hoch, Ihre Bewegungen an der Luft sind jetzt leicht und frei.
- Sie springen locker die Stufen zu einem anderen Sprungbrett hinauf, von dem aus man auf das erste blickt und die Fantasiereise beginnt von vorne.

Stellen Sie sich vor, dass Sie zehn Bahnen des Pools auf diese Weise durchqueren. Nach drei Wochen virtuellen Trainings stellen Sie vielleicht fest, dass Ihr Körper entsprechend an Kraft gewonnen hat, und fühlen sich auch geistig fitter. Vielleicht haben sogar Ihre PSI-Fähigkeiten zugenommen.

Schadstoffbelastung in Gebäuden

Macht Ihr Büro Sie krank? Ich meine nicht, dass Sie es aus irgendeinem Grund nicht mögen, sondern dass es Sie tatsächlich körperlich krank macht. Wenn das der Fall ist, leiden Sie an einem Syndrom, das innerhalb der vergangenen 20 Jahre als *Sick Building Syndrome* bekannt wurde. Es wurde inzwischen auch von der Weltgesundheitsorganisation (WHO) als Krankheit anerkannt und verursacht in betroffenen Firmen jährliche Verluste in Millionenhöhe auf Grund von Produktionsausfällen durch die Abwesenheit kranker Mitarbeiter.

Mit einer im Jahre 1987 durchgeführten Studie wurde nachgewiesen, dass ein unglaublich hoher Prozentsatz der Büroangestellten – nämlich 80 Prozent – durch die tägliche Arbeitsumgebung physisch krank wird. Die Symptome reichen von Lethargie (57 Prozent), verstopfter Nase (47 Prozent), Austrocknung der Schleimhäute des Rachens und der Augen (45 Prozent) bis hin zu Kopfschmerzen (43 Prozent). Die Hauptverursacher sind Viren und Sporen, die über die Klimaanlagen in den Büros verteilt werden, Leuchtstoffröhren, deren Licht stark vom natürlichen Tageslicht abweicht (und die oft flackern), Ozon aus Kopiermaschinen und all die chemischen Dämpfe und Fasern aus Möbeln und Bodenbelägen. Hinzu kommt ein klaustrophobisches Gefühl der Isolation und Entfremdung vom wirklichen Leben bei Menschen, die täglich von morgens bis abends unter einer niedrigen Decke auf einen Computerbildschirm starren, hinter ihnen die getönten Scheiben der Bürofenster, die sich natürlich nicht öffnen lassen. All das schafft eine Atmosphäre, die Umweltexperten als »subletales Umfeld« bezeichnen, ein Umfeld, in welchem wir zwar nicht sofort tot umfallen, das uns aber im Laufe der Jahre ununterbrochen unmerklich schwächt – bis zu dem Punkt, an dem unser natürliches Abwehrsystem gegen ernste Erkrankungen einfach zusammenbricht.

In manchen Gebäuden ist das Problem wirklich gravierend, insbesondere, wie es scheint, in Neubauten, wie beispielsweise dem schön anzusehenden *Public Record Office* in London, das schon bald nach seiner Eröffnung wieder geschlossen wurde, da die Klimaanlage komplett überholt werden musste. Ein anderes, nach modernsten Standards errichtetes Gebäude, das *Fenland House* in Peterborough, das als technisch fortschrittlichstes Krankenhaus Englands gilt, machte die dort arbeitenden Menschen definitiv krank, von den Patienten ganz zu schweigen. Es wurde von einem Gewerkschaftsfunktionär berichtet, der »von den Beschwerden der Mitarbeiter über die schlechten Arbeitsbedingungen geradezu überschüttet wurde«. Eine andere Gewerkschaftsumfrage ergab, dass 40 Prozent der Mitarbeiter – eine wirklich alarmierende Zahl – in der riesigen neuen Kensington Town Hall an »Nachmittagsunwohlsein« litt.

Zu allem Unglück werden Mitarbeiter, die sich beschweren, oft durch Mitglieder der Geschäftsleitung eingeschüchtert, die sich weigern, zuzugeben, dass es ein Problem gibt.

In letzter Zeit wurden durchaus Versuche unternommen, die Situation in Büros zu verbessern – beispielsweise durch Grünpflanzen oder helle Wandfarben, die die Stimmung der Mitarbeiter heben sollen –, doch ich kann mich nicht des Gedankens erwehren, dass das Problem viel weitreichender ist. Es sind nicht nur die schadstoffbelasteten Gebäude, die uns krank machen, sondern unser ganzer kranker Lebensstil: die quälenden Fahrten zur Arbeit in überfüllten Vorortzügen oder im zähfließenden Straßenverkehr, der sich langsamer bewegt als eine sterbende Schnecke, hastig heruntergeschlungene Mahlzeiten aus der Imbissbude oder dem Fast-Food-Restaurant, ungesunde Softdrinks, die quälende Heimfahrt und ein weiterer Abend, an dem wir wie festgenagelt vor dem Fernseher sitzen. Wo ist das wahre Leben geblieben?

Im Bereich des privaten Hausbaus gibt es einige ermutigende Anzeichen dafür, dass sich die Dinge zum Besseren wenden oder zumindest hier und da anfangen, sich zu verändern. In Deutschland gibt es beispielsweise seit einigen Jahren eine lebendige »Biohaus-Bewegung«, die auf dem Prinzip basiert, dass natürliche Baumaterialien für uns gesünder sind als synthetische.

Eine der unmittelbaren Auswirkungen, von denen die ersten Bewohner der Bio-Siedlungen berichteten, war, wie viel wohler sie sich allgemein fühlten und wie viel seltener sie erkrankten. Hinzu kommt, dass in diesen Siedlungen Kriminalität und Vandalismus praktisch unbekannt sind, obwohl in ihnen oft bis zu 4000 Menschen leben. Hier gibt es eine ziemlich offenkundige Lektion zu lernen.

Eine andere gute Nachricht kommt aus der Türkei, wo Architekten neue Wohnhäuser für die Opfer der schrecklichen Erdbeben planen. Auch sie haben vor, nur natürliche Baumaterialien zu verwenden und die Gebäude in traditioneller türkischer Bauweise zu errichten, anstatt seelenlose Betonsilos hochzuziehen.

Versuchen auch Sie, Ihr Wohn- und Arbeitsumfeld zu verbessern, um Ihre Gesundheit zu erhalten.

Wird die Wissenschaft PSI anerkennen?

Die Wissenschaft vollzieht momentan einen gefährlichen Prozess: Sie wird populär. Einfache Leute fangen an zu verstehen, wie sich Bewusstsein bildet, wie der Kosmos entstand, wie Atome funktionieren, wie sich das Leben weiterentwickelt. Wissenschaft wird zu einer intelligenten Form der Unterhaltung, wie Kunst oder Literatur. Natürlich gab es immer wieder kluge Köpfe, wie Bertrand Russell oder C. E. M. Joad, die einzelne Ideen aufgriffen und sie in schlichtes Englisch übersetzten – doch sie wiesen gerne darauf hin, dass ihre Erklärungen nur die Spitze des Eisbergs seien und dass darunter eine riesige, geheimnisvolle Masse wissenschaftlicher Erkenntnisse wabert, die nur für den echten Wissenschaftler sichtbar ist.

Zu Beginn des neuen Jahrtausends übernimmt der amerikanische Biologe Edward Wilson diese Rolle. Er ist davon überzeugt, dass alle Wissenschaften miteinander verbunden sind. Er nimmt den Eisberg und hebt ihn vollständig aus dem Wasser. In Oxford gibt es einen Professor namens Richard Dawkins, der dafür zuständig ist, der breiten Masse der Bevölkerung Wissenschaft nahe zu bringen. Jede Universität der Erde ist online, ihre Vorlesungen und Bibliotheken sind allgemein zugänglich. Die revolutionäre Medienentwicklung der 70er-Jahre, die den gesamten Planeten zu einem globalen Dorf machte, in welchem jeder jederzeit Zugang zu Alltagsnachrichten und Bildern hat, wiederholt sich nun im Bereich der Wissenschaft. Jeder hat schon von Monica Lewinsky und Janet Jackson gehört – und bald wird jeder auch von Heisenbergs Zufallsprinzip und dem zweiten Gesetz der Thermodynamik gehört haben. Und an diesem Punkt wird jeder akzeptieren müssen, dass übersinnliche Kräfte real sind. Das wissenschaftliche Establishment bekämpft, obwohl es ein breites Wissenschaftsverständnis zu fördern scheint, erbittert alle Hinweise auf die Existenz von PSI. Professor Dawkins erfindet beispielsweise in seinem neuesten Buch einen Fernsehprominenten, der behauptet, mit Gedankenkraft Armbanduhren zum Stehen bringen zu können. Das bin natürlich nicht ich. Bloß irgendein seltsames, Uhren anhaltendes Supermedium. Dawkins präsentiert eine beeindruckende Sammlung von Statistiken, die die Anzahl der Fernsehzuschauer während dieser Show, die Anzahl ihrer Armbanduhren, die Anzahl der Armbanduhren, die zu irgendeinem Zeitpunkt des Jahres spontan kaputtgehen und die Anzahl der Uhren, die zufällig während der Fernsehdemonstration des Mediums zu ticken aufhören, berechnen. Für letztere kommt Dawkins auf eine Anzahl von sechs. In seiner Begeisterung, die Mathematik des Zufalls zu erklären, übersieht er allerdings zwei Tatsachen. Erstens mache ich Uhren nicht kaputt, sondern repariere sie. Wie willkommen wäre ich auf Ihrem Fernsehbildschirm, wenn ich behauptete, mit Gedankenkraft eines Ihrer Lieblingsstücke ruinieren zu können? Zweitens kommt man bei einer guten Show auf mehr als sechs Treffer – nämlich auf ungefähr 2000. Oder vielleicht sogar noch mehr, denn die Studioleitungen sind oft völlig überlastet.

Das wissenschaftliche Establishment kann diese Tatsachen nicht länger ignorieren. Zeitschriften bringen allwöchentlich Beiträge berühmter Philosophen oder Archäologen über paranormale Phänomene. Zudem werden in Radiosendungen seriöse Wissenschaftler, wie Art Bell und George Noory, zu solchen Themen befragt. Und das Internet gibt – vielleicht wirkungsvoller als jedes andere Medium – jedem Aspekt des Paranormalen eine unüberhörbare Stimme. Die UFOlogen, Entführungsopfer von Außerirdischen, Geisterjäger, Kreisbeobachter, Kryptologen, Spiritualisten, Levitierenden, Löffelbieger und Fernwahrnehmenden, die sich noch vor 10 Jahren in einsamen Ecken herumtrieben, sind heute stolze Mitglieder weltweiter virtueller Gemeinschaften. Sogar die traditionelle Wissenschaft schwimmt auf dieser Welle mit: Der kalifornische Psychologieprofessor Charles Tart hat eine Datenbank – TASTE – für die PSI-Erfahrungen von Wissenschaftlern eingerichtet, die ihnen als anonymes Forum für ihre verblüffenden Begegnungen mit anderen Realitäten dient.

Als ich in den 70er-Jahren am *Stanford Research Institute*, in den *Lawrence Livermore Laboratories*, im *American Naval Surface Weapons Center* und an der *University of London* getestet wurde, herrschte noch das Establishment. Die aufgeschlossenen Männer, die mich untersuchten, taten dies unter strengsten Laborbedingungen und mit Hilfe von Tests, die jede Art von Betrug ausschlossen. Sie wurden von Wissenschaftlern verspottet und herabgesetzt, die nie auch nur in die Nähe unserer Experimente gekommen waren. Die Situation hatte sich seit hundert Jahren nicht verändert: Der renommierte Wissenschaftler Sir William Crookes, der im Jahre 1874 das Medium Daniel Dunglas Home untersuchte, wurde durch den Spott seiner Peergruppe fast in den Ruin getrieben, doch später wurde er Präsident der *Royal Society*. Mittlerweile leben wir in einer völlig anderen Welt. Wir sind über den Spott, die Blindheit, die Verleugnung und die Lügen hinausgewachsen. Gebt Acht, Wissenschaftler! Hier kommt die Para-Wissenschaft, ob es euch passt oder nicht.

Fortschritte in der PSI-Forschung

Im Jahre 1974 war ich unter der Überschrift »Uri Geller and Science« (Uri Geller und die Wissenschaft) auf dem Titelbild des Wissenschaftsmagazins »Nature« zu sehen. Im Jahre 2004 zierte ein glänzender, verbogener Edelstahllöffel das Cover des

»New Scientist« unter der Überschrift »The Power of the Paranormal« (Die Macht des Paranormalen). Der zehnseitige Bericht im »New Scientist« (2004) von Robert Matthews und John
McCrone vergleicht die parawissenschaftliche Forschung mit
traditioneller Forschung und zieht einige positive Schlüsse.
Kürzlich durchgeführte ASW-Studien erbrachten beispielsweise stichhaltigere Ergebnisse als Untersuchungen über die
Streptokinase, die Blutgerinnsel auflöst und als medizinische
Sensation verkündet wurde.

Ich glaube, dass die Parawissenschaft allmählich in das allgemeine Bewusstsein der Menschen übergeht, da die neuesten
Erkenntnisse der subatomaren Physik uns allmählich einen
Rahmen liefern, innerhalb dessen wir nachvollziehen können,
was beispielsweise bei Telepathie und Psychokinese passiert.
Die Haltung des »New Scientist« hat sich in den 30 Jahren seit
der Veröffentlichung einer Titelgeschichte, in der ich als Betrü-
ger »entlarvt« wurde, der angeblich Funkempfänger in seinen
Weisheitszähnen verborgen hatte, deutlich verändert. In den
70er-Jahren konnten Wissenschaftler über medial veranlagte
Menschen sagen, was sie wollten – keine Beleidigung war zu
grob. Im Jahre 2004 sind es nun die Wissenschaftler und nicht
die Medialen, die die PSI-Forschung auf die Tagesordnung setzen.

Literatur

Anderson, E.H: *Psychical Developments*, 1901

Benson, Herbert/Stark, Marg: *Timeless Healing*, 1997

Colin, Jim: *The Strange Story of Uri Geller*, Chicago, USA 1977

Ebon, Martin: *The Amazing Uri Geller*, USA 1975

Geller, Uri: *Auf Biegen und Brechen*, München 1983

Geller, Uri: *Confessions of a Rabbi and a Psychic*, London 2001

Geller, Uri: *Dead Cold*, London 1999

Geller, Uri: *Ella*, London 1998

Geller, Uri: *Gesundheit aus dem Kopf*, München 2000

Geller, Uri: *Mein Wunder-volles Leben*, Güllesheim 1995

Geller, Uri: *Unorthodox Encounters*, London 2001

Geller, Uri: *Uri Geller's Fortune Secrets*, London 1987

Geller, Uri: *Uri Geller's Little Book of Mind Power*, London 1998

Geller, Uri: *Uri Geller's MindPower Kit*, USA 1996

Hasted, John: *The Metal Benders*, Abingdon 1981

Jung, Carl Gustav: *Die Beziehungen zwischen dem Ich und dem Unbewussten*, München 2001

Margolis, Jonathan: *Uri Geller: Magician or Mystic?* London 1999

Panati, Charles: *The Geller Papers*, Abingdon 1976

Playfair, Guy Lyon/Geller, Uri: *Der Geller Effekt*, München 1986

Robertson, Ian: *Mind Sculpture*, London 1999

Wilson, Colin: *Rätsel Uri Geller*, Berlin 1982

Der Autor

Uri Geller ist der bekannteste Parapsychologe der Welt. Er wurde von Wissenschaftlern getestet, die einst mit Albert Einstein zusammengearbeitet hatten, und das renommierte Wissenschaftsmagazin Nature veröffentlichte einen Artikel über Uris Arbeit am amerikanischen Stanford Research Institute – eine einzigartige Bestätigung und ein stichhaltiger Beweis dafür, dass seine Kräfte echt sind. Seine Zusammenarbeit mit dem FBI und der CIA erstreckte sich vom Löschen von KGB-Computerdateien durch Geisteskraft über das Aufspüren von Serienmördern bis hin zur Teilnahme an Verhandlungen über die atomare Abrüstung. Jahrzehntelang war dieser Aspekt seiner Arbeit als zu vertraulich und kontrovers betrachtet worden, um öffentlich diskutiert zu werden.

Uri ist Vegetarier, setzt sich leidenschaftlich für den Frieden ein und stellte seine Begabung auch mit Erfolg für die Suche nach Öl und Edelmetallen zur Verfügung. Die dadurch erlangte materielle Unabhängigkeit ermöglichte es ihm, anderen Menschen zu helfen. Er ist Motivationstrainer von Fußballspielern, Industriemagnaten, Formel-Eins-Rennfahrern, Olympia-Eisläufern, Boxern und Radrennfahrern.

Uris künstlerisches Talent zeigte sich bereits in seiner Kindheit. Seine Zeichnungen, Gemälde und anderen Kunstwerke wurden in bekannten Galerien und Museen in den USA, in Europa, Japan und Israel ausgestellt und es gibt weltweit eine große Nachfrage nach seinen Keramik- und Glasarbeiten sowie nach dem von ihm hergestellten Schmuck aus Halbedelsteinen.

Uri war eng befreundet mit großartigen Künstlern, wie zum Beispiel Andy Warhol, Picasso, Peter Max und John Lennon.

Uris unermüdlicher Einsatz im karitativen Bereich führte zu

seiner Ernennung zum Ehrenvizepräsidenten des *Royal Hospital for Children* in Bristol und des *Royal Berkshire Hospital* in der Nähe seines an der Themse gelegenen Herrenhauses.

Uri ist neben dem Dalai-Lama Schirmherr der Aktion *Climb for Tibet* (Klettern für Tibet). Er erhielt mehrere Auszeichnungen von Seiner Königlichen Hoheit Prinz Phillip, dem Herzog von Edinburgh. Außerdem hat er mehrfach vor internationalen Delegierten der Vereinten Nationen gesprochen. Uri Geller ist Vater einer Tochter und eines Sohnes, Besitzer von drei Hunden und Autor von 15 Bestsellern.

Weitere Informationen über Uri Geller finden Sie unter: www.urigeller.com

Wissenschaftler über Uri Geller

»Geller hat meinen Ring, der auf meiner Handfläche lag, verbogen, ohne ihn zu berühren. Ich persönlich habe keinerlei wissenschaftliche Erklärung für dieses Phänomen.«

Dr. Wernher von Braun (NASA-Wissenschaftler)

»Ich habe einige Untersuchungen an Uri Geller im Labor der Freiburger Universität durchgeführt. Die Ergebnisse haben meine Überzeugung und meinen Glauben an seine Kräfte des Metallbiegens untermauert und bestätigt.«

Prof. Dr. Hans Bender (Universität Freiburg)

»Basierend auf vorausgehenden Untersuchungen von Uri Gellers Fähigkeiten, kann ich keinen Betrug feststellen. Die Fähigkeiten dieses Mannes stellen ein Phänomen dar, das die theoretische Physik nicht erklären kann.«

Dr. Friedbert Karger (MPI für Plasma-Physik, München)

»Wir sind der Meinung, dass, wenn auch weiterhin ähnliche Tests durchgeführt werden, ausreichend Beispiele dieser Art zusammenkommen, sodass es keinen Zweifel mehr geben kann, dass hier ein neuartiger Prozess involviert ist, der durch die derzeitig bekannten Gesetze der Physik nicht erklärt werden kann.«

Prof. David Bohm (arbeitete mit Albert Einstein) und Prof. John Hasted (University of London)

»Ich war schockiert, aber auch überrascht darüber, wie Uri Geller meinen Büroschlüssel am MIT verbog, während ich ihn hielt. Der stabile Schlüssel bog sich immer weiter in meiner Hand; ich kann dieses Phänomen nicht erklären. Ich kann nur annehmen, dass es mit Quanten-Chromodynamik zusammenhängt.«

Prof. Victor Weisskopf

»Geller hat die Struktur einer Metall-Legierung in einer Art und Weise verändert, die nicht nachgeahmt werden kann. Es gibt derzeit keine wissenschaftliche Erklärung dafür, wie er dies vollbracht hat.«

Eldon Byrd (US Naval Surface Wapons Center)

»Die Konsequenz aus Gellers erfolgreichem Abschluss dieser experimentellen Reihe ist, dass er seine paranormalen Wahrnehmungsfähigkeiten überzeugend und zweifelsfrei bewiesen hat.«

Dr. Harold Puthoff und Russel Targ (Stanford Research Institute)

»Ich war in den wissenschaftlichen Laboratorien *des Stanford Research Institute*, um eine ziemlich erstaunliche Person zu untersuchen: Uri Geller. Uris Fähigkeit, beeindruckende Kunststücke mentaler Zauberei darzubieten, ist weltweit bekannt. Wir Wissenschaftler fangen gerade erst an zu begreifen, was man alles mit Übung und richtigem Training erreichen kann.«

Dr. Edgar D. Mitchell (Apollo-14-Astronaut)

»Ich glaube, dass Uri ein Magier ist, aber ich glaube nicht, dass er mit Tricks arbeitet. Ich glaube daran, dass er über PSI-Fähigkeiten verfügt. Diese lassen sich allerdings nicht mit den wissenschaftlichen Erkenntnissen, über die wir momentan verfügen, erklären. Doch vielleicht können zukünftige wissenschaftliche Erkenntnisse seine Fähigkeiten mit handfesten Theorien untermauern.«

Brian Josephson (Physik-Nobelpreisträger)